"十三五"国家重点图书出版规划项目

秦史与秦文化研究丛书

王子今 主编

秦战争史

赵国华 叶秋菊 著

西北大学出版社
·西安·

图书在版编目(CIP)数据

秦战争史 / 赵国华,叶秋菊著. --西安:西北大学出版社,2021.2(2022.5重印)
(秦史与秦文化研究丛书 / 王子今主编)
ISBN 978-7-5604-4658-5

Ⅰ.①秦… Ⅱ.①赵…②叶… Ⅲ.①战争史—中国—秦代 Ⅳ.①E293.3

中国版本图书馆 CIP 数据核字(2020)第 261774 号

秦战争史
QINZHANZHENGSHI 赵国华 叶秋菊 著

责任编辑	张红丽
装帧设计	谢 晶
出版发行	西北大学出版社
地 址	西安市太白北路 229 号 邮 编 710069
网 址	http://nwupress.nwu.edu.cn E-mail xdpress@nwu.edu.cn
电 话	029-88303593 88302590
经 销	全国新华书店
印 装	西安华新彩印有限责任公司
开 本	710 毫米×1020 毫米 1/16
印 张	15.75
字 数	269 千字
版 次	2021 年 2 月第 1 版 2022 年 5 月第 2 次印刷
书 号	ISBN 978-7-5604-4658-5
定 价	106.00 元

如有印装质量问题,请与本社联系调换,电话 029-88302966。

"秦史与秦文化研究丛书"

―――― 编辑出版委员会 ――――

顾　问　柳斌杰　朱绍侯　方光华

主　任　徐　晔

副主任　卜宪群　马　来

委　员　卜宪群　马　来　王子今　王彦辉　田明纲
　　　　邬文玲　孙家洲　李禹阶　李振宏　张德芳
　　　　张　萍　陈松长　何惠昂　杨建辉　高大伦
　　　　高彦平　晋　文　贾二强　徐　晔　徐兴无
　　　　梁亚莉　彭　卫　焦南峰　赖绍聪

主　编　王子今

总　序

公元前 221 年，秦王嬴政完成了统一大业，建立了中国历史上第一个高度集权的"大一统"帝国。秦王朝执政短暂，公元前 207 年被民众武装暴动推翻。秦短促而亡，其失败，在后世长久的历史记忆中更多地被赋予政治教训的意义。然而人们回顾秦史，往往都会追溯到秦人从立国走向强盛的历程，也会对秦文化的品质和特色有所思考。

秦人有早期以畜牧业作为主体经济形式的历史。《史记》卷五《秦本纪》说秦人先祖柏翳"调驯鸟兽，鸟兽多驯服"①，《汉书》卷一九上《百官公卿表上》则作"蠭作朕虞，育草木鸟兽"②，《汉书》卷二八下《地理志下》说"柏益……为舜朕虞，养育草木鸟兽"③，经营对象包括"草木"。所谓"育草木""养育草木"，暗示农业和林业在秦早期经济形式中也曾经具有相当重要的地位。秦人经济开发的成就，是秦史进程中不宜忽视的文化因素。其影响，不仅作用于物质层面，也作用于精神层面。秦人在周人称为"西垂"的地方崛起，最初在今甘肃东部、陕西西部活动，利用畜牧业经营能力方面的优势，成为周天子和东方各个文化传统比较悠久的古国不能忽视的政治力量。秦作为政治实体，在两周之际得到正式承认。

关中西部的开发，有周人的历史功绩。周王朝的统治重心东迁洛阳后，秦人在这一地区获得显著的经济成就。秦人起先在汧渭之间地方建设了畜牧业基地，又联络草原部族，团结西戎力量，"西垂以其故和睦"，得到周王室的肯定，秦于是立国。正如《史记》卷五《秦本纪》所说："邑之秦，使复续嬴氏祀，号曰秦嬴。"④秦国力逐渐强盛，后来向东发展，在雍（今陕西凤翔）定都，成为西方诸侯

---

① [汉]司马迁：《史记》，中华书局 1959 年版，第 173 页。
② 颜师古注引应劭曰："蠭，伯益也。"《汉书》，中华书局 1962 年版，第 721、724 页。
③ [汉]班固：《汉书》，中华书局 1962 年版，第 1641 页。
④ 《史记》卷五《秦本纪》，第 177 页。

国家,与东方列国发生外交和战争关系。雍城是生态条件十分适合农耕发展的富庶地区,与周人早期经营农耕、创造农业奇迹的所谓"周原膴膴"①的中心地域东西相邻。因此许多学者将其归入广义"周原"的范围之内。秦国的经济进步,有利用"周余民"较成熟农耕经验的因素。秦穆公时代"益国十二,开地千里,遂霸西戎","广地益国,东服强晋,西霸戎夷",②是以关中西部地区作为根据地实现的政治成功。

秦的政治中心,随着秦史的发展,呈现由西而东逐步转移的轨迹。比较明确的秦史记录,即从《史记》卷五《秦本纪》所谓"初有史以纪事"的秦文公时代起始。③ 秦人活动的中心,经历了这样的转徙过程:西垂—汧渭之会—平阳—雍—咸阳。《中国文物地图集·陕西分册》中的《陕西省春秋战国遗存图》显示,春秋战国时期西安、咸阳附近地方的渭河北岸开始出现重要遗址。④ 而史书明确记载,商鞅推行变法,将秦都由雍迁到了咸阳。《史记》卷五《秦本纪》:"(秦孝公)十二年,作为咸阳,筑冀阙,秦徙都之。"⑤《史记》卷六《秦始皇本纪》:"孝公享国二十四年……其十三年,始都咸阳。"⑥《史记》卷六八《商君列传》:"于是以鞅为大良造……居三年,作为筑冀阙宫庭于咸阳,秦自雍徙都之。"⑦这些文献记录都明确显示,秦孝公十二年(前350)开始营造咸阳城和咸阳宫,于秦孝公十三年(前349)从雍城迁都到咸阳。定都咸阳,既是秦史上具有重大意义的事件,实现了秦国兴起的历史过程中的显著转折,也是秦政治史上的辉煌亮点。

如果我们从生态地理学和经济地理学的角度分析这一事件,也可以获得新的

---

① 《诗·大雅·绵》,[清]阮元校刻:《十三经注疏》,中华书局据原世界书局缩印本1980年10月影印版,第510页。

② 《史记》卷五《秦本纪》,第194、195页。《史记》卷八七《李斯列传》作"并国二十,遂霸西戎"。第2542页。《后汉书》卷八七《西羌传》:"秦穆公得戎人由余,遂罢西戎,开地千里。"中华书局1965年版,第2873页。

③ 《史记》,第179页。

④ 张在明主编:《中国文物地图集·陕西分册》,西安地图出版社1998年版,上册第61页。

⑤ 《史记》,第203页。

⑥ 《史记》,第288页。

⑦ 《史记》,第2232页。

有意义的发现。秦都由西垂东迁至咸阳的过程,是与秦"东略之世"①国力不断壮大的历史同步的。迁都咸阳的决策,有将都城从农耕区之边缘转移到农耕区之中心的用意。秦自雍城迁都咸阳,实现了重要的历史转折。一些学者将"迁都咸阳"看作商鞅变法的内容之一。翦伯赞主编《中国史纲要》在"秦商鞅变法"题下写道:"公元前356年,商鞅下变法令","公元前350年,秦从雍(今陕西凤翔)迁都咸阳,商鞅又下第二次变法令"。② 杨宽《战国史》(增订本)在"秦国卫鞅的变法"一节"卫鞅第二次变法"题下,将"迁都咸阳,修建宫殿"作为变法主要内容之一,又写道:"咸阳位于秦国的中心地点,靠近渭河,附近物产丰富,交通便利。"③林剑鸣《秦史稿》在"商鞅变法的实施"一节,也有"迁都咸阳"的内容。其中写道:"咸阳(在咸阳市窑店东)北依高原,南临渭河,适在秦岭怀抱,既便利往来,又便于取南山之产物,若浮渭而下,可直入黄河;在终南山与渭河之间就是通往函谷关的大道。"④这应当是十分准确地反映历史真实的判断。《史记》卷六八《商君列传》记载,商鞅颁布的新法,有扩大农耕的规划,奖励农耕的法令,保护农耕的措施。⑤ 于是使得秦国在秦孝公—商鞅时代实现了新的农业跃进。而指导这一历史变化的策划中心和指挥中心,就在咸阳。咸阳附近也自此成为关中经济的重心地域。《史记》卷二八《封禅书》说"霸、产、长水、沣、涝、泾、渭皆非大川,以近咸阳,尽得比山川祠"⑥,说明"近咸阳"地方水资源得到合理利用。关中于是"号称陆海,为九州膏腴"⑦,被看作"天府之国"⑧,因其丰饶,千百年居于经济优胜地位。

回顾春秋战国时期列强竞胜的历史,历史影响比较显著的国家,多位于文明程度处于后起地位的中原外围地区,它们的迅速崛起,对于具有悠久的文明传统

---

① 王国维:《秦都邑考》,《王国维遗书》,上海古籍书店1983年版,《观堂集林》卷一二第9页。
② 翦伯赞主编:《中国史纲要》,人民出版社1979年版,第75页。
③ 杨宽:《战国史》(增订本),上海人民出版社1998年版,第206页。
④ 林剑鸣:《秦史稿》,上海人民出版社1981年版,第189页。
⑤ 商鞅"变法之令":"民有二男以上不分异者,倍其赋。""僇力本业,耕织致粟帛多者复其身。事末利及怠而贫者,举以为收孥。"《史记》,第2230页。
⑥ 《史记》,第1374页。
⑦ 《汉书》卷二八下《地理志下》,第1642页。
⑧ 《史记》卷五五《留侯世家》,第2044页。

的"中国",即黄河中游地区,形成了强烈的冲击。这一历史文化现象,就是《荀子·王霸》中所说的:"虽在僻陋之国,威动天下,五伯是也。""故齐桓、晋文、楚庄、吴阖闾、越句践,是皆僻陋之国也,威动天下,强殆中国。"①就是说,"五霸"虽然都崛起在文明进程原本相对落后的"僻陋"地方,却能够以新兴的文化强势影响天下,震动中原。"五霸"所指,说法不一,如果按照《白虎通·号·三皇五帝三王五伯》中的说法:"或曰:五霸,谓齐桓公、晋文公、秦穆公、楚庄王、吴王阖闾也。"也就是除去《荀子》所说"越句践",加上了"秦穆公",对于秦的"威""强",予以肯定。又说:"《尚书》曰'邦之荣怀,亦尚一人之庆',知秦穆之霸也。"②秦国力发展态势之急进,对东方诸国有激励和带动的意义。

在战国晚期,七雄之中,以齐、楚、赵、秦为最强。到了公元前3世纪的后期,则秦国的军威,已经势不可当。在秦孝公与商鞅变法之后,秦惠文王兼并巴蜀,宣太后与秦昭襄王战胜义渠,实现对上郡、北地的控制,使秦的疆域大大扩张,时人除"唯秦雄天下"③之说外,又称"秦地半天下"④。秦国上层执政集团可以跨多纬度空间控制,实现了对游牧区、农牧并作区、粟作区、麦作区以及稻作区兼行管理的条件。这是后来对统一王朝不同生态区和经济区实施全面行政管理的前期演习。当时的东方六国,没有一个国家具备从事这种政治实践的条件。

除了与秦孝公合作推行变法的商鞅之外,秦史进程中有重要影响的人物还有韩非和吕不韦。《韩非子》作为法家思想的集大成者,规范了秦政的导向。吕不韦主持编写的《吕氏春秋》为即将成立的秦王朝描画了政治蓝图。多种渊源不同的政治理念得到吸收,其中包括儒学的民本思想。

秦的统一,是中国史的大事件,也是东方史乃至世界史的大事件。对于中华民族的形成,对于后来以汉文化为主体的中华文化的发展,对于统一政治格局的定型,秦的创制有非常重要的意义。秦王朝推行郡县制,实现中央对地方的直接控制。皇帝制度和官僚制度的出现,也是推进政治史进程的重要发明。秦始皇时代实现了高度的集权。皇室、将相、后宫、富族,都无从侵犯或动摇皇帝的权

---

① [清]王先谦撰,沈啸寰、王星贤点校:《荀子集解》,中华书局1988年版,第205页。
② [清]陈立撰,吴则虞点校:《白虎通疏证》,中华书局1994年版,第62、64页。
③ 《史记》卷八三《鲁仲连邹阳列传》,第2459页。
④ 《史记》卷七〇《张仪列传》,第2289页。

威。执掌管理天下最高权力的，唯有皇帝。"夫其卓绝在上，不与士民等夷者，独天子一人耳。"①与秦始皇"二世三世至于万世，传之无穷"②的乐观设想不同，秦的统治未能长久，但是，秦王朝的若干重要制度，特别是皇帝独尊的制度，却成为此后两千多年的政治史的范式。如毛泽东诗句所谓"百代犹行秦政法"③。秦政风格延续长久，对后世中国有长久的规范作用，也对东方世界的政治格局形成了影响。

秦王朝在全新的历史条件下带有试验性质的经济管理形式，是值得重视的。秦时由中央政府主持的长城工程、驰道工程、灵渠工程、阿房宫工程、丽山工程等规模宏大的土木工程的规划和组织，表现出经济管理水平的空前提高，也显示了相当高的行政效率。秦王朝多具有创新意义的经济制度，在施行时各有得失。秦王朝经济管理的军事化体制，以极端苛急的政策倾向为特征，而不合理的以关中奴役关东的区域经济方针等方面的弊病，也为后世提供了深刻的历史教训。秦王朝多以军人为吏，必然使各级行政机构都容易形成极权专制的特点，使行政管理和经济管理都具有军事化的形制，又使统一后不久即应结束的军事管制阶段在实际上无限延长，终于酿成暴政。

秦王朝的专制统治表现出高度集权的特色，其思想文化方面的政策也具有与此相应的风格。秦王朝虽然统治时间不长，但是所推行的文化政策却在若干方面对后世有规定性的意义。"书同文"原本是孔子提出的文化理想。孔子嫡孙子思作《中庸》，引述了孔子的话："今天下车同轨，书同文，行同伦。"④"书同文"，成为文化统一的一种象征。但是在孔子的时代，按照儒家的说法，有其位者无其德，有其德者无其位，"书同文"实际上只是一种空想。战国时期，分裂形势更为显著，书不同文也是体现当时文化背景的重要标志之一。正如东汉学者许慎在《说文解字·叙》中所说，"诸侯力政，不统于王"，于是礼乐典籍受到破坏，天下分为七国，"言语异声，文字异形"。⑤秦灭六国，实现统一之后，丞相李

---

① 章太炎：《秦政记》，《太炎文录初编》卷一，《章太炎全集》第4卷，上海人民出版社1985年版，第71页。
② 《史记》卷六《秦始皇本纪》，第236页。
③ 《建国以来毛泽东文稿》第13册，中央文献出版社1998年版，第361页。
④ [清]阮元校刻：《十三经注疏》，第1634页。
⑤ [汉]许慎撰，[清]段玉裁注：《说文解字注》，上海古籍出版社据经韵楼藏版1981年10月影印版，第757页。

斯就上奏建议以"秦文"为基点,欲令天下文字"同之",凡是与"秦文"不一致的,通通予以废除,以完成文字的统一。历史上的这一重要文化过程,司马迁在《史记》卷六《秦始皇本纪》的记载中写作"书同文字"与"同书文字",①在《史记》卷一五《六国年表》与《史记》卷八七《李斯列传》中分别写作"同天下书""同文书"。② 秦王朝的"书同文"虽然没有取得全面的成功,但是当时能够提出这样的文化进步的规划,并且开始了这样的文化进步的实践,应当说,已经是一个值得肯定的伟大的创举。秦王朝推行文化统一的政策,并不限于文字的统一。在秦始皇出巡各地的刻石文字中,可以看到要求各地民俗实现同化的内容。比如琅邪刻石说到"匡饬异俗",之罘刻石说到"黔首改化,远迩同度",表示各地的民俗都要改造,以求整齐统一;而强求民俗统一的形式,是法律的规范,就是所谓"普施明法,经纬天下,永为仪则"。③ 应当看到,秦王朝要实行的全面的"天下""同度",是以秦地形成的政治规范、法律制度、文化样式和民俗风格为基本模板的。

秦王朝在思想文化方面谋求统一,是通过强硬性的专制手段推行有关政策实现的。所谓焚书坑儒,就是企图全面摈斥东方文化,以秦文化为主体实行强制性的文化统一。对于所谓"难施用"④"不中用"⑤的"无用"之学⑥的否定,甚至不惜采用极端残酷的手段。

秦王朝以关中地方作为政治中心,也作为文化基地。关中地方得到了很好

---

① 《史记》,第239、245页。
② 《史记》,第757、2547页。
③ 《史记》,第245、250、249页。
④ 《史记》卷二八《封禅书》:"始皇闻此议各乖异,难施用,由此绌儒生。"第1366页。
⑤ 《史记》卷六《秦始皇本纪》:"(秦始皇)大怒曰:'吾前收天下书不中用者尽去之。'"第258页。
⑥ 《资治通鉴》卷七《秦纪二》"始皇帝三十四年":"魏人陈馀谓孔鲋曰:'秦将灭先王之籍,而子为书籍之主,其危哉!'子鱼曰:'吾为无用之学,知吾者惟友。秦非吾友,吾何危哉!吾将藏之以待其求;求至,无患矣。'"胡三省注:"孔鲋,孔子八世孙,字子鱼。"[宋]司马光编著,[元]胡三省音注,"标点资治通鉴小组"校点:《资治通鉴》,中华书局1956年版,第244页。承孙闻博副教授提示,据傅亚庶《孔丛子校释》,《孔丛子》有的版本记录孔鲋说到"有用之学"。叶氏藏本、蔡宗尧本、汉承弼校跋本、章钰校跋本并有"吾不为有用之学,知吾者唯友。秦非吾友,吾何危哉?"语。中华书局2011年版,第410、414页。参看王子今:《秦文化的实用之风》,《光明日报》2013年7月15日15版"国学"。

的发展条件。秦亡,刘邦入咸阳,称"仓粟多"①,项羽确定行政中心时有人建议"关中阻山河四塞,地肥饶,可都以霸",都说明了秦时关中经济条件的优越。项羽虽然没有采纳都关中的建议,但是在分封十八诸侯时,首先考虑了对现今陕西地方的控制。"立沛公为汉王,王巴、蜀、汉中,都南郑",又"三分关中","立章邯为雍王,王咸阳以西,都废丘","立司马欣为塞王,王咸阳以东至河,都栎阳;立董翳为翟王,王上郡,都高奴"。② 因"三分关中"的战略设想,于是史有"三秦"之说。近年"废丘"的考古发现,有益于说明这段历史。所谓"秦之故地"③,是受到特殊重视的行政空间。

汉代匈奴人和西域人仍然称中原人为"秦人"④,汉简资料也可见"秦骑"⑤称谓,说明秦文化对中土以外广大区域的影响形成了深刻的历史记忆。远方"秦人"称谓,是秦的历史光荣的文化纪念。

李学勤《东周与秦代文明》一书中将东周时代的中国划分为7个文化圈,就是中原文化圈、北方文化圈、齐鲁文化圈、楚文化圈、吴越文化圈、巴蜀滇文化圈、秦文化圈。关于其中的"秦文化圈",论者写道:"关中的秦国雄长于广大的西北地区,称之为秦文化圈可能是适宜的。秦人在西周建都的故地兴起,形成了有独特风格的文化。虽与中原有所交往,而本身的特点仍甚明显。"关于战国晚期至于秦汉时期的文化趋势,论者指出:"楚文化的扩展,是东周时代的一件大事","随之而来的,是秦文化的传布。秦的兼并列国,建立统一的新王朝,使秦文化成为后来辉煌的汉代文化的基础"。⑥ 从空间和时间的视角进行考察,可以注意

---

① 《史记》卷八《高祖本纪》,第362页。
② 《史记》卷七《项羽本纪》,第315、316页。
③ 《史记》卷九九《刘敬叔孙通列传》:"陛下入关而都之,山东虽乱,秦之故地可全而有也。""今陛下入关而都,案秦之故地,此亦搤天下之亢而拊其背也。"第2716页。
④ 《史记》卷一二三《大宛列传》,第3177页;《汉书》卷九四上《匈奴传上》,第3782页;《汉书》卷九六下《西域传下》,第3913页。东汉西域人使用"秦人"称谓,见《龟兹左将军刘平国作关城诵》,参看王子今:《〈龟兹左将军刘平国作关城诵〉考论——兼说"张骞凿空"》,《欧亚学刊》新7辑,商务印书馆2018年版。
⑤ 如肩水金关简"☐所将胡骑秦骑名籍☐"(73EJT1:158),甘肃简牍保护研究中心、甘肃省文物考古研究所、甘肃省博物馆、中国文化遗产研究院古文献研究室、中国社会科学院简帛研究中心编:《肩水金关汉简》(壹),中西书局2011年版,下册第11页。
⑥ 李学勤:《东周与秦代文明》,上海人民出版社2007年版,第10—11页。

到秦文化超地域的特征和跨时代的意义。秦文化自然有区域文化的含义,早期的秦文化又有部族文化的性质。秦文化也是体现法家思想深刻影响的一种政治文化形态,可以理解为秦王朝统治时期的主体文化和主导文化。秦文化也可以作为一种积极奋进的、迅速崛起的、节奏急烈的文化风格的象征符号。总结秦文化的有积极意义的成分,应当注意这样几个特点:创新理念、进取精神、开放胸怀、实用意识、技术追求。秦文化的这些具有积极因素的特点,可以以"英雄主义"和"科学精神"简要概括。对于秦统一的原因,有必要进行全面的客观的总结。秦人接受来自西北方向文化影响的情形,研究者也应当予以关注。

秦文化既有复杂的内涵,又有神奇的魅力。秦文化表现出由弱而强、由落后而先进的历史转变过程中积极进取、推崇创新、重视实效的文化基因。

对于秦文化的历史表现,仅仅用超地域予以总结也许还是不够的。"从世界史的角度"估价秦文化的影响,是秦史研究者的责任。秦的统一"是中国文化史上的重要转折点",继此之后,汉代创造了辉煌的文明,其影响,"范围绝不限于亚洲东部,我们只有从世界史的高度才能估价它的意义和价值"。① 汉代文明成就,正是因秦文化而奠基的。

在对于秦文化的讨论中,不可避免地会导入这样一个问题:为什么在战国七雄的历史竞争中最终秦国取胜,为什么是秦国而不是其他国家完成了"统一"这一历史进程?

秦统一的形势,翦伯赞说,"如暴风雷雨,闪击中原",证明"任何主观的企图,都不足以倒转历史的车轮"。② 秦的"统一",有的学者更愿意用"兼并"的说法。这一历史进程,后人称之为"六王毕,四海一"③,"六王失国四海归"④。其实,秦始皇实现的统一,并不仅仅限于黄河流域和长江流域原战国七雄统治的地域,亦包括对岭南的征服。战争的结局,是《史记》卷六《秦始皇本纪》和卷一一

---

① 李学勤:《东周与秦代文明》,第294页。
② 翦伯赞:《秦汉史》,北京大学出版社1983年版,第8页。
③ [唐]杜牧:《阿房宫赋》,《文苑英华》卷四七,[宋]李昉等编:《文苑英华》,中华书局1966年版,第212页。
④ [宋]莫济《次梁安老王十朋咏秦碑韵》:"六王失国四海归,秦皇东刻南巡碑。"[明]董斯张辑:《吴兴艺文补》卷五〇,明崇祯六年刻本,第1103页。

三《南越列传》所记载的桂林、南海、象郡的设立。① 按照贾谊《过秦论》的表述,即"南取百越之地,以为桂林、象郡,百越之君俛首系颈,委命下吏"②。考古学者基于岭南秦式墓葬发现,如广州淘金坑秦墓、华侨新村秦墓,广西灌阳、兴安、平乐秦墓等的判断,以为"说明了秦人足迹所至和文化所及,反映了秦文化在更大区域内和中原以及其他文化的融合","两广秦墓当是和秦始皇统一岭南,'以谪徙民五十万戍五岭,与越杂处'的历史背景有关"。③ 岭南文化与中原文化的融合,正是自"秦时已并天下,略定杨越"④起始。而蒙恬经营北边,又"却匈奴七百余里"⑤。南海和北河方向的进取,使得秦帝国的国土规模远远超越了秦本土与"六王"故地的总和。⑥

对于秦所以能够实现统一的原因,历来多有学者讨论。有人认为,秦改革彻底,社会制度先进,是主要原因。曾经负责《睡虎地秦墓竹简》定稿、主持张家山汉简整理并进行秦律和汉律对比研究的李学勤指出:"睡虎地竹简秦律的发现和研究,展示了相当典型的奴隶制关系的景象","有的著作认为秦的社会制度比六国先进,笔者不能同意这一看法,从秦人相当普遍地保留野蛮的奴隶制关系来看,事实毋宁说是相反"。⑦

秦政以法家思想为指导。法家虽然经历汉初的"拨乱反正"⑧受到清算,又经汉武帝时代"罢黜百家,表章《六经》"⑨"推明孔氏,抑黜百家"⑩,受到正统意

---

① 王子今:《论秦始皇南海置郡》,《陕西师范大学学报》(哲学社会科学版)2017年第1期。
② 《史记》卷六《秦始皇本纪》,第280页。
③ 叶小燕:《秦墓初探》,《考古》1982年第1期。
④ 《史记》卷一一三《南越列传》,第2967页。
⑤ 《史记》卷六《秦始皇本纪》,第280页;《史记》卷四八《陈涉世家》,第1963页。
⑥ 参看王子今:《秦统一局面的再认识》,《辽宁大学学报》(哲学社会科学版)2013年第1期。
⑦ 李学勤:《东周与秦代文明》,第290—291页。
⑧ 《汉书》卷六《武帝纪》,第212页;《汉书》卷二二《礼乐志》,第1030、1035页。《史记》卷八《高祖本纪》:"拨乱世反之正。"第392页。《史记》卷六〇《三王世家》:"高皇帝拨乱世反诸正。"第2109页。
⑨ 《汉书》卷六《武帝纪》,第212页。
⑩ 《汉书》卷五六《董仲舒传》,第2525页。

识形态压抑,但是由所谓"汉家自有制度,本以霸王道杂之,奈何纯任德教,用周政乎"①可知,仍然有长久的历史影响和文化惯性。这说明中国政治史的回顾,有必要思考秦政的作用。

在总结秦统一原因时,应当重视《过秦论》"续六世之余烈,振长策而御宇内"的说法。② 然而秦的统一,不仅仅是帝王的事业,也与秦国农民和士兵的历史表现有关。是各地万千士兵与民众的奋发努力促成了统一。秦国统治的地域,当时是最先进的农业区。直到秦王朝灭亡之后,人们依然肯定"秦富十倍天下"的地位。③ 因农耕业成熟而形成的富足,也构成秦统一的物质实力。

有学者指出,应当重视秦与西北方向的文化联系,重视秦人从中亚地方接受的文化影响。这是正确的意见。但是以为郡县制的实行可能来自西方影响的看法还有待于认真的论证。战国时期,不仅秦国,不少国家都实行了郡县制。有学者指出:"郡县制在春秋时已有萌芽,特别是'县',其原始形态可以追溯到西周。到战国时期,郡县制在各国都在推行。"④秦人接受来自西北的文化影响,应当是没有疑义的。周穆王西行,据说到达西王母之国,为他驾车的就是秦人先祖造父。秦早期养马业的成功,也应当借鉴了草原游牧族的技术。青铜器中被确定为秦器者,据说有的器形"和常见的中国青铜器有别,有学者以之与中亚的一些器物相比"。学界其实较早已经注意到这种器物,以为"是否模仿中亚的风格,很值得探讨"。⑤ 我们曾经注意过秦风俗中与西方相近的内容,秦穆公三十二年(前628),发军袭郑,这是秦人首创所谓"径数国千里而袭人"的长距离远征历史记录的例证。晋国发兵在殽阻截秦军,"击之,大破秦军,无一人得脱者,虏秦三将以归"。⑥ 四年之后,秦人复仇,《左传·文公三年》记载:"秦伯伐晋,济河焚舟,取王官及郊。晋人不出,遂自茅津渡,封殽尸而还。"⑦《史记》卷五《秦本

---

① 《汉书》卷九《元帝纪》,第277页。
② 《史记》卷六《秦始皇本纪》,第280页。
③ 《史记》卷八《高祖本纪》,第364页。
④ 李学勤:《东周与秦代文明》,第289—290页。
⑤ 李学勤:《东周与秦代文明》,第146页。
⑥ 《史记》卷五《秦本纪》,第190—192页。
⑦ 《春秋左传集解》,上海人民出版社1977年版,第434页。

纪》："缪公乃自茅津渡河，封殽中尸，为发丧，哭之三日。"①《史记》卷三九《晋世家》："秦缪公大兴兵伐我，度河，取王官，封殽尸而去。"②封，有人解释为"封识之"③，就是筑起高大的土堆以为标识。我们读记述公元 14 年至公元 15 年间史事的《塔西佗〈编年史〉》第 1 卷，可以看到日耳曼尼库斯·凯撒率领的罗马军队进军到埃姆斯河和里普河之间十分类似的情形："据说伐鲁斯和他的军团士兵的尸体还留在那里没有掩埋"，"罗马军队在六年之后，来到这个灾难场所掩埋了这三个军团的士兵的遗骨"，"在修建坟山的时候，凯撒放置第一份草土，用以表示对死者的衷心尊敬并与大家一同致以哀悼之忱"。④ 罗马军队统帅日耳曼尼库斯·凯撒的做法，和秦穆公所谓"封殽尸"何其相像！罗马军人们所"修建"的"坟山"，是不是和秦穆公为"封识之"而修建的"封"属于性质相类的建筑形式呢？相关的文化现象还有待于深入考论。但是关注秦文化与其他文化系统之间的联系可能确实是有意义的。

秦代徐市东渡，择定适宜的生存空间定居⑤，或许是东洋航线初步开通的历史迹象。斯里兰卡出土半两钱⑥，似乎可以看作南洋航线早期开通的文物证明。理解并说明秦文化的世界影响，也是丝绸之路史研究应当关注的主题。

"秦史与秦文化研究丛书"系"十三五"国家重点图书出版规划项目，共 14 种，由陕西省人民政府参事室主持编撰，西北大学出版社具体组织实施。包括以下学术专著：《秦政治文化研究》（雷依群）、《初并天下——秦君主集权研究》（孙闻博）、《帝国的形成与崩溃——秦疆域变迁史稿》（梁万斌）、《秦思想与政治研究》（臧知非）、《秦法律文化新探》（闫晓君）、《秦祭祀研究》（史党社）、《秦礼仪研究》（马志亮）、《秦战争史》（赵国华、叶秋菊）、《秦农业史新编》（樊志民、

---

① 《史记》，第 193 页。
② 《史记》，第 1670 页。
③ 《史记》卷五《秦本纪》裴骃《集解》引贾逵曰，第 193 页。
④ 〔罗马〕塔西佗著，王以铸等译：《塔西佗〈编年史〉》，商务印书馆 1981 年版，上册，第 1 卷，第 51—52 页。
⑤ 《史记》卷一一八《淮南衡山列传》："徐福得平原广泽，止王不来。"第 3086 页。
⑥ 查迪玛（A. Chandima）：《斯里兰卡藏中国古代文物研究——兼谈古代中斯贸易关系》，山东大学博士学位论文，导师：于海广教授，2011 年 4 月；〔斯里兰卡〕查迪玛·博嘎哈瓦塔·柯莎莉·卡库兰达拉：《斯里兰卡藏中国古代钱币概况》，《百色学院学报》2016 年第 6 期。

李伊波)、《秦都邑宫苑研究》(徐卫民、刘幼臻)、《秦文字研究》(周晓陆、罗志英、李巍、何薇)、《秦官吏法研究》(周海锋)、《秦交通史》(王子今)、《秦史与秦文化研究论著索引》(田静)。

  本丛书的编写队伍,集合了秦史研究的学术力量,其中有较资深的学者,也有很年轻的学人。丛书选题设计,注意全方位的研究和多视角的考察。参与此丛书的学者提倡跨学科的研究,重视历史学、考古学、民族学与文化人类学等不同学术方向研究方法的交叉采用,努力坚持实证原则,发挥传世文献与出土文献及新出考古资料相结合的优长,实践"二重证据法""多重证据法",力求就秦史研究和秦文化研究实现学术推进。秦史是中国文明史进程的重要阶段,秦文化是历史时期文化融汇的主流之一,也成为中华民族文化的重要构成内容。对于秦史与秦文化,考察、研究、理解和说明,是历史学者的责任。不同视角的观察,不同路径的探究,不同专题的研讨,不同层次的解说,都是必要的。这里不妨借用秦汉史研究前辈学者翦伯赞《秦汉史》中"究明"一语简要表白我们研究工作的学术追求:"究明"即"显出光明"。①

王子今
2021 年 1 月 18 日

---

① 翦伯赞:《秦汉史》,第 2 页。

目 录

总 序 ·· 1

绪 论 ·· 1

第一章 乱世开国 ·································· 8
 一 秦族的兴起 ·································· 8
 二 伐戎救周 ···································· 12
 三 经略周原 ···································· 15
 四 攻芮之战 ···································· 16

第二章 称霸西戎 ·································· 19
 一 韩原之战 ···································· 19
 二 攻灭梁芮 ···································· 28
 三 崤之战 ······································ 28
 四 彭衙、王官之战 ······························ 37
 五 秦穆公称霸 ·································· 39

第三章 关中徘徊 ·································· 44
 一 令狐、河曲之战 ······························ 44
 二 救楚伐庸 ···································· 49
 三 麻隧之战 ···································· 50
 四 棫林之战 ···································· 54
 五 援楚抗吴 ···································· 57

第四章　走向强盛 …… 60
一　石门之战 …… 60
二　商鞅的农战方略 …… 64
三　安邑、固阳之战 …… 71

第五章　东扩南进 …… 75
一　张仪的连横方略 …… 75
二　五国伐秦 …… 83
三　攻取巴蜀 …… 87
四　丹阳、蓝田之战 …… 92
五　甘茂攻克宜阳 …… 95

第六章　全面开战 …… 99
一　秦楚关系的演变 …… 99
二　伊阙之战 …… 102
三　五国伐齐 …… 104
四　白起攻克郢都 …… 111
五　华阳之战 …… 116
六　范雎的远交近攻 …… 125
七　长平之战 …… 134
八　邯郸之战 …… 145

第七章　统一天下 …… 158
一　周王室的覆灭 …… 158
二　吞并韩国 …… 160
三　大梁的陷落 …… 163
四　攻灭赵国 …… 167
五　燕国的抵抗 …… 170
六　王翦伐楚 …… 175
七　不战而屈齐 …… 179

第八章 攻守兼顾 ………………………… 183
 一 北逐匈奴 ………………………… 183
 二 修筑长城 ………………………… 187
 三 南平百越 ………………………… 190

第九章 帝国崩溃 ………………………… 196
 一 秦帝国何以崩溃 ………………… 196
 二 陈胜吴广起义 …………………… 203
 三 六国贵族反秦 …………………… 207
 四 项羽与巨鹿之战 ………………… 219
 五 刘邦攻入咸阳 …………………… 226

参考文献 …………………………………… 233
后　记 ……………………………………… 236

绪　论

人类社会进入文明时代，战争作为一种强制性手段，在一定程度上改变着历史的进程。秦从诸侯、王国到帝国，或者说秦国的崛起、统一和崩溃，都与战争有密切的关系，因而从战争的角度考察秦国的崛起、统一和崩溃，成为秦史研究的一个重要课题。本书拟系统地考察秦战争史的全过程，揭示秦战争史的阶段性及其特点，以期有裨于秦史和秦文化研究。

一

司马迁编修《史记》，非常重视对秦史的叙述，不但将其列为本纪，还把秦国的建立与西周的终结、东周的开端联系在一起，反复强调说："犬戎败幽王，周东徙洛邑，秦襄公始封为诸侯。"①秦国由此跨入文明门槛，经历了诸侯、王国、帝国三个阶段，成为周王室和其他诸侯国的终结者。从某种意义上说，一部秦战争史，就是一部秦国发展史。我们编撰秦战争史，应当以秦国的创立开篇。

有关秦战争史的研究，以往主要有两种形式：一是在通史著作中，把秦国的战争分散到春秋、战国、秦朝三个时期内，分别加以论述，如军事科学院主编的《中国军事通史》和台湾三军大学编的《中国历代战争史》②，这类著作未论及秦战争史的时间断限；二是采用断代史体例，专门论述秦战争史，如郭淑珍、王关成

---

① ［汉］司马迁撰，［南朝宋］裴骃集解，［唐］司马贞索隐，［唐］张守节正义：《史记》卷一五《六国年表》，中华书局1959年版，第685页。

② 军事科学院主编：《中国军事通史》，军事科学出版社1998年版；台湾三军大学编：《中国历代战争史》，军事译文出版社1983年版。

的《秦军事史》和张卫星的《秦战争述略》[①]，这两部著作论述秦战争史，或讲到秦统一六国，或写到秦帝国灭亡，时间下限并不一致。

近段时期的秦史研究，凸显出一种学术取向，即把秦的崛起与统一作为一个重大历史问题，侧重于探究秦从一个族群到诸侯、帝国的发展演变的过程及其原因。这样对待秦史研究自有一定的道理。然而，秦王嬴政兼并六国以后，并未停止统一天下的步伐，战争仍在继续进行，而且指向偏远的塞北和岭南地区。因此，我们编撰秦战争史，不应当以兼并六国为下限，而需要补上秦帝国继续拓展直至灭亡的那段历史，这样才称得上完整。

正是基于上述考虑，我们编撰这部《秦战争史》，拟从秦襄公开国论述至秦王子婴出降，对此565年间秦国的战争分阶段地进行叙述和讨论，从战争史的角度探讨秦的崛起、统一和崩溃问题。

二

周秦时代的中国是以自然经济为主体的农业社会，农业社会的主要生产资料是土地和与土地相结合的农民，在政治上是以分封制度为核心的天下秩序，分封制度带来的是诸侯各自为政，由此引发了诸侯国之间的矛盾、冲突和战争。在这种历史大背景下，秦国无论是夺取关中地区，还是从关中地区向外扩张，战争的主要目的都在于拓展秦国的疆土，这构成了秦战争史的主旋律。

西周春秋之际，天下体系解纽，传统政治秩序失常，历史演绎着一场剧变。周幽王被犬戎杀死，周平王迁都于洛邑，秦襄公护卫周王室，开始跻身于诸侯之列。依托于周王室的授权，即所谓"戎无道，侵夺我岐、丰之地，秦能攻逐戎，即有其地"[②]，秦人从西垂走进关中地区，在与戎族的征战中，不断地向东扩张，成为一个新兴的诸侯国。

秦穆公是春秋时期秦国最有作为的一位君主，他在位期间，选贤任能，励精

---

① 郭淑珍、王关成：《秦军事史》，陕西人民教育出版社2000年版；张卫星：《秦战争述略》，三秦出版社2001年版。

② 《史记》卷四《周本纪》，第179页。

图治，依托秦国特殊的地缘环境，实行向东拓展的军事战略，发动或参与了一系列战争，其中较重要的有韩原之战、攻灭梁芮之战、崤之战、王官之战及对西戎之战。经过这一系列战争，秦穆公得以"西霸戎翟，广地千里"①，在新的天下格局中，"则与齐桓、晋文中国侯伯侔矣"②，即开创了堪比齐桓公、晋文公的霸业。

自秦穆公以降，秦国在236年间经历了14代君主，因为国内外各种矛盾和冲突，整体上陷入国势不振的状态。秦国虽然与楚国结成较稳定的同盟，曾经援助楚国攻灭庸国、抗击吴国，但在与晋国的令狐、河曲之战以及麻隧之战、栎林之战中，总是胜利少而失败多，致使向东扩张受到阻遏。秦国被迫蜷缩于关中地区，处于一种徘徊无进的状态。

经过漫长的徘徊沉寂，到了秦献公、孝公在位时期，秦国迎来了新的活力和气象，国家制度建设提上日程，社会文明程度有所提高。特别是商鞅变法以后，秦统治者确立了"农战"的治国方略，走上了富国强兵的道路，重新踏上了向东扩张的征途。在与魏国的反复较量中，秦国夺取了西河地区，朝着全据关中的战略目标迈出了重要步伐。

秦惠文王在位时期，积极致力于对外扩张，一方面任命张仪为相，采取威胁和利诱的手段，说服山东各国诸侯，打破了合纵攻秦的局面；一方面连续出兵东进，在修鱼、岸门和宜阳之战中大破韩国，向南攻灭了巴、蜀两国，夺取了巴蜀地区，并在丹阳、蓝田之战中大破楚军，从而确保了关中地区的安全，增强了秦国的综合实力，加大了秦国的军事优势。

秦昭襄王在位56年，是秦国在位时间最长的一位君主。这一时期秦国对外战争全面开展，在伊阙、华阳之战中重创了韩、魏两国；参与了五国伐齐之战，致使齐国濒临灭亡；白起指挥鄢城、郢都之战，占领了楚国的都城；经过范雎的谋划，确立了"远交近攻"的经国方略；又在长平之战中歼灭了赵军40余万人，彻底削弱了赵国，进而改变了秦国与山东诸国的力量对比，形成了一国独大的格局。"当是之时，秦地已并巴、蜀、汉中，越宛有郢，置南郡矣；北收上郡以东，有河东、太原、上党郡；东至荥阳，灭二周，置三川郡。"③这就为秦国兼并六国奠定了基础。

---

① 《史记》卷五《秦本纪》，第202页。
② 《史记》卷一五《六国年表》，第685页。
③ 《史记》卷六《秦始皇本纪》，第223页。

早在秦昭襄王五十一年(前256),秦昭襄王派遣将军摎进攻周王室,周赧王被迫献出西周的领地。秦庄襄王元年(前249),秦相国吕不韦率军灭掉了东周,拉开了秦统一天下的序幕。秦王嬴政亲政以后,依靠李斯、蒙骜、王翦和王贲等一班文臣武将,在不到10年的时间里,运用战争和外交双重手段,相继兼并了韩、魏、赵、燕、楚、齐六国,建立起一个疆域辽阔的统一国家。

秦始皇兼并六国之后,确立了君主专制中央集权的政治体制,以维护和巩固统一国家,而对外并未停止战争的步伐,一面派遣蒙恬率军北逐匈奴,修筑长城,一面发兵南征百越地区,进一步拓展了秦帝国的疆域。这样连年不断的战争和秦始皇的贪婪奢靡,耗尽了秦帝国的人力、物力和财力资源,加剧了六国贵族的不满和广大民众的苦难,引发了严重的社会动乱。

在秦末社会动乱中,存在着三种反秦势力:六国贵族、帝国官吏和贫苦农民。这三种势力选择了两条政治路线:一条是贵族、官吏为政权而战,一条是贫苦农民为生存而战。陈胜和吴广、项梁和项羽以及刘邦作为领袖人物,先后领导了反秦斗争。其中,陈胜吴广的起义和张楚政权的建立,具有"首义"的性质;项羽指挥巨鹿之战,消灭秦军的主力部队,成为推翻秦朝廷的关键;刘邦引兵进逼咸阳,迫使秦王子婴投降,标志着秦帝国的覆灭。

从远古至秦汉时期,中国处于分散到统一的过程,战争发挥了助推器的功能。秦统治者通过对外扩张战争,与政治秩序重构、经济社会发展、思想文化进步共同作用,缔造了一个稳定的统一国家。从某种意义上讲,秦统治者经过500余年的开疆拓土,从一个西部边陲的蕞尔小国到建立秦帝国,拥有辽阔的疆域和众多的人口,到头来不过给汉帝国做了嫁衣裳。

三

通观整个秦战争史,其中包含着不同性质的战争,大致可以分为四种类型:一是秦国统治集团内部的战争,二是秦国对外扩张的战争,三是秦国抵御外敌的战争,四是反对秦国统治的战争。这四种类型的战争出现在不同的时期,对于秦的崛起、统一和崩溃,发挥着不同的历史作用。

秦国统治集团内部的战争,是指秦国统治集团内部不同政治势力之间的军事斗争,其中比较突出的是秦王嬴政平息嫪毐叛乱的战争。秦王政九年(前238),秦王嬴政在雍城接受成年加冠礼,接着下令逮捕嫪毐并治罪。嫪毐盗用御玺,假托秦王的命令调兵遣将,打算攻击嬴政居住的蕲年宫,进行叛乱。嬴政派相国昌平君、昌文君征发军队,讨伐嫪毐,在咸阳与叛兵交战,斩杀了数百人。嫪毐战败逃跑,结果被抓获。嬴政下令诛灭了嫪毐三族,把他所有的党羽都以车裂之刑处死,并且诛灭了这些党羽的宗族,嫪毐的舍人因罪过较轻被流放到蜀地,总共有四千多家。由此可见,这次统治集团内部的权力斗争,引发了一场大规模的暴力冲突,是秦国兼并六国之前一场激烈的内战。

秦国对外扩张的战争,是指秦统治者发动的争夺霸权和拓展疆土的军事活动。这种类型的战争虽然有时是为了争夺霸权,但绝大多数情况是为了拓展疆土。秦国从西垂走出以后,整个拓展疆土的过程经历了五个重要的阶段:一是秦穆公称霸西戎,二是秦惠文王兼并巴蜀,三是秦昭襄王攻伐韩、魏、赵、楚四国,四是秦王嬴政兼并六国,五是秦帝国北逐匈奴、南平百越。从整个战略形势来看,秦国对外扩张的战争呈现出一种巨大的扇形攻势。秦国全据关中地区,"被山带河以为固"①,进可攻而退可守,造就了一个坚实、有利的战略基地。其后,秦国遵循"远交近攻"的方略,持续进攻韩、魏两国,打通了向东扩张的道路;继而打击楚、赵两国,确保了东扩两翼的安全;随后逐一兼并六国,完成了统一天下的大业。再然后,秦国采取攻守兼顾的战略,全力挺进岭南地区,进一步拓展了秦帝国的版图。

秦国抵御外敌的战争,主要是指秦统治者对抗外来进攻的军事活动。秦国对外扩张的战争,从根本上损害了别国的地位和利益。尤其是到战国后期,韩、魏、楚、赵诸国饱受秦国进攻和蹂躏,各国统治者指斥秦国是"虎狼之国",秦军是"虎狼之师"。为了维护本国的地位和利益,山东诸国多次联合进攻秦国。如秦庄襄王三年(前247),信陵君出任魏国上将军,征得各国诸侯的赞同,统领魏、韩、赵、楚、燕五国的军队,于河外击破秦将蒙骜的部队,乘胜追击至函谷关,把秦军压制在关中地区,而后引兵回国。又如秦王政六年(前241),楚、赵、魏、韩、卫国结成合纵联盟,由楚考烈王担任合纵长,出兵进攻秦国,直抵函谷关,等到秦军开关迎战,联军竟然不战而溃散。总体上看,山东各国的合纵抗秦,虽然有时取

---

① 《史记》卷六《秦始皇本纪》,第277页。

得了一定的胜利,但随着秦国军事优势的扩大,加上合纵各国难以协同作战,最终归于失败。

反对秦国统治的战争,是指秦末陈胜、项羽和刘邦领导的反秦战争。秦帝国建立不过 15 年,由于秦始皇的贪婪和秦二世的昏聩,秦统治集团内部的权力斗争,山东六国贵族不满于秦朝廷,尤其是各种社会矛盾的日益激化,爆发了全国性的反秦斗争。秦朝廷虽然竭力镇压,但陷于土崩瓦解之势,已经无法挽回失败命运,致使帝国大厦轰然坍塌。这种类型的战争在改朝换代之际不断地上演,给历代人们推翻旧政权、建立新国家提供了经典范例。

以上四种类型的战争,第一、四种类型的战争属于秦国的国内战争,而第二、三种类型的战争则属于秦国的对外战争。相比较而言,秦国的国内战争为数不多,秦国的对外战争则贯穿于整个秦国发展史,作为秦战争史的主旋律,是我们特别要关注的研究对象。

四

历史上,每一场战争都有它的起因、经过和结局,或者说都有一个具体而完整的过程。我们编撰秦战争史,必须对每一场战争的全过程做细致的考察。全景式的叙述和聚焦性的讨论,是我们编撰秦战争史的基本设想。不过,因为缺乏必要的历史资料,或者相关历史资料的失真或抵牾,对于有些战争的起因、经过和结局,如今已经无法说清楚,除尽可能给予合理的推测之外,也只能暂付阙如。

诚如德国近代军事学家卡尔·冯·克劳塞维茨所说:"战争无非是政治通过另一种手段的继续。"①政治决定着战争,战争服从于政治。在秦国发展史上,商鞅变法促进了秦国农业经济的发展,强化了中央集权的国家机器,提高了秦国军队的战斗力。新的法令施行 10 年之后,"秦民大说,道不拾遗,山无盗贼,家给人足。民勇于公战,怯于私斗,乡邑大治"②。秦国社会面貌焕然一新,从此走上

---

① [德]克劳塞维茨著,中国人民解放军军事科学院译:《战争论》第一卷,解放军出版社 2010 年版,第 26 页。

② 《史记》卷六八《商君列传》,第 2231 页。

了富强的道路。相反,秦帝国之所以迅速崩溃,既与秦始皇的贪婪和秦二世的昏聩有关系,又与秦朝廷内部的权力斗争相始终;既有山东六国贵族反抗秦王朝的原因,也是各种社会矛盾不断激化的结果,这从陈胜、刘邦、项羽领导的反秦斗争中可以得到较确切的证明。因此,我们编撰秦战争史,必须把战争与政治相结合,更深入地探讨秦国的崛起、统一和崩溃问题。

如前所述,秦国战争的主要类型是对外扩张的战争,这种战争不同于国内战争,主要是为了拓展秦国的疆土,由此产生了一系列外交活动。这包括秦国君臣组织或参与的各种会盟、私人会晤和游说活动。如张仪坚持连横方略,游说山东六国诸侯,拆散诸侯合纵联盟。又如秦王嬴政听从李斯的建议,"阴遣谋士赍持金玉以游说诸侯。诸侯名士可下以财者,厚遗结之;不肯者,利剑刺之。离其君臣之计,秦王乃使其良将随其后"①。这些外交活动,在秦国对外扩张战争中都发挥了重要作用。所以,我们编撰秦战争史,应当重视秦国的外交活动,揭示其克敌制胜的奥妙之处。

谋略是人们参与各种社会活动的能力和方法,通常被区分为政治谋略、军事谋略和外交谋略等。孙子论述战争胜利的方法时说:"上兵伐谋,其次伐交,其次伐兵,其下攻城。"②这表明谋略制胜是赢得战争的最佳途径。历史上任何一场战争,对战争双方而言,既是军事实力的比拼,也是军事谋略的较量。在实力相当的军事比拼中,军事谋略是战争胜败的决定因素。所以,我们编撰秦战争史,应当重视每一位战争指导者发明和运用的谋略,对一些影响重大战争活动的军事谋略,尽可能进行较为深入的分析。

最后,还要特别强调,历史上绝大多数的战争都是一种群体杀戮行为,给广大民众带来了不同程度的祸害。即便是被人们称道的统一战争,仍旧有不可避免的破坏性,只是因为它对历史发展有助推作用,所以常常被用作某种政治宣传的例证。从历史实际出发,我们编撰秦战争史,应该客观地评价某些战争的积极作用,但决不能随意美化战争和战争指导者,而要谴责任何漠视个人生命的战争,鞭挞那些毫无底线的战争指导者。

---

① 《史记》卷八七《李斯列传》,第 2540—2541 页。
② 吴九龙主编:《孙子校释》,军事科学出版社 1991 年版,第 37 页。

第一章　乱世开国

西周春秋之际,随着天下体制失序,诸侯列国自主沉浮,历史演绎了一场剧变。周幽王被犬戎杀死,周平王迁都于洛邑,秦襄公护卫周王室,开始跻身于诸侯之列。依托于周王室的授权,秦人从西垂走进关中,在与戎族的征战中,不断地开拓领地,成为一个新兴的方国。

一　秦族的兴起

关于秦族的起源,学术界一向有"东来说""西来说"的争论,而近期考古发现证明,"东来说"较为接近史实。这就是说,秦族起源于东方,长期活动于中原地区,殷周之际被迫迁徙到西方,在今甘肃天水一带繁衍生息,不断地发展壮大起来。

传说秦人的始祖,是帝颛顼的孙女女脩,女脩吞玄鸟卵而生大业。大业生大费。在舜的时候,大费辅助禹治水,功勋卓著,舜以姚姓女子嫁给大费。大费负责调驯鸟兽,颇有才能,舜给大费赐姓嬴氏。《史记·秦本纪》记载大费"为柏翳",唐代司马贞注称:"此则秦、赵之祖,嬴姓之先,一名伯翳,《尚书》谓之'伯益',《系本》《汉书》谓之'伯益'是也。寻检《史记》上下诸文,伯翳与伯益是一人不疑。"①学术界对此多有考辨,大多认为伯翳与伯益为一人。大禹在位之时,把伯益选为继承人,"十年,帝禹东巡狩,至于会稽而崩。以天下授益。三年之丧毕,益让帝禹之子启,而辟居箕山之阳"②。在夏启守孝期间,伯益代行夏政三

---

① 《史记》卷五《秦本纪》,第173页。
② 《史记》卷二《夏本纪》,第83页。

年,等到夏启即位,伯益"辟居箕山之阳"。不过,对于这段历史,《竹书纪年》有不同的记述:"益干启位,启杀之。"①伯益被杀之后,嬴姓部族可能"遭到打击排挤,被迫迁移流散"②。

夏朝末年,大费的后人费昌脱离夏朝,归附于商汤,曾为商汤驾驭战车,参加了鸣条之战。在这场战役中,商汤打败夏桀,推翻了夏王朝。费昌的后人孟戏、中衍为商王太戊驾车,也受到了恩宠。孟戏、中衍之后,嬴姓部族受到商王室重用,"嬴姓多显,遂为诸侯"③。其中一部分秦人的祖先"在西戎,保西垂",即在今陕西渭河流域中游与戎人杂处,守卫商王朝的西部边陲。到了商纣王时期,这部分人的首领为蜚廉,蜚廉生有三子,一子为恶来,相传恶来有力,与蜚廉一起侍奉商纣王。周武王伐商之时,恶来被杀,不久蜚廉也死了。

西周建立以后,商王室及其所属的氏族,包括秦族的先人在内,都沦为社会下层。嬴姓居于东方的一些氏族和居于渭水中游的氏族都被迁往西部边陲。因为他们善于驯马驾车,勇敢善战,后来逐渐受到周王室重视。蜚廉另一子为季胜,季胜生孟增。孟增受到周成王的宠信。孟增住在皋狼,生衡父,衡父生造父。造父善于驾车,周穆王西游时曾为其驾车。相传造父载着周穆王一直西行到昆仑山。这时东方徐偃王作乱,周穆王需要立即赶回,造父驾车一日千里,及时将周穆王送回来,平定了叛乱。为了嘉奖造父,周穆王封其于赵城(在今山西洪洞),从此造父一支被称为赵氏。

蜚廉还有一子名为恶来革,传四世至大骆,大骆娶申侯之女为妻,生子成,立为嫡子。大骆另有一子名叫非子,善于驯养马匹和其他牲畜,居住在犬丘④,即今甘肃天水一带。周孝王召见非子,让他在汧、渭二水之间(今陕西扶风、眉县一带)为王室驯养马匹。非子驯养的马健壮肥硕,受到周孝王的欣赏,周孝王甚至打算废黜成的嫡子地位,以非子为大骆的嫡子。申侯劝阻周孝王,认为正是由于申人和大骆通婚,西垂才得以安定,西戎前来归顺,如果废黜嫡子成,将会引起西垂动荡。为了安抚西戎,周孝王没有废黜成的嫡子身份,而明确地提出:"昔

---

① 方诗铭、王修龄辑证:《古本竹书纪年辑证》,上海古籍出版社1981年版,第2页。
② 雍际春:《秦早期历史研究》,中国社会科学出版社2017年版,第139页。
③ 《史记》卷五《秦本纪》,第174页。
④ 犬丘,与后文所提西垂、西犬丘实为一地,参见徐卫民:《秦都城研究》,陕西人民教育出版社2000年版。

伯翳为舜主畜,畜多息,故有土,赐姓嬴。今其后世亦为朕息马,朕其分土为附庸。"①于是决定分封非子于秦地(今甘肃清水),让他接续嬴氏的祀统,号称秦嬴。秦族自此成为周王室的附庸,并且有了"秦"的称号。

自非子传三世,秦仲成为秦族首领。当时周厉王昏庸无道,有些诸侯反叛周王室。西戎部族势力强大,也跟着对抗周王室,一举消灭了居于犬丘的大骆一族。在西戎的直接威胁下,周王室不得不向秦人求援。周宣王元年(前827),周宣王任命秦仲为大夫,其主要职责是讨伐西戎。司马迁编修《史记·十二诸侯年表》时,有关秦的记述始于秦仲,而司马贞特别作注:秦仲"非子曾孙,公伯之子。宣王命为大夫,诛西戎也"②。在周王室的统治下,秦仲领导秦嬴氏族,一直与西戎争战,终于跃升到大夫阶层。《竹书纪年》记述:"及宣王立,四年,使秦仲伐戎,为戎所杀。"③秦仲在位23年,最后被戎人杀害,说明秦人虽有一定的实力,但在与西戎的较量中,仍未能占据上风。

周宣王七年(前821),秦仲去世之后,其子嬴其继任大夫,史称秦庄公④。周宣王召见秦庄公兄弟五人,划拨给他们七千援兵,让他们继续征伐西戎。有了周王室的增援,加上庄公兄弟齐心协力,这次终于将西戎击溃,并且一举夺回了大骆的封地犬丘。这是秦人在与西戎的对抗中首次获得重大的胜利。秦国早期青铜器不其簋盖⑤上的铭文,就反映了秦庄公征伐西戎的事迹。铭文释文为:

唯九月初吉戊申,伯氏曰:"不其,驭方、严(狁)允(狁)广伐西俞,

---

① 《史记》卷五《秦本纪》,第177页。
② 《史记》卷一四《十二诸侯年表》,第512页。
③ 《古本竹书纪年辑证》,第56页。
④ 所谓"庄公",并非当时称公,梁玉绳曰:"襄公始为诸侯,襄公之先不过大夫而已,称庄公者,《诗秦风谱疏》云'盖追谥之',理或然也。或曰承非子之初封,僭称为公,犹非子之子称秦侯耳。"见《史记志疑》,中华书局1981年版,第122页。
⑤ 珍贵文物不其簋1980年出土于山东省滕州市后荆沟村"居龙腰"遗址,现收藏于山东省滕州市博物馆,但是盖非原盖。不其簋器身为椭圆形,口径23.2厘米,器内底部铸铭文12行,共151字。中国历史博物馆珍藏有一簋盖,簋盖直径23.2厘米,铭文共计13行152字。通过对比铭文发现,器身与器盖的内容完全相同,只是器盖比器身铭文多一个"搏"字。有关专家学者对两件青铜器的铸造工艺、纹饰、铭文等进行了考察对比,一致认为山东省滕州市博物馆收藏的不其簋器身与中国历史博物馆珍藏的不其簋盖合起来应该是一件青铜器,见葛海洋、魏慎玉:《不其簋略考》,《文物鉴定与鉴赏》2014年第1期。

王令我羞追于西,余来归献禽(擒)。余命女(汝)御追于略,女(汝)以我车宕伐严(玁)允(狁)于高陶。女(汝)多折首执讯,戎大同,从追女(汝),女(汝)及戎大敦博,女(汝)休弗以我车陷于艰,女(汝)多禽(擒),折首执讯。"伯氏曰:"不其,女(汝)小子,女(汝)肇诲(敏)于戎工(功)。赐汝弓一、矢束,臣五家、田十田,用永乃事。"不其拜稽手(首)休,用乍(作)朕皇祖公伯、孟姬尊簋,用丐多福,眉寿无疆,永屯(纯)灵冬(终),子子孙孙,其永宝用享。①

据李学勤考证,这篇铭文讲的是秦庄公破西戎的战事,即周宣王十二年(前816)西北部族猃狁进犯周人西部边境,周王命伯氏和不其率兵抗击猃狁,获得胜利后,伯氏回朝献俘,不其率兵继续追击,与戎人搏战,有所斩获,因功受到周宣王的赏赐。②《史记·十二诸侯年表》记载"秦庄公名其"。先秦时期"不"字经常用作助词,仅表示语气,因此"不其"即"其",就是秦庄公之名。李学勤认为"不其簋是秦庄公器,记事在周宣王四年"③。

因为秦庄公作战有功,周宣王把原先秦仲所有之地,连同原来大骆一族居住的犬丘一起赐予秦庄公,秦庄公带领族人迁往犬丘,继续作为周王室的附庸,保持着大夫地位。因为犬丘位于周王朝的西部边陲,秦庄公被称为"西垂大夫"。这一名号为以后秦人建国奠定了基础。

秦庄公在位44年,长子世父一心为其祖父秦仲报仇,曾经发誓说:"戎杀我大父仲,我非杀戎王则不敢入邑。"④他因此放弃太子之位,领兵攻打西戎。世父之弟被立为太子。周幽王四年(前778),秦庄公去世之后,其太子继位,史称秦襄公。

---

① 中国社会科学院考古研究所:《殷周金文集成》(修订增补本),中华书局2007年版,第2715页。
② 李学勤:《秦国文物的新认识》,《文物》1980年第9期。
③ 李学勤:《补论不其簋的器主和年代》,见徐卫民、雍际春主编:《早期秦文化研究》,三秦出版社2006年版,第12页。
④ 《史记》卷五《秦本纪》,第178页。

二 伐戎救周

秦襄公继位之时,西戎部族势力强大,秦襄公迫于压力,采取怀柔政策,"以女弟缪嬴为丰王妻"①,想用联姻手段分化西戎,但是未能奏效。秦襄公二年(前776),西戎再次围攻西犬丘,世父与戎人交战失利被俘,翌年才被释放。世父被俘之后,秦襄公将都城东迁至汧城,《史记正义》引《括地志》云:"故汧城在陇州汧源县东南三里。"②这意味着秦人已越过陇山进入关中,也就是说秦人从襄公时已经开始向东发展。

这时候的周王室,正处于内外交困的境地。周幽王因宠爱褒姒,废黜王后和太子宜臼,王后是申侯之女,太子宜臼逃归外公申侯处。周幽王责令申侯将宜臼送回镐京,被申侯拒绝,周幽王遂派兵攻打申侯。申侯一怒之下联合犬戎、缯等一起反击西周王室,攻陷镐京,周幽王被杀于骊山脚下。秦襄公"将兵救周,战甚力,有功"③,赶走了入侵的犬戎。在申侯的拥立下,太子宜臼继承王位,是为周平王。当时的镐京被犬戎等劫掠一空,周平王遂决定迁都洛邑。

周平王元年(前770),周平王在秦襄公、晋文侯、郑武公等的共同护卫下,东迁洛邑,历史由此进入了春秋时代。秦襄公因为赶走犬戎、护送周平王东迁有功,被周王室正式册封为诸侯。秦族超越了大夫阶层,成为一个诸侯国,从此可以与山东诸侯通使会盟。司马迁对秦襄公受封极为重视,不仅在《秦本纪》中予以专门记述,而且在一些表、书、世家、列传中,也都专门做了记载。如《六国年表序》曰:

> 太史公读《秦记》,至犬戎败幽王,周东徙洛邑,秦襄公始封为诸侯,作西畤用事上帝,僭端见矣。④

《封禅书》曰:

---

① 《史记》卷五《秦本纪》,第179页。按:《史记会注考证》称丰王是"戎人之号,荐居丰岐,周称丰王"。
② 《史记》卷五《秦本纪》,第179页。
③ 《史记》卷五《秦本纪》,第179页。
④ 《史记》卷一五《六国年表》,第685页。

周东徙洛邑,秦襄公攻戎救周,始列为诸侯。①

《齐太公世家》曰:

(齐)庄公二十四年,犬戎杀幽王,周东徙雒。秦始列为诸侯。②

《周鲁公世家》曰:

(鲁)孝公二十五年,诸侯畔周,犬戎杀幽王。秦始列为诸侯。③

《燕召公世家》曰:

(燕)顷侯二十年,周幽王淫乱,为犬戎所弑。秦始列为诸侯。④

《管蔡世家》曰:

(蔡)釐侯三十九年,周幽王为犬戎所杀,周室卑而东徙。秦始得列为诸侯。

(曹)惠伯二十五年,周幽王为犬戎所杀,因东徙,益卑,诸侯畔之。秦始列为诸侯。⑤

《陈杞世家》曰:

(陈)平公七年,周幽王为犬戎所杀,周东徙。秦始列为诸侯。⑥

《宋微子世家》曰:

(宋)戴公二十九年,周幽王为犬戎所杀,秦始列为诸侯。⑦

《晋世家》曰:

(晋)文侯十年,周幽王无道,犬戎杀幽王,周东徙。而秦襄公始列为诸侯。⑧

《楚世家》曰:

若敖二十年,周幽王为犬戎所弑,周东徙,而秦襄公始列为诸侯。⑨

---

① 《史记》卷二八《封禅书》,第1358页。
② 《史记》卷三二《齐太公世家》,第1482页。
③ 《史记》卷三三《鲁周公世家》,第1528页。
④ 《史记》卷三四《燕召公世家》,第1551页。
⑤ 《史记》卷三五《管蔡世家》,第1566、1571页。
⑥ 《史记》卷三六《陈杞世家》,第1576页。
⑦ 《史记》卷三八《宋微子世家》,第1622页。
⑧ 《史记》卷三九《晋世家》,第1638页。
⑨ 《史记》卷四〇《楚世家》,第1694页。

这样反复记述表明，司马迁把秦襄公被列为诸侯当作一个重大的历史事件来记述，与周幽王为犬戎所杀、周平王东迁洛邑联系在一起，以展现西周春秋之际的历史转折，同时表明秦国作为一个新生的诸侯国，在这一历史转折中的合法性和重要性。

周平王东迁之后，天下体制随之解体，政治秩序失常。正如司马迁所说："平王之时，周室衰微，诸侯强并弱，齐、楚、秦、晋始大，政由方伯。"①所谓"方伯"，即各方诸侯的首领。秦襄公之所以被列为方伯，主要是因为获得了周王室的授权。周平王分封秦襄公为诸侯，把岐以西之地赐给秦国，还特别盟誓说：

戎无道，侵夺我岐、丰之地，秦能攻逐戎，即有其地。②

有了周平王这一授权，秦襄公开始攻伐西戎，只要把西戎赶走，就可以占有关中地区。虽然这一盟誓如同一张空头支票，但是岐西作为周人的发祥地，自然环境优越，物产丰富，秦人得到这个地区之后，就可以理所当然地在关中攻城略地，不断地向东扩张。

然而，这时候的关中地区，戎人势力过于强大，"自周幽王为犬戎所灭，宗周的王畿已住满了戎人"③。秦襄公被封为诸侯以后，没有趁势留在关中，争夺周平王许诺的岐、丰之地，而是主动避开戎人的锋芒，率领部众返回西垂。

秦襄公返回西垂后，一方面建立祠庙，完成诸侯国的礼仪，一方面为伐戎积极整顿武备，加强军事力量。《诗经·秦风·驷驖》序曰："驷驖，美襄公也。"④《诗经·秦风·小戎》序曰："小戎，美襄公也。备其兵甲，以讨西戎。西戎方强，而征伐不休。"⑤这都说明秦襄公时的军事力量已初具规模。秦国实力增长引起了周王室的关注，周王室司徒郑桓公曾经问史伯："姜、嬴其孰兴？"史伯回答说："夫国大而有德者近兴，秦仲、齐侯，姜、嬴之隽也，且大，其将兴乎？"⑥此时当为

---

① 《史记》卷四《周本纪》，第 149 页。
② 《史记》卷四《周本纪》，第 179 页。
③ 顾颉刚：《从古籍中探索我国的古代西部民族——羌族》，《社会科学战线》1980 年第 1 期。
④ [汉]毛亨传，[汉]郑玄笺，[唐]孔颖达疏：《毛诗正义》卷六之三，中华书局影印清阮元校刻《十三经注疏》本，1980 年版，第 369 页。
⑤ 《毛诗正义》卷六之三，第 369 页。
⑥ 徐元诰撰，王树民、沈长云点校：《国语集解·郑语》，中华书局 2002 年版，第 476 页。

襄公时期,史伯把秦国与齐国相提并论,可见当时秦国实力之强。但即便如此,秦国建国之初仍无力击败西戎。经过四年精心准备,襄公十二年(前766),秦襄公率兵伐西戎,一直打到岐地(今陕西岐山),但因为力量有限,无法彻底击垮西戎。所以,秦国虽进入岐地,却无力加以控制,随着襄公去世,秦又放弃了岐地。

三　经略周原

秦襄公去世之后,其子继位,是为文公。由于关中戎人势力强大,再加上襄公新丧,秦文公不得不退回到西垂故地,伺机再东进。

秦文公三年(前763),秦文公率领七百人东猎,实际上是以打猎为名进行军事演习,这次活动持续了一年左右。翌年,秦文公来到汧水、渭水汇合之地,并在此"营邑之"①。秦国的都城随之从西垂迁到汧渭之会。借助于汧渭之会的有利条件,秦文公继续向东拓展。

秦文公十六年(前750),秦文公率军攻打西戎,西戎战败逃亡,秦军乘胜占领了岐地。秦文公把岐以东之地献给周王室,岐西之地则为秦国控制。秦文公收编留居当地的周人,将其纳入秦国统治之下。岐地是周族的发祥地,也是关中最为富庶的地区之一,农业生产一向较为发达。秦文公得到岐西之地,不仅缓解了来自西戎的威胁,更重要的是把周平王许诺的岐、丰之地变为秦国的疆土。这标志着秦族的势力从陇西进入关中西部,是秦国发展史上的一座里程碑。

秦文公五十年(前716),秦文公去世,由于太子早卒,就由长孙继位,是为宪公②。秦宪公二年(前714),迁都平阳(今陕西岐山),开始出兵攻伐荡社(在今

---

① 《史记》卷五《秦本纪》,第179页。
② 宪公,《史记》中《秦本纪》和《六国年表》作"宁公",《秦始皇本纪》作"宪公"。梁玉绳按:"《始皇纪》末《秦记》作'宪公',《人表》同,即《索隐》于《史记》引《秦本纪》亦作'宪公',则'宁'字以形近致讹,此与《年表》并当改为'宪公'。"见《史记志疑》,第123页。1978年,陕西宝鸡太公庙村出土八件铜器,计有钟五件、镈三件,被研究者认定为秦武公钟、秦武公镈。五件铜钟均有铭文,甲、乙二钟铭文可连读为一组;丙、丁、戊三钟可连读为一组。其中在甲钟钲部有铭文曰:"我先祖受天命,赏宅受或(国)。剌剌邵文公、静公、宪公不坠于上。"铭文作"宪公",足证当作"宪公"。参见卢连成、杨满仓:《陕西宝鸡县太公庙村发现秦公钟、秦公镈》,《文物》1978年第11期。

西安东南)。《史记索隐》记载:"西戎之君号曰亳王,盖成汤之胤。其邑曰荡社。徐广云一作'汤杜',言汤邑在杜县之界,故曰汤杜也。"①由此可见,秦宪公进攻的是盘踞在荡社、以亳王为首的一支西戎。

秦宪公三年(前713),秦宪公率军与亳王交战,亳王战败,被迫逃往戎地。过了9年,秦宪公再次出兵,扫清亳王的残留势力,占领了荡社。

四 攻芮之战

秦宪公十二年(前704),宪公去世,大庶长弗忌、威垒和三父合谋废黜太子,改立年仅5岁的宪公第三子,是为出子。出子在位期间,秦国有一次较大的对外战争,即攻芮之战。

芮国位于今陕西大荔和韩城境内,是西周春秋时期的一个姬姓诸侯国。周武王封芮伯良夫于芮邑,周成王时正式建立芮国,国君为伯,曾经在周王室担任司徒。秦宪公七年(前709),芮国发生政治动乱,"芮伯万之母芮姜恶芮伯之多宠人也,故逐之,出居于魏"②。芮伯万被母亲逐走,逃到魏国。这不是战国时的魏国,而是被晋所灭的魏国,芮、魏同为姬姓。芮伯万被逐走之后,芮国另立君主。2005年,在陕西韩城梁带村发现了两周墓葬103座,车马坑17座。经过五年的考古发掘,共清理了墓葬70多座,其中"甲"字、"中"字形大墓7座,出土各类文物36000余件(组),包括金器48件、铁器2件、青铜器6177件、玉石器1300件,其中M19号墓葬出土的鬲 M19:261 的铭文为:"内(芮)公作铸鬲,子子孙孙永保用享。"M19:260 的铭文为:"内(芮)太子作铸鬲,子子孙孙永保用享。"据研究者分析,这里是芮伯万奔魏前所居之芮,M26出土的青铜器有铭文记载作器者为"仲姜",显然是一位姜姓女子,有可能就是芮伯万之母"芮姜"。③

秦宪公八年(前708),"秋,秦师侵芮,败焉,小之也。冬,王师、秦师围魏,执

---

① 《史记》卷五《秦本纪》,第181页。
② 杨伯峻编著:《春秋左传注·桓公三年》,中华书局1981年版,第99页。
③ 参见张天恩:《芮国史事与考古发现的局部整合》,《文物》2010年第6期。

芮伯以归"①。秦国干涉芮国,派兵进攻芮国,但因为轻敌而失败。到这年冬天,秦国联合周王室一起出兵,包围了魏国都城,接走了芮伯万。另据《竹书纪年》记载:"(晋武公)八年,周师、虢师围魏,取芮伯万而东之。"②这是说虢国也参与了这次军事行动。芮伯万被接走之后,在秦国待了6年,一直到秦出子二年(前702),秦国"纳芮伯万于芮"③,即把芮伯万送回芮国。在这场政治事件中,秦国第一个干涉并一直参与芮国正位之事。通过帮助芮伯万恢复君位,秦国的势力得以渗透进芮国,使芮国成为秦国的附庸。

秦出子六年(前698),弗忌、威垒和三父合谋杀死出子,改立被废黜的太子,是为武公。秦武公即位之后,以出子被弑为由,诛杀了弗忌、威垒和三父,开始亲理国政,并继续对西戎发动战争。

秦武公元年(前697),秦军出兵东征,目标是居住于彭衙(今陕西白水)的戎人——彭戏氏,此次出征秦军获胜,一直打到华山脚下。秦武公十年(前688),秦军西征进攻甘肃天水一带的邽戎、冀戎。这里本是秦人最早居住之地,秦人东迁后,天水一带被西戎所占,邽戎、冀戎当是西戎两个分支。武公打败戎人后,在这里设立邽县和冀县进行管理,这是秦国建立县制的开始。秦武公十一年(前687),在杜(今陕西长安)、郑(今陕西渭南华州区北)两地设县。同年,秦国出兵灭掉小虢。张守节《史记正义》云:"小虢,羌之别种。"④若就地域而言,小虢即指陕州之虢。至此,"西起甘肃中部,东至华山一线,整个关中的渭水流域,基本上为秦国所控制"⑤。

秦武公二十年(前678),武公去世,其弟继位,是为德公。秦德公元年(前677),迁都于雍城(今陕西凤翔),"梁伯、芮伯来朝"⑥。秦德公在位两年去世,其长子继位,是为宣公。秦宣公四年(前672),秦国与晋国交战于河阳(今河南孟州)。这是有记载的秦晋两国之间的第一次战争,也应该是秦国对东方诸侯国的第一次战争,秦国取得胜利。但就总体实力而言,秦国仍赶不上晋国。

---

① 《春秋左传注·桓公四年》,第101页。
② 《古本竹书纪年辑证》,第70页。
③ 《春秋左传注·桓公十年》,第128页。
④ 《史记》卷五《秦本纪》,第183页。
⑤ 林剑鸣:《秦史稿》,上海人民出版社1981年版,第43页。
⑥ 《史记》卷五《秦本纪》,第184页。

秦宣公十二年(前664),宣公去世,其弟继位,是为成公。"成公元年,梁伯、芮伯来朝。"①在秦德公和成公时期,芮国两度来朝秦国,显示了芮国的依附地位。秦成公四年(前660),成公去世,其弟嬴任好继位,是为穆公,秦国历史自此掀开了新的一页。

综括上述,西周春秋之际,关中、陇西戎族势力强大,而周王室日益衰落,无力对其加以控制,只得倚重僻居西垂、勇猛善战的秦族。秦族与西戎的战争非常激烈,为此付出了沉重的代价,秦仲被杀死,世父被俘虏。但是,在与西戎作战的过程中,秦族也逐渐发展壮大,不仅正式建立起一个诸侯国,而且从陇西进入关中西部,开启了向东拓展的进程。秦人建国的道路艰难曲折,也铸就了秦人尚武、善战的传统,为了部族的生存和发展,秦人不惜牺牲,顽强拼搏。秦族虽然长期居于西垂,与戎人杂处,但并没有被戎人同化,而是对中原文化保持着较强的向心力,为维护西部边陲进而维护关中和中原文明,做出了重要贡献。

---

① 《史记》卷五《秦本纪》,第185页。

第二章　称霸西戎

秦穆公是春秋时期秦国最有作为的一位君主,在位 39 年间选贤任能,励精图治,依托秦国特殊的地缘条件,积极奉行向东拓展的军事战略,投入天下秩序的重建活动中,发动和参与了一系列战争,其中较重要的有韩原之战、兼并梁芮之战、崤之战、王官之战,以及对西戎之战,实现了称霸西戎的政治目标,从而跻身于春秋五霸的行列。

一　韩原之战

韩原之战是春秋中期发生在秦、晋两国之间的一场重大战争,是秦穆公称霸西戎的一场开局之战。

(一)韩原之战的背景

秦穆公即位之时,春秋历史已经过去了一百多年,周天子虽然名义上是"天下共主",但实际上丧失了控制诸侯国的能力,而且地位越来越低。周平王东迁洛阳时,周王室的领土号称"方六百里"①,后来遭到各诸侯国不断侵吞,到了春秋中期,周王室只拥有今洛阳周围的几个县,财政状况日益拮据,就连祭祀、庆赏、丧葬、嫁娶等日常活动的费用都难以应付,还要向诸侯借贷。不过,在封邦建国体制之下,周王室仍保持着一定的政治影响力,而当时任何一个诸侯国都没有能力统治天下,都只能打着"尊王攘夷"的旗号,以利于发展壮大各自的势力。

---

① [汉]班固撰,[唐]颜师古注:《汉书》卷二八下《地理志第八下》,中华书局 1962 年版,第 1651 页。

随着周王室的日益衰落,一些诸侯国却逐渐强大起来。当时的诸侯大国有齐、鲁、晋、楚、秦、燕国;稍弱一些的有郑、宋、卫、陈、蔡国。在这些诸侯国内部和周边分布着众多互不统属的少数部族。秦穆公即位之时,齐桓公正在中原建立霸业,由于齐国与秦国距离遥远,所以两国极少往来。当时与秦国关系密切的,主要是东方的晋国、南方的楚国和西北边的戎族。

秦国自立国开始,通过蚕食戎人的土地,一直致力于向东扩张,从陇西进入关中西部,再向关中东部发展。正是在这一过程中,秦人遇到了东方的晋国。晋国是周成王幼弟叔虞的封国,曾经强盛过一段时间。两周之际,晋文侯护送周平王东迁,深受周王室器重,但是晋文侯死后,晋国陷入内乱。晋昭侯继位之后,把曲沃(今山西闻喜)封给他的叔父,即文侯之弟成师,号为桓叔。桓叔在曲沃站稳脚跟后,就开始觊觎晋侯的身份地位,与晋国展开了多年的战争。秦武公十九年(前679),曲沃武公出兵灭掉晋国公室,贿赂周王室得到册封,以小宗取代大宗,成为晋国新的君主。晋国结束分裂局面,进入新的发展阶段,国势日益增强。

晋武公去世后,其子诡诸继位,是为献公。晋献公治理晋国,对内削弱同姓宗室的权力,把权力集中到自己手中;对外打着"尊王"的旗号,获得了优厚的政治资本。在军事上,晋献公扩充军力,从一军扩充为二军,他本人亲领上军,由太子申生率领下军。等到政局稳定下来,晋献公开始对外征讨,先后兼并了耿(今山西河津东南)、霍(今山西霍州西南)、魏(今山西芮城东北)等数十个小国。清人顾栋高说,晋国"自武、献之世灭国多矣,以不赴告故经不书,不复可考见"①。晋献公还出兵进攻戎、狄,夺取了薄、屈等地。接下来,晋献公把矛头指向实力稍强的虞国和虢国。秦穆公五年(前655),晋献公向虞国借道,去攻打虢国,在灭掉虢国回师途中,晋军突然向虞国发动进攻,轻易地拿下了虞国。虞、虢两国的地理位置,正是秦国出关的重要通道,晋国抢先得到这个地区,为秦晋之争赢得了先机。所谓"灭虢而桃林已举,秦之门户在晋肘腋中矣"②。经过晋献公多年的经营,晋国的领地已经扩展到整个汾水流域,据有今山西、陕西、河南之间三角地带,幅员辽阔,东有太行之险,南有崤函之固,西方跨有黄河,可以依托黄河、洛

---

① [清]顾栋高辑,吴树平、李解民点校:《春秋大事表》卷四《春秋列国疆域表》,中华书局1993年版,第518页。

② 《春秋大事表》卷四《春秋列国疆域表》,第541页。

水来做军事部署,国内君权高度集中,拥有强大的军事力量,晋国成为一个大国,具备了争霸中原的条件。

楚国在秦国东南,受封于周成王时期,与秦国的处境相似,长期被中原诸侯视为蛮夷之邦。进入春秋时期,楚国吞并周边的国家和部落,逐渐在长江、汉水流域发展壮大起来,成为一个南方大国。但在齐桓公称霸时,楚国因为力量有限,尚不能与之抗衡。到楚成王即位后,楚国逐渐把发展矛头转向中原,连续多次进攻郑国。秦穆公四年(前656),为了遏制楚国北进的势头,齐桓公统率齐、鲁、宋、陈、卫、郑、许、曹等八国联军,进攻蔡国、楚国,双方举行召陵会盟。召陵会盟之后,楚成王继续向北扩张,但采取更加审慎的策略,避免与强大的齐国直接发生冲突,乘机攻灭了黄、英等一些小国,继而进攻徐国,把楚国的势力范围推至淮河中游地区。随着齐国霸业的衰败,楚成王开始与宋襄公争夺霸权,经过泓之战,打败了宋国,楚国对中原各国的影响越来越大。

秦穆公羡慕中原霸业,把雍城的宫殿改为"霸城宫",把关中的"滋水"改为"霸水","以章霸功,视子孙"①。这些记述体现出秦穆公称霸中原的政治野心。"陕西据天下之上游,制天下之命者也。是故以陕西而发难,虽微必大,虽弱必强。"②正是基于这一特殊的地缘优势,秦穆公积极向东拓展,即位不久,就率军进攻茅津(今山西平陆东),打击当地的戎人。这些戎人夹在秦、晋两国之间,很快被秦穆公征服。这样一来,秦国的势力扩展到今山西、陕西交界处,与晋国接壤,也就开始与晋国交往。

秦国经过一百余年的发展,实力有所增强,而作为近邻的晋国,在晋献公的治理下,已经成为一个大国。秦国与晋国直接对抗,缺乏必胜的把握,秦穆公不得已采取"和晋"的策略,希望先控制晋国,再徐图中原霸业。秦穆公四年(前656),在"和晋"策略的指导下,秦穆公迎娶晋献公的女儿、太子申生的姐姐穆姬为夫人,试图利用联姻的方式,逐渐加强对晋国的影响。

晋献公把灭虞国时俘虏的大夫百里奚作为穆姬的媵送给秦国。送亲队伍前往秦国的途中,百里奚逃走,被楚国抓去牧马。秦穆公听说百里奚贤能,派人到

---

① 《汉书》卷二八上《地理志第八上》颜师古注,第1544页。
② [清]顾祖禹撰,贺次君、施和金点校:《读史方舆纪要·陕西方舆纪要序》,中华书局2005年版,第2449页。

处打听百里奚的下落,知道他在楚国牧马后,秦穆公当即决定用重金向楚国赎回百里奚,但又担心楚人不答应,就派使者告诉楚人说:"吾媵臣百里傒在焉,请以五羖羊皮赎之。"①这五张羊皮抵得上当时一名奴隶的价格。秦穆公让使者带五张羊皮去楚国赎买百里奚,楚人爽快地把百里奚交给了秦国使者。当时的百里奚已经年逾古稀,他到达秦国之后,秦穆公亲自为他解开绳索,虚心请教治国之术。百里奚见秦穆公以诚相待,遂直陈己见。秦穆公越听越觉得百里奚见识卓越,两人畅谈三日,穆公随即委百里奚以国政,又接受百里奚的举荐,迎来蹇叔,拜为上大夫。百里奚的儿子孟明视和蹇叔的儿子西乞术、白乙丙也都来到秦国,受到秦穆公重用。他们帮助秦穆公修明内政、奖励生产和开展军队建设。

秦穆公五年(前655),晋国发生骊姬之乱。晋献公先后纳娶齐姜、北狄狐氏姐妹为妻妾,与齐姜生有一子一女,儿子申生被立为太子,女儿后来成为秦穆公夫人,史称穆姬。北狄狐氏姐妹生有重耳和夷吾。晋献公攻打骊戎时,骊戎献两名美貌女子给晋献公,年龄稍大的称为骊姬。骊姬姿色出众,工于心计,很快就获得了晋献公的宠爱,生了儿子奚齐。骊姬妹妹生了儿子卓子。为了让奚齐继承大位,骊姬想方设法剪除太子申生和其他公子。在骊姬的构陷下,太子申生被迫自缢身亡,重耳、夷吾两人外逃。趁着晋国发生内乱,秦穆公亲自率军进攻晋国,与晋军大战于河曲(在今山西永济西南)。这场战争的结果,没有见载于史书,但是晋国当时国势正盛,秦穆公应该没有占到很大的便宜。

晋国的内乱仍在持续,主要是因为骊姬废嫡立庶、尽逐群公子的做法,既违背传统的道德观念,又损害了一些贵族的利益,因而不得人心。秦穆公九年(前651),晋献公去世,大臣荀息受晋献公的遗命,立骊姬的儿子奚齐为君。但是没过多久,晋国大夫里克杀死奚齐,荀息另立卓子为君,里克又杀了卓子和荀息。一时间,晋国陷入混乱无君的局面,形势相当危急。

骊姬的势力既然被铲除,能继承晋国君主之位的仅剩下公子重耳和夷吾。这时候,晋国公子夷吾逃亡在梁国。夷吾请求秦穆公发兵护送自己返回晋国继

---

① 《史记》卷五《秦本纪》,第186页。

位,并且许诺,登上君位之后,将把晋国的河西八城割让给秦国。① 晋国众望所归的是公子重耳,夷吾并不为晋人所看重,秦穆公有些犹豫不决,询问大夫公孙枝,公孙枝回答说:"臣闻之,唯则定国。《诗》曰:'不识不知,顺帝之则。'文王之谓也。又曰:'不僭不贼,鲜不为则。'无好无恶,不忌不克之谓也。今其言多忌克,难哉!"秦穆公表示同意,也认为年少德薄的夷吾不能安定晋国,但对公孙枝说:"忌则多怨,又焉能克?是吾利也。"②由此可见,秦穆公压根儿不希望晋国强大起来威胁到自己的霸业,因而立即指派百里奚带兵护送夷吾返回晋国,继承君位,是为晋惠公。

秦穆公之所以扶持晋惠公,一是企图通过插手晋国国君的废立,从而影响晋国的内政;二是贪恋河西八城,这是秦国出关的重要通道,又是晋国克制秦国的天险。当然,对于河西八城的重要性,晋国君臣也有清醒的认识,所以,晋惠公继位之后,拒绝割让河西八城,仅派遣大臣丕郑去向秦国致歉。丕郑看不惯晋惠公这样的无赖之举,到了秦国,竟然对秦穆公说:"臣出晋君,君纳重耳,蔑不济矣。"③建议秦穆公诛杀晋国大臣吕甥、郤称等人,重新立重耳为晋君。秦穆公采纳了这个建议。但是,丕郑返回晋国之后,计谋败露,被晋惠公杀死。丕郑之子丕豹逃到秦国,又对秦穆公说:"晋侯背大主而忌小怨,民弗与也。伐之,必出。"这分明是鼓动秦穆公攻打晋国,而秦穆公却质问道:"失众,焉能杀?违祸,谁能出君?"④这是说晋国的形势还没到能轻易推翻晋惠公的地步,所以秦穆公没有采纳丕豹的建议,决定暂时不出兵,等待时机。

秦穆公十一年(前649),伊洛之戎联合进攻周王室,攻入了王城,焚烧了东门。秦穆公主动出兵,与晋国联合行动,救助周王室,与诸戎达成和解。

秦穆公十三年(前647),晋国遭遇旱灾,发生了大饥荒,"使乞籴于秦"。⑤

---

① 《左传·僖公十五年》记载:"赂秦伯以河外列城五,东尽虢略,南及华山,内及解梁城,既而不与。"《史记·秦本纪》记载:"夷吾谓曰:'诚得立,请割晋之河西八城与秦。'"两书记载不一。清华简《系年》中记载为:"惠公赂秦公曰:'我后果内入,使君涉河,至于梁城。'"
② 并见《春秋左传注·僖公九年》,第331页。
③ 《春秋左传注·僖公十年》,第336页。
④ 并见《春秋左传注·僖公十一年》,第336页。
⑤ 关于这次运粮的时间,《史记·秦本纪》记于秦穆公十二年,《左传》《史记·十二诸侯年表》和《史记·晋世家》记于秦穆公十三年,兹取后说。

秦穆公与群臣讨论是否救助晋国。大夫公孙枝说:"重施而报,君将何求?重施而不报,其民必携,携而讨焉,无众,必败。"百里奚说:"天灾流行,国家代有。救灾恤邻,道也。行道,有福。"这两位大臣都主张支援晋国,只有丕豹再次请求攻伐晋国。秦穆公反驳道:"其君是恶,其民何罪?"①于是决定不计较晋惠公背信食言的行为,调拨粮食支援晋国。秦国运粮的船队从雍城出发,先沿渭河东下,进至华阴转入黄河,再向东经过汾河,转入浍河,最终将粮食运到晋都绛城(今山西翼城)。这次跨国运粮行动,"自雍及绛相继"②,运粮的船只连绵不绝,被戏称为"泛舟之役"。

秦穆公十四年(前646),秦国发生饥荒,向晋国求粮。晋惠公询问大臣们的意见。庆郑主张援助秦国,认为:"背施,无亲;幸灾,不仁;贪爱,不祥;怒邻,不义。四德皆失,何以守国?"③意谓背弃恩惠就没有亲人,幸灾乐祸就是不仁,贪图所爱惜的东西就不吉祥,惹怒邻国就是不义,失去了这四种德行,用什么来保卫国家?但是,晋惠公的舅父虢射反对援助秦国,并且建议:"因其饥伐之,可有大功。"④晋惠公听不进庆郑的劝谏,反而听从虢射的建议,不仅不借粮给秦国,而且准备趁着饥荒出兵进攻秦国。这种少廉寡义的做法,也让一些正直的晋大夫觉得心寒,庆郑更是愤怒地指出:"君其悔是哉!"⑤认为晋惠公将会为他的错误决定感到后悔。

(二)韩原之战的经过

正当秦国闹饥荒时,晋惠公背信食言、恩将仇报的决定传到秦国,彻底激怒了秦穆公。秦穆公十五年(前645),在晋国出兵之前,秦穆公决定亲自出征,任命丕豹为主将,率军进攻晋国。秦军将士斗志昂扬,三战皆胜,迅速进至韩原(今陕西韩城)。

晋惠公得知战况,急切地问庆郑说:"寇深矣,若之何?"庆郑回答道:"君实

---

① 并见《春秋左传注·僖公十三年》,第344—345页。
② 《春秋左传注·僖公十三年》,第345页。
③ 《春秋左传注·僖公十四年》,第348页。
④ 《史记》卷五《秦本纪》,第188页。
⑤ 《春秋左传注·僖公十四年》,第348页。

深之,可若何?"①这显然是讽刺晋惠公,引起了惠公的不满。等到出兵之时,晋惠公挑选御右,占卜的结果是庆郑最吉利,但是,晋惠公因对庆郑耿耿于怀,便没有用庆郑,而选用步扬做御戎,家仆徒做车右,还特意挑选郑国进贡的小马驾车。庆郑为此提醒说:"古者大事,必乘其产。生其水土,而知其人心;安其教训,而服习其道。唯所纳之,无不如志。今乘异产,以从戎事,及惧而变,将与人易。乱气狡愤,阴血周作,张脉偾兴,外强中干。进退不可,周旋不能,君必悔之。"②晋惠公既然不用庆郑,又哪能听取庆郑的劝谏?

九月,晋惠公领兵迎战秦军,先派大夫韩简视察军情。韩简回来向晋惠公汇报说:"师少于我,斗士倍我。"意谓秦军人数比晋军少,但是斗志高出晋军一倍。晋惠公询问原因,韩简回答道:"出因其资,入用其宠,饥食其粟,三施而无报,是以来也。今又击之,我怠、秦奋,倍犹未也。"③这是说当年骊姬之乱,晋惠公能逃离晋国是由于秦国的资助;而后回国即位时,又得到过秦国的帮助;晋国发生灾荒时,还得到过秦国的粮食支援。秦国三次给晋国恩惠,晋国没有任何报答,所以秦穆公起兵而来。而今秦晋两军对峙,晋军比较懈怠,秦军斗志昂扬,战斗力相差岂止一倍?晋惠公感慨地说:"一夫不可狃,况国乎?"随即使人请战。秦穆公让公孙枝回复道:"君之未入,寡人惧之,入而未定列,犹吾忧也。苟列定矣,敢不承命!"当即同意开战。韩简听到这个消息,预感此战凶多吉少,哀叹"吾幸而得囚"④,认为被俘虏就算是幸运。

九月十四日,秦军与晋军相遇于韩原,随即展开激战。晋惠公的战马陷在泥坑中出不来。这时庆郑的战车从旁边经过,晋惠公大声求救,庆郑恼恨晋惠公不听劝谏,驾着战车奔驰而去。但离开晋惠公以后,庆郑又担心惠公处于险境,眼见晋大夫韩简和梁繇靡正在引兵包围秦穆公,就大声呼喊韩简和梁繇靡去救晋惠公。秦穆公被晋兵团团包围,自己也受了伤。在这万分危急的时刻,岐山脚下突然出现一队勇士,冲向晋军。经过奋力拼杀,这些人把晋军打得落花流水,不但解救了秦穆公,还俘虏了晋惠公。这支生力军是所谓"岐下野人"。原来,秦

---

① 《春秋左传注·僖公十五年》,第 354 页。
② 《春秋左传注·僖公十五年》,第 354—355 页。
③ 并见《春秋左传注·僖公十五年》,第 355 页。
④ 并见《春秋左传注·僖公十五年》,第 355—356 页。

穆公曾经丢失了一匹良马,岐山脚下的三百多人把马杀掉吃了,官吏追捕到他们,要绳之以法。秦穆公说:"君子不以畜产害人。吾闻食善马肉不饮酒,伤人。"①于是赦免了这些人,还赐酒给他们喝。这三百人听说秦穆公亲征晋国,都请求跟随参战。他们见到秦穆公遇险,都争先恐后地舍身相救,来报答秦穆公的恩德。韩原之战结束后,秦穆公带着晋惠公,返回了雍城。

(三)韩原之战的余绪

秦穆公回到雍城,因为韩原之战的胜利,向全国下达命令,准备用晋惠公祭祀上天。晋国是周王的同姓,周王得知晋惠公被俘,马上向秦穆公求情,请求释放晋惠公。秦穆公的夫人穆姬是晋惠公同父异母的姐姐,听说晋惠公被俘,领着太子䓨、儿子弘和女儿简璧登上高台,准备自焚。她派人捧着丧服前去迎接秦穆公,给秦穆公带话说:"上天降灾,使我两君匪以玉帛相见,而以兴戎。若晋君朝以入,则婢子夕以死;夕以入,则朝以死。唯君裁之!"②这种舍身救弟的亲情,足以打动秦穆公。秦穆公听了穆姬的话,就安排晋惠公住在灵台,并跟穆姬解释说:"我得晋君以为功,今天子为请,夫人是忧。"③这已经含有释放晋惠公的意思。

然而,秦国大夫仍请秦穆公下令把晋惠公押进雍城。秦穆公告诫群臣说:"获晋侯,以厚归也。既而丧归,焉用之?大夫其何有焉?且晋人戚忧以重我,天地以要我。不图晋忧,重其怒也;我食吾言,背天地也。重怒难任,背天不祥,必归晋君。"但是,公子絷坚持要诛杀晋惠公,公孙枝则反对这种意见,因而进劝秦穆公说:"归之而质其大子,必得大成。晋未可灭,而杀其君,只以成恶。且史佚有言曰:'无始祸,无怙乱,无重怒。'重怒难任,陵人不祥。"④秦穆公权衡再三,决定准许与晋国和解,释放晋惠公回国。晋惠公得知这一消息,先派郤乞返回晋

---

① 《史记》卷五《秦本纪》,第189页。
② 《春秋左传注·僖公十五年》,第358页。
③ 《史记》卷五《秦本纪》,第189页。按:《史记·晋世家》记述,秦穆公谓穆姬曰:"得晋侯将以为乐,今乃如此。且吾闻箕子见唐叔之初封,曰'其后必当大矣',晋庸可灭乎!"(第1654页)此与本纪所述不一,然所述之意相同。
④ 并见《春秋左传注·僖公十五年》,第359—360页。

国,并让吕甥告诉国人说:"孤虽归,辱社稷矣,其卜贰圉也。"①这是晋惠公的自谦之辞,本为以退为进的权谋,反倒激起晋国贵族的同情,大家一起痛哭,朝野上下得以安稳。

十月,晋国大夫吕甥与秦穆公会晤于王城(在今陕西大荔)。秦穆公询问晋国朝野是否和睦,吕甥回答说:"不和。小人耻失其君而悼丧其亲,不惮征缮以立圉也,曰:'必报仇,宁事戎狄。'君子爱其君而知其罪,不惮征缮以待秦命,曰:'必报德,有死无二。'以此不和。"秦穆公又问晋人怎么看待晋惠公,吕甥回答说:"小人戚,谓之不免;君子恕,以为必归。小人曰:'我毒秦,秦岂归君?'君子曰:'我知罪矣,秦必归君。贰而执之,服而舍之,德莫厚焉,刑莫威焉。服者怀德,贰者畏刑。此一役也,秦可以霸。纳而不定,废而不立,以德为怨,秦不其然。'"秦穆公听了,表示赞同,就下令把晋惠公接入客馆,以诸侯之礼相待。

十一月,秦穆公与晋惠公订立盟约,答应送晋惠公回国,条件是晋国献出河西之地,并派太子圉到秦国做人质。晋惠公回到晋国,第一件事是下令诛杀庆郑,而后把河西之地割给秦国。秦国得到河西之地,"地至东河",东部边境到达龙门河。晋国割让给秦国的是"河东"还是"河西",史书中记载不同。《史记·秦本纪》记载为"河西",《左传》记载为"河东",所谓"秦始征晋河东,置官司焉",杨伯峻注:"征即赋税,河东是黄河之东,即《传》所谓'东尽虢略,南及华山,内及解梁城'者,地当在今山西或河南两省境内。"②过了两年,晋惠公派太子圉到秦国做人质,秦穆公为了加以笼络,把女儿怀嬴嫁给晋太子圉,并将河东之地归还给晋国。

韩原之战中,秦军投入四百辆战车,晋军投入六百辆战车,晋国兵力占有绝对优势,而且秦军长途跋涉,晋军以逸待劳,在正常情况下,晋军应该稳操胜券,结果却遭到失败,晋惠公还成了俘虏。晋国战败的主要原因,应该是晋惠公的背信和寡恩让他失去了群臣的拥护,失去了民心。如在交战之前,晋大夫庆郑、韩简都认为是晋国的一再背信弃义引发了战争,这种理亏的情绪在晋军中蔓延,因

---

① 《春秋左传注·僖公十五年》,第 360 页。按:《史记·晋世家》记述,晋惠公使吕省等报国人曰:"孤虽得归,毋面目见社稷,卜日立子圉。"(第 1654 页)此与《左传》行文不一,然所述之意相同。

② 《春秋左传注·僖公十五年》,第 367 页。

此战场上晋军斗志不强,最终败给秦军。晋国虽然在此战中失败,但综合国力依旧超过秦国,因此秦穆公不得不议和。秦国得到了河东之地,但受总体实力所限,不足以在河东站稳脚跟,最后依然把这一地区归还给了晋国。

二 攻灭梁芮

秦穆公十八年(前642),一代霸主齐桓公去世,因为诸子争夺君位,齐国一时陷入混乱。秦穆公二十二年(前638),为了谋求霸主的地位,宋襄公与齐、楚等国在鹿上会盟,要求楚国以及归附楚国的中原诸侯承认他为盟主。但是宋国国力有限,宋襄公称霸犹如昙花一现。次年,宋襄公在泓之战中被楚国击败,并且身受重伤,不治而亡。

诸侯国之间失去霸主,这给秦国扩张提供了机会。秦穆公十九年(前641),秦国出兵东进,灭掉了梁国。梁国为秦人的一支,在春秋初年向东发展,在今陕西韩城建立的一个国家。梁国国君梁伯骄奢淫逸,屡次征用民力,修筑城池,加重了民众的徭役负担。一些梁国人实在过不下去,就在城里散布虚假信息,说秦国将要袭击梁国,致使城中居民惊慌失措,纷纷拖家带口地逃离国都。于是秦军发起攻击,一举灭掉了梁国。

如前所述,在芮伯万被驱逐事件中,秦国就出兵加以干涉,把芮国变成了秦国的附庸。秦穆公二十年(前640),趁着中原无霸主之机,秦穆公又出兵吞并了芮国。清人顾栋高称:"秦穆公灭芮,即其地筑王城以临晋,滨河而守。晋亦于僖五年灭虢,守桃林之塞,秦、晋遂以河为界。"①至此,秦国向东拓展疆域,已经控制了关中东部的大片土地。

三 崤之战

秦晋崤之战是继韩原之战后发生在秦晋两国之间的又一场重大战争。这场

---

① 《春秋大事表》卷七《春秋列国都邑表》,第891页。

战争本为秦穆公出兵袭击郑国未遂,秦军回国途经崤山时,遭到晋军的截击而全军覆没,致使秦国向东扩张的势头被遏止。

(一)崤之战的起因

秦穆公二十二年(前638),在秦国做人质的晋公子姬圉听说晋惠公生病,便逃回了晋国。秦国本想通过控制姬圉来控制晋国,姬圉的逃走使这一企图落空,秦穆公非常愤怒。为了控制和打击晋国,秦穆公迎接在外流亡多年的晋公子重耳到秦国,给予厚礼优待,并把五个女儿许配给重耳为妻妾,公子圉的妻子怀嬴也在其中。

秦穆公二十三年(前637),晋惠公去世,公子姬圉继位,是为怀公。晋怀公猜忌客居秦国、贤名远播的重耳,因而下令众臣:如有亲属跟随重耳,必须限期召回。当时,晋国大夫狐突的两个儿子狐毛、狐偃都一直跟从重耳,狐突由于没有把儿子召回来,竟然被晋怀公杀害。此举令晋怀公在国内大失人心。

秦穆公二十四年(前636),秦穆公派出重兵护送重耳回国,杀死晋怀公,夺得君位,是为文公。晋文公自躲避骊姬之乱,逃离晋国,在外流亡了十九年,先后游历了狄、卫、齐、曹、宋、楚、秦等国,熟悉各国的山川地形、交通要塞及内政外交状况;加上身边有一批能臣谋士,如狐毛、狐偃、赵衰等,他们一直追随晋文公,彼此同甘共苦,而今被晋文公委以要职。这样一来,晋国国力迅速迈上了一个新台阶。

晋文公即位之后,对内修明政治,选贤任能,发展农业生产,扩大军事力量,晋国很快迎来了"政平民阜,财用不匮"的局面①,为开启霸业创造了条件。秦穆公扶植晋文公夺取君位,本是为了控制晋国,然而,面对晋国的迅速强大,秦国不仅不能再插手晋国的事务,而且逐渐沦为晋国的副手。就在这时候,周王室发生了内乱,周襄王的异母弟子带联合狄军进攻洛邑,周襄王被迫逃出洛邑,并向秦、晋两国求救。秦穆公听说周王室内乱,立即率军到达黄河岸边,准备渡河,前去护送周襄王返回京师。晋文公二年(前635),当晋国的内乱平息之后,晋国君臣也关注着周王室的内乱。狐偃对晋文公说:"求诸侯,莫如勤王。诸侯信之,且

---

① 《国语集解·晋语四》,第350页。

大义也。继文之业,而信宣于诸侯,今为可矣。"①所谓的"继文之业"是指晋文侯援助周平王东迁的功业,狐偃认为这是提高晋国地位的大好机会。晋文公赞同狐偃的建议,便辞谢了秦国军队,独自勤王。晋文公率军击败了子带,护送周襄王返回王城。为了酬谢晋文公的勤王之举,周襄王把王畿内的阳樊、温、原等八地赏赐给晋文公。晋文公独揽了勤王之功,秦穆公却无可奈何。

秦穆公本想通过控制晋国,进而争霸中原,但是如今连晋国都不能控制,更不用说中原争霸,因此有些郁闷。晋文公不想完全失去秦国的支持,为了改善秦晋关系,便支持秦国攻打小国鄀,援助秦取得南出武关之路。鄀国位于秦、楚两国的边界上,都城在商密(今河南淅川西南)。秦穆公二十五年(前635),秦、晋联军伐鄀,楚成王派斗克、屈御寇率领申、息两个附庸国的军队去戍守鄀国边境。秦军经过鄀的析邑(今河南淅川西北),绕过丹江水湾,并且捆绑自己的士兵装作俘虏,在黄昏时逼近商密城下,而后趁夜色举行会盟仪式,把盟书放在坑上,假装在与斗克、屈御寇盟誓。商密人以为是楚军背叛,随即投降了秦军,秦军遂占领了析邑。在伐鄀的战斗中,秦军俘获了楚将斗克和屈御寇。楚国令尹子玉闻讯之后,率军追赶秦军,但没有赶上。这次战斗以秦军为主,晋军保持声援的姿态。

这一时期,诸侯列国的形势也在发生变化。在齐桓公去世后,宋襄公企图填补霸主的空缺,但至死未能如愿。在中原无霸主的情况下,晋文公励精图治,使晋国迅速崛起。秦穆公二十八年(前632),即晋文公在位的第四年,晋、楚两国之间爆发了城濮之战,结果晋军大获全胜,晋文公一跃成为中原霸主。

秦穆公虽有雄才大略,但也不可能料到晋文公称霸竟如此迅速,复国一年即能独立勤王,又用短短三年时间,便战胜楚国而成为诸侯霸主。这样,秦国通过插手晋国的废立之事而控制晋国、争霸中原的企图就完全落空了。随着晋国实力越来越强,秦国只能沦落为晋国的帮手。晋、楚城濮大战之时,秦穆公派小儿子慭加入晋军。但秦穆公并不甘心追随晋国,所以在城濮大战结束后晋文公举行践土之盟,以确立新的霸主之位时,秦穆公就没有参加,说明他有意与晋文公保持距离。不过,晋文公对待秦穆公,仍旧采取笼络的态度,此年冬天晋文公召集诸侯会晤于温(今河南温县),秦国还是参加了会盟。

---

① 《春秋左传注·僖公二十五年》,第431页。

(二)伐郑之役

秦穆公二十九年(前631)夏天,晋文公召集诸侯会晤于翟泉(在今河南洛阳),秦穆公派小儿子憗参加会盟。在翟泉之会上,鉴于郑国在晋、楚两国之间摇摆不定,晋国决计攻打郑国,秦穆公答应出兵相助。

秦穆公三十年(前630),晋文公出兵进攻郑国,秦穆公也率军出征。九月,这两路军队到达郑国的边境,晋军驻扎在函陵(今河南新郑),秦军驻扎在氾南(在今河南中牟)。当时郑国的处境十分危急,为了劝退秦军,郑文公派烛之武前去游说秦穆公。当天夜里,郑国人用绳子把烛之武吊出城外。烛之武见到秦穆公,分析形势说:

> 秦、晋围郑,郑既知亡矣。若亡郑而有益于君,敢以烦执事。越国以鄙远,君知其难也,焉用亡郑以陪邻?邻之厚,君之薄也。若舍郑以为东道主,行李之往来,共其乏困,君亦无所害。且君尝为晋君赐矣,许君焦、瑕,朝济而夕设版焉,君之所知也。夫晋,何厌之有?既东封郑,又欲肆其西封。不阙秦,将焉取之?阙秦以利晋,唯君图之。①

依照烛之武的说法,秦国和晋国联合围攻郑国,郑国无力抵抗,自知必定灭亡。只是郑国如果灭亡,获利最大的是晋国而不是秦国。因为晋国与郑国相邻,而秦国与郑国中间隔着晋国,相隔千里。郑国灭亡之后,每一寸领土都为晋国所有。晋惠公曾经答应把焦邑和瑕邑给秦国,而他早上一过黄河归国,当日就在那里修筑工事防御秦国,所以烛之武说:"晋何厌之有?"何况晋国占有郑国的领土,实力必将增强,这对秦国不是什么好事,正所谓"邻之厚,君之薄也"。晋国如果得到郑国,必然向西扩张。现在秦国帮助晋国,结果却是害了秦国,正是所谓"阙秦以利晋"。假如秦国保全郑国,将来秦国有事于中原,郑国可以作为东道主,为秦国提供便利。

烛之武的话抓住了秦穆公忌讳的要害,即灭掉郑国之后,只有晋国获得利益,而对秦国并无益处。这样的分析说服了秦穆公,秦穆公立即决定放弃围攻郑国,还下令与郑国订立盟约,并派大夫杞子、逢孙和杨孙替郑国守卫北门,而后便撤兵回国。晋国看到秦穆公撤兵,认为攻克郑都把握不大,也只得随之撤兵。这

---

① 《春秋左传注·僖公三十年》,第480—481页。

次伐郑之役成为秦晋关系破裂的先声。关于这场出兵无果的战事,清华简中有一些记载,可以与传统文献相印证。"晋文公立七年,秦、晋围郑,郑降秦不降晋。晋人以不憖。"①秦晋关系的微妙变化,成为崤之战的主要起因。

秦穆公三十二年(前628)冬天,晋文公去世,秦国有人建议秦穆公趁晋国国丧的时机,出兵攻打郑国。当时在郑都的秦国人杞子也派人对秦穆公说:"郑人使我掌其北门之管,若潜师以来,国可得也。"②这是为秦军计划里应外合,以轻松地占领郑国国都。秦穆公得到这一情报后,征求蹇叔的意见③,蹇叔坚决反对用兵,并且明确指出:"劳师以袭远,非所闻也。师劳力竭,远主备之,无乃不可乎!师之所为,郑必知之。勤而无所,必有悖心。且行千里,其谁不知?"④认为秦军跨过几个国家,赶上千里路去偷袭郑国,获胜的可能性很小。况且既然有人出卖郑国,那么怎么能保证没有人把秦国出兵的情况告诉郑国呢?所以,蹇叔又补充说:"臣闻之,袭国邑,以车不过百里,以人不过三十里,皆以其气之趫与力之盛,至,是以犯敌能灭,去之能速。今行数千里,又绝诸侯之地以袭国,臣不知其可也。君其重图之。"⑤这是说兴师偷袭,如果是车兵,目标以百里以内为宜;如果是步兵,行军最远不要超过三十里,这样趁着军队士气高昂、行动迅速,能够轻易取胜。而今秦军奔波千里、劳师袭远的做法,实在不妥。然而,秦穆公东进中原的渴望太强烈,被求胜的欲望蒙蔽了眼睛,因而听不进去蹇叔的忠告,随即派遣百里奚之子孟明视为主将,蹇叔的儿子西乞术、白乙丙为副将,率军出征。秦军出发的时候,蹇叔赶来送行,竟然哭着对孟明视说:"孟子!吾见师之出而不见其入也。"又转过身告诫西乞术、白乙丙说:"晋人御师必于崤。崤有二陵焉:其南陵,夏后皋之墓也;其北陵,文王之所辟风雨也。必死是间,余收尔骨焉。"⑥随后,秦军离开雍城,向东进发。

---

① 李学勤主编:《清华大学藏战国竹简(贰)》,中西书局2011年版,第155页。
② 《春秋左传注·僖公三十年》,第489页。
③ 《史记》卷五《秦本纪》曰"穆公问蹇叔、百里傒"(第190页)。按:晋国灭虞在秦穆公五年,距此二十七年,则百里奚年近百岁,或早亡故,故《左传》不言百里奚。《吕氏春秋·先识览·悔过》记述此事,亦不言百里奚。见《春秋左传注·僖公三十二年》,第490页。
④ 《春秋左传注·僖公三十二年》,第490页。
⑤ 陈奇猷校释:《吕氏春秋校释》卷十六《悔过》,学林出版社1984年版,第979页。
⑥ 《春秋左传注·僖公三十二年》,第490—491页。

秦穆公三十三年(前627)春天,秦军经过东周王城北门,引来许多人出城围观。按照当时的礼仪,"过天子之城,宜橐甲束兵,左右皆下,以为天子礼"①,即诸侯的军队经过周天子的王城,应当卷甲束兵,战车上的御左、戎右都应当下车,以示对周天子的尊重。但是,这次秦军经过王城,只有战车上的车左、车右从战车上下来,取下头盔致敬,然后跳上战车扬长而去,并没有卷甲束兵。周王孙满年纪尚小,看到秦军轻慢的做法,对周襄王说:"秦师轻而无礼,必败。轻则寡谋,无礼则脱。入险而脱,又不能谋,能无败乎?"②这是说秦军轻率无礼,缺乏谋略,作战失败在所难免。

秦军继续向东进发,到达滑国(今河南偃师)。当时,郑国的商人弦高赶着一群牛③,要到周地出售,碰上秦军。听说秦军将去攻打郑国,弦高大吃一惊,郑国从国君到百姓都没有任何防备,秦军如果进抵郑都,后果不堪设想。怎样化解郑国的危机呢?弦高来到秦军的营地,自称是郑国国君派来犒劳秦军的使者,先给秦军送上五张熟牛皮和十二头牛,然后见着孟明视等人说:"寡君闻吾子将步师出于敝邑,敢犒从者。不腆敝邑,为从者之淹,居则具一日之积,行则备一夕之卫。"④意谓郑国虽然不富裕,但秦军若在这里住下,郑人就提供一天的食物;要是离开这里,就准备一夜的警卫。与此同时,弦高派出随行人员,赶回郑都报信。

郑穆公接到报告之后,立即派使者去杞子等所住的客馆察看,只见这些秦人"束载、厉兵、秣马",正在进行战斗准备,于是派大夫皇武子召见杞子等人说:"吾子淹久于敝邑,唯是脯资、饩牵竭矣。为吾子之将行也,郑之有原圃,犹秦之有具囿也,吾子取其麋鹿,以闲敝邑,若何?"⑤三位秦国使者听了,知道军情败露,急忙逃出郑都,杞子逃往齐国,逢孙、杨孙逃往宋国。

孟明视得到报告,告诉西乞术、白乙丙说:"郑有备矣,不可冀也。攻之不

---

① 《吕氏春秋校释》卷十六《悔过》,第979页。
② 《春秋左传注·僖公三十三年》,第494页。
③ 《吕氏春秋校释》卷十六《悔过》曰:"郑贾人弦高、奚施将西市于周,道遇秦师。"(第980页)《淮南子》卷十八《人间训》曰:"郑之贾人弦高、蹇他相与谋曰……"杨伯峻据此认为,除弦高以外,尚有其党。《史记》之《秦本纪》《晋世家》则从《左传》,只记有弦高。参见《春秋左传注·僖公三十三年》,第495页。
④ 《春秋左传注·僖公三十三年》,第495页。
⑤ 《春秋左传注·僖公三十三年》,第496页。

克,围之不继,吾其还也。"①他们决定终止进攻郑国,但又不甘心无功而返,就率军顺便灭掉了滑国,大肆掳掠一番,然后启程回国。

(三)崤之战的经过

秦军灭滑的消息传到晋国,晋襄公和群臣讨论应对之策。晋大夫原轸、先轸等都认为:"秦违蹇叔,而以贪勤民,天奉我也。奉不可失,敌不可纵。纵敌患生,违天不祥。必伐秦师!"②这是说秦穆公做出的错误决定,给晋国带来了有利时机。在他们的建议下,晋襄公当即下令出兵,并且联合姜氏之戎,共同截击秦军。随后,晋襄公任命先轸为中军元帅,率军南渡黄河,控制了崤山北麓的险要地段。晋军在原上设伏,姜氏之戎埋伏于山谷,布好袋形战阵,以待秦军。

秦军在滑国大肆掳掠,车辆载重,行军比较迟缓,等到进入崤函地区,因为道路崎岖狭窄,行动更加缓慢。四月十三日,秦军进入崤山北麓狭谷隘道,晋军主将先轸下令出击,埋伏于两侧的晋军和姜氏之戎蜂拥而出,杀向秦军。晋襄公亲自出征,还穿着丧服,丧服本为白色,而白色不宜从戎,就把丧服染成黑色。梁弘为晋襄公驾驭战车,莱驹做车右。晋军将士看到晋襄公身穿黑色丧服,出现在战场上,士气大增,于是"大破秦军,无一人得脱者,虏秦三将以归"③。关于崤之战的情形,清华简有一些记载:"晋文公卒,未葬,襄公亲率师御秦师于崤,大败之。"④崤之战结束后,孟明视、西乞术、白乙丙三人被押往晋国,晋襄公胜利还都后,穿着黑色丧服安葬了晋文公。

晋襄公的嫡母文嬴是秦穆公的女儿,听说秦国三将被俘,有心庇护,就对晋襄公说:"彼实构吾二君,寡君若得而食之,不厌,君何辱讨焉!使归就戮于秦,以逞寡君之志,若何?"⑤这是要晋襄公释放孟明视等人,把他们交给秦穆公去惩罚。晋襄公觉得文嬴说得有道理,就释放了孟明视等人。先轸听说孟明视等人被释放,气愤地对晋襄公说:"武夫力而拘诸原,妇人暂而免诸国,堕军实而长寇

---

① 《春秋左传注·僖公三十三年》,第496页。
② 《春秋左传注·僖公三十三年》,第497页。
③ 《史记》卷五《秦本纪》,第192页。
④ 《清华大学藏战国竹简(贰)》,中西书局2011年版,第155页。
⑤ 《春秋左传注·僖公三十三年》,第498—499页。

仇,亡无日矣。"①晋襄公有些后悔,立即派阳处父领兵追捕孟明视等人。追至黄河边上,孟明视等人已经上船,阳处父解下车左边的骖马,对孟明视等人说晋襄公要以马相赠,想引诱他们下船。孟明视只在船上叩头拜谢,阳处父无奈作罢。

秦穆公听说秦军覆没,对此前拒绝蹇叔的劝谏、刚愎自用之举追悔莫及。当孟明视等人返回秦国时,秦穆公身穿素服,亲自到城外去迎接他们,还哽咽着说:"孤违蹇叔,以辱二三子,孤之罪也。"有人要求严惩主帅孟明视等人,秦穆公却把责任揽到自己身上,并且说:"孤之过也,大夫何罪?且吾不以一眚掩大德。"②秦穆公不但没有怪罪孟明视等人,而且让他们官复原职,给予他们更为优厚的待遇。孟明视等人为此感激涕零,认真训练军队,一心要报仇雪耻。

在崤之战中,秦穆公遭遇了在位时期最大的一次失败,而造成这次惨败的原因很多:首先是伐郑决策的失误。秦、郑两国相距800多公里,中间还隔着晋国,秦国要远袭,必须穿过晋国。如果预先向晋国借道,晋国不一定同意,而且难以保密;如果不预先借道,就构成对晋国的入侵,可能遭到晋国的反击。这一远袭行动风险很大,况且千里奔袭,即使成功,也很难占领郑国。可惜秦穆公眼看着自己一手扶立的晋文公成为中原霸主,怏怏不乐又无可奈何,听闻晋文公死讯,秦穆公顿时松了一口气,被东进的野心冲昏了理智。其次是主帅判断失误。弦高假装犒军时,孟明视等将领未能及时识破,轻易上当受骗。三是秦军回师途中,经过崤函这样险隘的关口,未能提高警惕,更未能提前侦察。从战略决策到战争指挥,一系列的错误最终导致秦军惨败。从另一方来看,晋国之所以大获全胜,一是能够及时掌握秦军的动向;二是能够充分利用有利地形,出其不意地对秦军进行伏击;三是联合善于山地作战的姜戎,增强了力量。

(四)崤之战的影响

崤之战是春秋时期秦、晋两国之间的一场重要战争,是秦、晋两国争霸战略相矛盾的必然结果。秦国处于西垂之地,当整体国力增强之后,最大的梦想是入主中原,因而向东扩张一直是秦国的发展战略,即从西垂进入关中,再从关中西部进至东部。晋国作为中原大国,为了维护自己在中原的利益,希望把秦国阻挡

---

① 《春秋左传注·僖公三十三年》,第499页。
② 并见《春秋左传注·僖公三十三年》,第500—501页。

在关中。正因为如此,晋国吞并虢、虞两国,控制了秦国东进的咽喉要道,在秦晋之争中取得先机。一方要向东扩张,另一方要称霸中原,双方发生战争不可避免。从军事战略的角度看,秦、晋两国作战的焦点,是争夺对桃林、崤山的控制。①秦穆公前期,因为实力不如晋国,采用和亲的方法与晋国保持友好关系,如秦穆公迎娶晋献公之女,秦穆公嫁女儿给晋太子姬圉(即晋怀公)、嫁女儿给晋公子重耳(即晋文公)。清华简对此也有记述:"秦晋女焉始会好,戮力同心。"②除政治联姻之外,秦穆公还三次助立晋国国君,企图插手晋国的政务;在城濮之战中出兵援助晋国,参加晋国主持的诸侯会盟等。秦穆公意料不到的是,晋文公即位后迅速带领晋国崛起,成为新的中原霸主,致使秦穆公希望破灭。因此,秦晋关系破裂及由此走向战争,具有一定的必然性。实际上,秦、晋两国在和好的时候就已经兵戎相见,如韩原之战。秦、晋两国联合攻郑,秦国却背约撤兵,则是两国友好关系破裂的先声。到了崤之战,秦、晋关系彻底破裂,这对秦、晋两国和天下形势都产生了一定的影响。

首先,崤之战对秦国和春秋时期的天下格局产生了重大影响。秦国虽然在崤之战中惨败,但是并不甘心,所以后来发动复仇的彭衙之战、王官之战。晋国则进攻秦国的邧(今陕西澄城南)、新城(今陕西澄城东北)。实际上,在秦穆公之后,历代秦国国君仍然秉持东进战略,因而秦、晋两国之间争战不绝。这种战争一直持续到战国时期,秦、魏之间仍然为河西地区展开激烈的争夺。这说明崤之战拉开了秦、晋两国长期对峙的序幕。

在崤之战中秦国惨败,即使后来取得王官之战的胜利,也无法改变总体实力不如晋国的事实。秦穆公在认清事实后,改变了争霸战略,从联晋改为联楚,打算联合楚国共同对付晋国。《左传》曰:"初,斗克囚于秦,秦有崤之败,而使归求成。"③清华简对此也有记载:"襄公亲率师御秦师于殽,大败之。秦穆公欲与楚人为好,焉脱申公仪,使归求成。秦焉始与晋执卫,与楚为好。"④崤之战后,秦穆公释放了在攻打鄀国之役中俘虏的楚将申公仪,希望他归国后牵线搭桥,促成秦

---

① 参见黄朴民:《中国军事通史》第二卷《春秋军事史》,军事科学出版社1998年版,第152页。
② 《清华大学藏战国竹简(贰)》,第150页。
③ 《春秋左传注·文公十四年》,第605页。
④ 《清华大学藏战国竹简(贰)》,第155页。

楚两国修好。实际上,从此以后,秦楚两国在较长一段时间内没发生过战争。

崤之战让秦穆公认识到,晋国实力强大,当前要想制服晋国而东进中原,是不可能实现的事情。秦国向东扩张受挫,终春秋之世未能称霸中原,秦穆公只好调整战略,回过头专心向西拓展。这一经国方略的及时转变,迅速取得了成效,秦穆公称霸西戎,凭借着这一功业,跻身于春秋五霸的行列。

其次,崤之战对晋国产生了较大的影响。晋国整体力量强大,虽然在骊姬之乱后有一段时间内政混乱,但到晋文公即位之后,迅速称霸中原。在秦晋之争中,晋国整体上处于优势。崤之战的胜利遏制了秦国的东进,有助于维护晋国在中原的霸业。但从长远来看,秦国由联晋转为联楚,晋国失去了秦国这一战略盟友,以往只需专心对付南方的楚国,现在却是腹背受敌,要在西面和南面同时对付秦、楚两个大国,这不利于晋国的长远霸业。在邲之战中,晋国败于楚国,就与这种腹背受敌、丧失战略优势地位的情况有关。

再次,崤之战对楚国也有影响。早在楚成王时,楚国就致力于向北拓展,希望进入中原地区,但在城濮之战中,楚国败于晋国,北进的步伐受到阻碍。崤之战之后,秦晋两国交恶,秦国转而联合楚国,这对楚国来说,不仅多出一个盟国,而且减少了北方的压力。楚国乘机拓展疆土,实力不断增强,终于能够问鼎中原。

此外,崤之战还对郑国产生影响,商人弦高凭着个人的智谋,帮助郑国不战而屈人之兵,维护了本国的安全和利益,在春秋史上书写了浓重的一笔。

四　彭衙、王官之战

秦晋崤之战后,因为秦军惨遭失败,秦穆公、孟明视等人一心想要复仇。秦穆公三十五年(前625)①,穆公派孟明视率军进攻晋国。晋襄公亲自领兵迎战,

---

① 关于彭衙之战的时间,文献记载不一。如《左传》曰:鲁文公"二年春,秦孟明视帅师伐晋,以报殽之役。二月……甲子,及秦师战于彭衙"。鲁文公二年即秦穆公三十五年。《史记》卷五《秦本纪》曰:秦穆公三十四年,"缪公于是复使孟明视等将兵伐晋,战于彭衙"(第192页)。梁玉绳认为:"《年表》依《春秋》书彭衙之战于三十五年,此在三十四年,误。"见《史记志疑》,第130页。林剑鸣也认为在秦穆公三十五年,见《秦史稿》,第133页。

双方相遇于彭衙(在今陕西白水),展开激烈的战斗。在战斗最紧张的时候,晋将狼瞫带领部下,冲进秦军的战阵,勇猛拼杀,直至战死。在这种大无畏精神的激励下,晋军将士紧跟其后,冲杀过去,大败秦军。崤之战失败后,孟明视返国途中,曾经对阳处父说:"若从君惠而免之,三年将拜君赐。"① 这是隐喻三年后再来跟晋国算账。所以,这次秦军再遭失败,被晋军戏称为"拜赐之师"②,以嘲笑秦国的无能。

秦国两败于晋国,秦穆公仍然重用孟明视,孟明视"增修国政,重施于民"③,积蓄力量,准备再次攻晋。这年冬天,为了报复彭衙之役,晋国联合宋、郑、陈国出兵,乘秦军元气大伤的机会,再度进攻秦国。秦国放弃抵抗,任由晋军越过边境,夺取了汪、彭衙两座城。孟明视身为秦军主将,没有主动请命去防御入侵之敌,很为朝野所不理解,一时流言蜚语四起,都说孟明视屡次战败,害怕和晋军打仗。孟明视没有为自己辩解。倒是秦穆公对群臣解释说:"我们的力量还没恢复,现在还不是跟晋军决战的时候。"孟明视为秦穆公的宽容和理解所感动。经过崤之战,孟明视特别慎重,再也不敢轻率从事,而是更加刻苦地整治部队,训练将士。

过了一年,秦军恢复了元气,将士经过严格的训练,作战能力大大提高。为了回应彭衙之战,孟明视向秦穆公提出了征伐晋国的请求。

秦穆公三十六年(前624)夏天,有了充分的战争准备,秦穆公亲自率军攻伐晋国。秦军渡过黄河之后,孟明视下令将乘坐的船只烧毁,以示不胜不归的决心。在这种精神的鼓舞下,秦军所向披靡,长驱直入晋国境内。晋国见秦军来势凶猛,采取坚守不战的策略。秦军夺取了王官(今山西闻喜)和郊④。

秦军乘胜从茅津渡过黄河,来到三年前战败的崤山,安葬在崤之战中阵亡的秦军将士的尸骨,"为发丧,哭之三日"⑤。秦穆公对着全军将士发誓说:

嗟士卒!听无哗,余誓告汝。古之人谋黄发番番,则无所过。以申

---

① 《春秋左传注·文公二年》,第500页。
② 《春秋左传注·文公二年》,第519页。
③ 《春秋左传注·文公二年》,第521页。
④ 郊,《史记》卷五《秦本纪》作"鄗",见《史记》第193页。
⑤ 《史记》卷五《秦本纪》,第193—194页。

思不用蹇叔、百里奚之谋,故作此誓,令后世以记余过。①

这里,秦穆公后悔不采纳蹇叔的劝谏而造成巨大的失败,因而发出誓言,让后代记住他的过错。当时人们听说这件事后,都感动得落泪,衷心称赞道:"嗟乎!秦缪公之与人周也,卒得孟明之庆。"②

不过,晋国也并不服输,没忘记报复秦国。秦穆公三十七年(前623)秋天,晋襄公出兵进攻秦国,包围了邧(今陕西澄城南)、新城(今陕西澄城东北),以回应王官之战。

彭衙之战、王官之战是崤之战的继续。在崤之战中,秦国遭到了空前的失败,为了报复崤之战,秦穆公仍重用孟明视,发动了彭衙、王官之战。在这两次战斗中,秦军从再度失败走向胜利,给秦穆公称霸西戎增添了底气。

五 秦穆公称霸

秦国的西方散居着很多戎族,"自陇以西有绵诸、绲戎、翟、獂之戎,岐、梁山、泾、漆之北有义渠、大荔、乌氏、朐衍之戎……各分散居溪谷,自有君长,往往而聚者百有余戎,然莫能相一"③。就在彭衙之战那一年,西戎王派遣流亡在戎的晋人由余出使秦国。秦穆公自以为戎狄的使者来自穷乡僻壤,没见过世面,便得意扬扬地向由余炫耀秦国庞大的宫殿建筑和丰富的物资储备。由余看过之后,不仅没有羡慕之色,反而嘲讽道:"使鬼为之,则劳神矣。使人为之,亦苦民矣。"④秦穆公感到很奇怪,问由余说:"中国以诗书礼乐法度为政,然尚时乱,今戎夷无此,何以为治,不亦难乎?"由余回答说:

此乃中国所以乱也。夫自上圣黄帝作为礼乐法度,身以先之,仅以

---

① 《史记》卷五《秦本纪》,第194页。关于秦穆公作《秦誓》的时间,有两种不同的看法:《尚书·序》认为是崤之战失败后秦穆公所作,《史记·秦本纪》则记载是王官之战后秦穆公所作。《尚书·序》的作者是西汉成帝时期的张霸,在司马迁之后,所以《史记》的说法应该更为可靠。

② 《史记》卷五《秦本纪》,第194页。

③ 《史记》卷一一〇《匈奴列传》,第2883页。

④ 《史记》卷五《秦本纪》,第192页。

小治。及其后世,日以骄淫。阻法度之威,以责督于下,下罢极则以仁义怨望于上,上下交争怨而相篡弑,至于灭宗,皆以此类也。夫戎夷不然。上含淳德以遇其下,下怀忠信以事其上,一国之政犹一身之治,不知所以治,此真圣人之治也。①

依照由余的看法,秦穆公所谓"诗书礼乐法度",恰恰是中国之所以动乱不安的原因。从至圣黄帝制定礼乐和法度,以身作则,率先奉行,才仅仅达到小治。到了后世,统治者日益骄奢淫逸,倚仗法度的威严而苛求下民,下民疲劳到极点就会埋怨责怪统治者不仁不义。上下互相责怪,就会发生篡夺杀戮之事,以至断子绝孙。而戎夷不是这样,上层官员以淳厚的德行对待下层民众,下层民众以忠信之义侍奉上层官员。整个国家的治理,就像一个人保养自己的身体那样,不需要什么治理方法,这才是真正的圣人之治。由余对中原各国之所以乱和戎狄之所以治的原因的分析,受到秦穆公赞赏。

秦穆公求贤心切,问内史廖如何才能招揽由余,内史廖建议说:"戎王处辟匿,未闻中国之声。君试遗其女乐,以夺其志;为由余请,以疏其间;留而莫遣,以失其期。戎王怪之,必疑由余。君臣有间,乃可虏也。且戎王好乐,必怠于政。"②秦穆公依计而行,一方面找出各种理由挽留由余,使得由余的返程日期一再推迟,另一方面送上能歌善舞的美女给戎王,戎王果然坠进温柔乡里,"设酒听乐,终年不迁",日益疏于国事,连"马牛羊半死"都顾不上③。由余迟迟不归,戎王逐渐对他起了疑心。最后由余终于回到西戎,却看到戎王怠政,他屡次劝谏,戎王哪里听得进去,下令有敢言秦兵来攻西戎者立即射死。由余很苦闷,秦穆公派人暗地里邀请由余,由余终于弃戎降秦,受到了秦穆公的热情款待。

这时正值秦国东进受挫之际,由余来降把秦穆公的注意力拉到了西戎。秦穆公向由余请教西戎的国情、地形、军备情况,为灭戎做准备。秦穆公三十七年(前623),秦军向戎族发起突然袭击,一直攻到戎王帐外,"戎主醉而卧于樽下,卒生缚而擒之"④。由余熟悉西戎的情况,秦国的西进取得了胜利,西方其他戎

---

① 并见《史记》卷五《秦本纪》,第192—193页。
② 《史记》卷五《秦本纪》,第193页。
③ [汉]刘向撰,向宗鲁校证:《说苑校证》卷二十《反质》,中华书局1987年版,第521页。
④ 《吕氏春秋校释》卷二十三《壅塞》,第1569页。

族纷纷前来归附秦国。秦穆公"益国十二,开地千里,遂霸西戎,天子使召公过贺穆公以金鼓"①。秦国成为西方的霸主。周天子迫于形势,也派使者来祝贺。

秦穆公平定西戎之战,对秦国的发展有巨大的影响。一是"益国十二,开地千里",扩大了秦国的疆土,增强了秦国的实力。二是稳定了西方,解除了秦国向东扩张的后顾之忧。三是扩大了秦国的声望,提高了秦国的国际地位,为后来秦国的强盛奠定了基础。林剑鸣认为,秦穆公称霸西戎,也使得"秦"的名声随着戎狄的迁徙远播西方,"穆公时代秦在西方强大起来,并在这里建立了统一的政权,不仅对以后的秦王朝统一中国有积极作用,而且对世界历史也有一定影响。'支那'或'China'之所以成为中国的称谓,先与穆公时代的秦国,后与统一中国以后的秦王朝,都有密切的关系"②。

秦穆公三十九年(前621),秦穆公病逝。据《史记·秦本纪》记载:"从死者百七十七人,秦之良臣子舆氏三人名曰奄息、仲行、鍼虎亦在从死之中。秦人哀之,为作歌《黄鸟》之诗。"③这首《黄鸟》保存在《诗经》中,全诗写道:

交交黄鸟,止于棘。谁从穆公?子车奄息。维此奄息,百夫之特。
临其穴,惴惴其栗。彼苍者天,歼我良人!如可赎兮,人百其身!
交交黄鸟,止于桑。谁从穆公?子车仲行。维此仲行,百夫之防。
临其穴,惴惴其栗。彼苍者天,歼我良人!如可赎兮,人百其身!
交交黄鸟,止于楚。谁从穆公?子车鍼虎。维此鍼虎,百夫之御。
临其穴,惴惴其栗。彼苍者天,歼我良人!如可赎兮,人百其身!④

秦国初立之时,力量十分薄弱,经过一百多年的经略,到秦穆公时,整体国力日渐增强,可以跟中原诸侯国分庭抗礼。作为一代英主,秦穆公从即位开始,就积极向外扩张。他先是锐意东进,为了控制晋国,先后对晋君施以援手,晋惠公、晋怀公、晋文公都受过他的帮助。秦穆公还积极与晋公室联姻,促进秦晋两国的

---

① 秦穆公灭国之数,各书所载不一。《史记·匈奴列传》作"八国服秦",《史记·李斯列传》作"并国二十",《文选·上始皇书》作"并国三十",《汉书·韩安国传》作"并国四十",《韩非子·十过篇》作"益国十二"。《史记志疑》云:"千里之地,或能开辟,而益国十二,则未敢为信。"
② 《秦史稿》,第51页。
③ 《史记》卷五《秦本纪》,第194页。
④ 《毛诗正义》卷六之三,第150页。

友好关系。但是,秦穆公未能插手晋国的内政,特别是晋文公即位之后,迅速成为中原霸主,秦穆公想出兵援救周襄王,都被晋文公拒绝。秦穆公郁郁不得志,在晋文公去世后,秦、晋爆发了崤之战,两国展开激烈的争夺。在战场上,秦穆公没有占到任何便宜,终归是晋国的国力较强,而且晋国拥有桃林塞,等于扼住了秦国东出的咽喉。在向东扩张受挫后,秦穆公转而把视线收回秦国的西方,平定西戎,开地千里,终于跻身于春秋五霸的行列。这种遭受挫折后审时度势的做法,对当时的秦国来说是较为正确的抉择。

秦穆公的功业,基于能正确分析风云变幻的天下形势,确定符合秦国国情的经国方略,来发展秦国的综合力量,扩大秦国的版图。同时也与秦穆公个人的才智密不可分。秦穆公的过人之处在于对人才的重视和知人善用,他清楚地认识到:要使秦国强盛起来,必须有能治国强兵的贤士,因此求贤若渴,礼遇贤士。如听说蹇叔有才能,便派人不远千里持"厚币迎蹇叔"[1];听到了由余的远见高论,宴饮时便"曲席而坐,传器而食"[2]。更为难能可贵的是,秦穆公用人不拘一格,不管是本国人才,还是外来之士,只要有一技之长,都能给予信赖并任用。李斯评论说:"昔缪公求士,西取由余于戎,东得百里奚于宛,迎蹇叔于宋,来丕豹、公孙支于晋。此五子者,不产于秦,而缪公用之。"[3]百里奚曾为奴隶,由余是西戎使者,蹇叔是隐士,丕豹为避难之士,都得到秦穆公的信任和重用。秦穆公还能做到用人不疑。孟明视率军袭击郑国,被晋军大败于崤山,秦穆公对孟明视信任如初;过了两年,孟明视再败于彭衙,秦穆公对他的信任依然毫不动摇。孟明视深感恩遇,终于取得了王官之战的胜利。秦穆公的用人之道使得秦国人才济济,终于称霸西戎。秦国后世君主不同程度地传承了这一优良传统,在治国用兵方面知人善任,如秦孝公颁布求贤令,任用商鞅变法图强;秦始皇信任李斯,共同协商兼并六国之大事,构建新的天下体制。

对于秦穆公的功业,司马迁评价说:"穆公修政,东竟至河,则与齐桓、晋文中国侯伯侔矣。"[4]这是说秦穆公的政绩堪比齐桓公、晋文公。正因为如此,在春

---

[1]《史记》卷五《秦本纪》,第186页。
[2]《史记》卷五《秦本纪》,第193页。
[3]《史记》卷八七《李斯列传》,第2541—2542页。
[4]《史记》卷一五《六国年表》,第685页。

秋时人看来,秦国与齐、晋、楚等国地位相当,如晋国执政大臣赵孟说:"晋、楚、齐、秦,匹也。"①孔子对秦穆公的霸业,也给予了高度评价。《史记》载:

> 齐景公与晏婴来适鲁,景公问孔子曰:"昔秦穆公国小处辟,其霸何也?"对曰:"秦,国虽小,其志大;处虽辟,行中正。身举五羖,爵之大夫,起累绁之中,与语三日,授之以政。以此取之,虽王可也,其霸小矣。"②

孔子认为,秦国虽然弱小,但秦穆公的志向很远大;秦国虽然偏僻,但秦穆公的施政举措很得当。秦穆公亲自选拔用五张羊皮赎来的百里奚,授予大夫的官爵,经过三天的谈话,就授予他执政大权。用这种方式,可以治理天下。所以说,秦穆公做一名霸主,还算是小的呢!

到了战国时期,秦孝公作为一代秦君,更是高度赞扬秦穆公的霸业:"昔我缪公自岐雍之间,修德行武,东平晋乱,以河为界,西霸戎翟,广地千里,天子致伯,诸侯毕贺,为后世开业,甚光美。"③这是说秦穆公的功业为秦国的强盛和统一奠定了基础。

---

① 《春秋左传注·襄公二十七年》,第1130页。
② 《史记》卷四七《孔子世家》,第1910页。
③ 《史记》卷五《秦本纪》,第202页。

第三章　关中徘徊

自秦穆公以降,秦国经历了康公、共公、桓公、景公、哀公、惠公、悼公、厉共公、躁公、怀公、灵公、简公、惠公、出子14代君主,前后有236年时间,因为国内外各种矛盾和冲突,整体上陷入国势不振的境况。这一时段,秦国与楚国结成较稳定的同盟,还援助了楚国的军事行动,而在与晋国的屡次战争中,总是胜利少而失败多,致使向东扩张受到阻遏,只能徘徊于关中地区。

一　令狐、河曲之战

秦穆公三十九年(前621),秦穆公去世,太子嬴罃继位,是为秦康公。秦康公在位时,继续施行秦穆公的东进战略,与晋国接连发生了令狐、河曲之战,以致文献中有秦康公"好攻战,亟用兵,而不与民同欲"[1],"饥召兵,疾召兵,劳召兵,乱召兵"[2]的记载。

(一)令狐之战

秦穆公三十九年(前621),秦穆公去世不久,晋襄公也去世了。因为晋太子夷皋年少,晋国大臣担心国君年少,政权不稳,想选一位年长稳重的公子继承君位,但究竟选哪一位公子,诸大夫意见不统一。以赵盾为首的一部分人拥立远在秦国的公子姬雍,姬雍为晋襄公的庶弟,年纪较长,在秦国做人质。以狐偃之子

---

[1]　《毛诗正义》卷六之三,第504页。
[2]　[清]王先慎撰,钟哲点校:《韩非子集解》卷七《说林上》,中华书局1998年版,第173页。

狐射姑为首的一部分人则拥立公子姬乐,姬乐也是晋襄公的庶弟,在陈国做人质。这两派大臣针锋相对,各不相让。赵盾派先蔑、士会到秦国,迎接姬雍回国,狐射姑也派人到陈国,打算召回姬乐。赵盾一怒之下,派刺客在路上截杀了姬乐。姬乐被杀之后,狐射姑一派暂时落于下风,狐射姑怨恨大夫阳处父支持赵盾,派人刺杀了阳处父。其后,这一刺杀朝臣的消息泄漏,狐射姑无法再待在晋国,被迫仓皇外逃。这样一来,狐氏在晋国的势力被清除,赵氏势力进一步加强。

值此君位更迭之际,晋大夫先蔑、士会来到秦国,向秦康公说明晋国的情况。秦康公嬴罃的母亲穆姬为晋献公之女,与晋惠公、文公为异母兄妹,因此秦康公为晋文公的外甥。当年秦穆公出兵帮助重耳回国即位,嬴罃曾经为舅父送行。《诗经·秦风·渭阳》曰:"我送舅氏,曰至渭阳。何以赠之?路车乘黄。"①这首诗被解释为嬴罃送别重耳所作。出于和晋国的特殊关系,秦康公非常乐意在晋国国君即位一事上有扶持之功,因而送别姬雍之时,特意告诫说:"文公之入也,无卫,故有吕、郤之难。"②所以多安排了一些护卫人员。姬雍、士会一行在秦军的护送下,顺利返回晋国。

在晋国,晋襄公夫人、太子夷皋的母亲穆嬴听说诸大夫舍弃太子,另立其他公子,每天抱着太子在朝堂上哭诉,散朝之后,又抱着太子到赵盾的住所哀求。穆嬴声泪俱下道:"先君奉此子也而属诸子,曰:'此子也才,吾受子之赐;不才,吾唯子之怨。'今君虽终,言犹在耳,而弃之,若何?"③在穆嬴的哭诉下,赵盾和其他大夫终于让步,违背先前的约定,拥立太子夷皋即位,是为晋灵公。

赵盾听说秦军护送公子姬雍返回晋国,感到事态紧急,当即召集属下说:"我若受秦,秦则宾也;不受,寇也。既不受矣,而复缓师,秦将生心。先人有夺人之心,军之善谋也;逐寇如追逃,军之善政也。"④意思是既然已经决定不接纳从秦国回来的公子雍,就应该迅速出兵以争取主动。赵盾决定亲自出战,随即下令操练士卒,磨砺武器,喂饱战马,让士卒饱餐一顿,做好迎战秦军的准备。

四月初一日,姬雍、士会一行进至令狐(今山西临猗),与赵盾率领的晋军相

---

① 《毛诗正义》卷六之三,第506页。
② 《春秋左传注·文公七年》,第558页。
③ 《春秋左传注·文公七年》,第559页。
④ 《春秋左传注·文公七年》,第560页。

遇。当日深夜,晋军趁秦军疏于防备,发起突然袭击,一举击溃了秦军,秦军后退到刳首(在今山西临猗西)。晋大夫先蔑、士会因为此前去秦国迎接姬雍,无法返回晋国,只得投奔秦国。

晋国在令狐之战中取得胜利,但由于统治者内部的矛盾,晋国接连不断地发生内乱。自从晋献公诛杀诸公子以来,晋国公族衰微,异姓贵族的势力则日趋强大。这些异姓贵族担任军政要职,掌握一定的统治权,侵蚀着晋国君主的权力。为了权力分配,他们相互之间展开了激烈的争夺,导致晋国的政局动荡不安。晋灵公在位时,赵盾摄政,赵氏的势力进一步增强,晋文公、襄公创立的霸业日渐衰落。

(二) 河曲之战

令狐之战后,秦、晋两国陷入对峙的局面,双方互相攻伐,互有胜负。秦康公二年(前619),秦国出兵进攻晋国,夺取了武城(今陕西渭南华州区)。秦康公四年(前617),晋国出兵攻伐秦国,夺取了少梁(今陕西韩城),随后秦国发起反击,夺取了北徵(今陕西澄城)。在这些小规模的争夺之后,秦晋两国展开了一场大战。

秦康公六年(前615),为了报复令狐之役,秦康公亲自率军攻伐晋国,任命西乞术为主将,白乙丙为副将,士会为参谋。秦国大军渡过黄河,进入晋国境内,占领了羁马(在今山西永济南)。

消息传到晋国,晋国执政的赵盾调集军队,亲自担任中军主将,任命郤缺率领上军,臾骈为副将,栾盾率领下军,胥甲为副将,前去迎战秦军。赵盾的堂弟赵穿是晋灵公的姐夫,年轻气盛,脾气暴躁,请求赵盾让他担任上军副将。赵盾了解赵穿的为人,没有答应他的要求,但准许赵穿带领他的亲信,随军出征。

晋军进至河曲①,驻扎下来,与秦军对峙。赵盾召集各军将领,商讨作战方略。臾骈建议说:"秦不能久,请深垒固军以待之。"②赵盾采纳这一建议,立即紧闭营垒,不许部下与秦军交战。

秦康公本打算速战速决,但是晋军拒不迎战,这影响到秦军的后勤供应,他

---

① 河曲,指黄河自今山西永济折转东入芮城之地。
② 《春秋左传注·文公十二年》,第590页。

不免有些着急,就向随军的士会询问对策。士会告诉秦康公:"赵氏新出其属曰臾骈,必实为此谋,将以老我师也。赵有侧室曰穿,晋君之婿也,有宠而弱,不在军事,好勇而狂,且恶臾骈之佐上军也,若使轻者肆焉,其可。"①认为可利用赵穿有勇无谋、好大喜功的弱点,创造击破晋军的机会。秦康公以为可行,还取出玉璧在河上祈祷,期望与晋军一战。

十二月,等到所有谋划停当,秦军来到晋军上军的驻地挑战。晋军上军在副将臾骈的指令下,坚守不动。而赵穿听到秦军的挑衅,果然怒不可遏,竟然不顾赵盾的禁令,率领上军出击。秦军佯装抵挡不住,往后撤退,赵穿不知中计,下令追赶秦军,却没有追上。眼看秦军越逃越远,赵穿怪罪部下作战不力:"裹粮坐甲,固敌是求。敌至不击,将何俟焉?"②有位军吏劝赵穿等待战机,赵穿反驳说:"我不知谋,将独出。"③为了抢得军功,赵穿带领他的部属,单独追击秦军。赵盾得到报告,担心赵穿被秦军俘虏,不得不出兵接应,但未与秦军交战,就下令收兵,使得士会求战的计谋落空。

秦康公见晋军继续固守,不得不撤退回国,又怕撤退时遭到晋军追击,就在当天夜里派出使者来到晋军营地,散布谣言,宣称明日继续交战。臾骈接见这位使者之后,跟赵盾分析说:"使者目动而言肆,惧我也,将遁矣。薄诸河,必败之。"④这说明臾骈有眼力,从细微处看透了秦军使者的心意,如果晋军趁秦军渡河之机,发起反击,有可能击破秦军。但是,胥甲、赵穿不懂这一点,竟然站在军门外叫喊道:"死伤未收而弃之,不惠也。不待期而薄人于险,无勇也。"⑤因为他们的反对,晋军没有实施追击。当天夜里,秦军果然悄悄撤兵,进入瑕邑(在今山西芮城)。

在河曲之战中,秦军长途奔袭,晋军以逸待劳,晋国本来取胜的机会很大,但是士会抓住赵穿好大喜功的心理,利用激将法,诱使赵穿独自出兵,虽然因为赵盾经验老练,秦军没能完全达到目的,但也算小有收获。赵穿公然违反军令,也未受到任何处罚,晋国赵氏的专权跋扈可见一斑。

---

① 《春秋左传注·文公十二年》,第590—591页。
② 《春秋左传注·文公十二年》,第591页。
③ 《春秋左传注·文公十二年》,第591页。
④ 《春秋左传注·文公十二年》,第592页。
⑤ 《春秋左传注·文公十二年》,第592页。

河曲之战后,晋国调整了军事部署,派遣大夫詹嘉领兵驻守瑕邑,戍守桃林之塞(在今河南灵宝)①,以阻止秦军东进。顾栋高认为:"春秋时列国用兵相斗争,天下骚然,然其时禁防疏阔,凡一切关隘陁塞之处,多不遣兵设守,敌国之兵平行往来如入空虚之境。"②晋国专门派兵驻守瑕邑和桃林塞,足见这两地战略位置之重要。童书业认为:"防守桃林之塞,塞住了秦人的出路,这是春秋时秦人所以始终不能东征得志的重要原因。"③这一论断比较中肯。

　　在河曲之战中,秦康公得到士会的帮助,差一点击破晋军。晋国担心士会为秦国所用,给晋国带来更大的损失,决定设法召回士会。秦康公七年(前614),晋国执政者赵盾指使魏地守将魏寿余假装背叛晋国,投靠秦国。为了蒙骗秦国君臣,赵盾将魏寿余的家人下狱。魏寿余到了秦国,见着秦康公,声称要献上自己驻守的魏地以归降,秦康公信以为真。当时,士会也在朝堂上,魏寿余找机会踩了士会一脚,暗示士会,士会随之心领神会。魏寿余假称要带领秦人去河东接收魏地,请求秦康公派一个出身三晋的人士跟他一道去接收魏地,秦康公想到士会最符合这个条件。为了麻痹秦康公,士会假意对秦康公说:"晋人,虎狼也,若背其言,臣死,妻子为戮,无益于君,不可悔也。"秦康公指着黄河说:"若背其言,所不归尔帑者,有如河。"④有了秦康公的承诺,士会跟随魏寿余动身前往魏地。秦大夫绕朝识破了魏寿余的阴谋,建议秦康公不要放士会东归,但未被秦康公接纳。无可奈何之下,绕朝送给士会一条马鞭,并且告诫他说:"子无谓秦无人,吾谋适不用也。"⑤士会渡过黄河,立即被晋国接走。秦康公知道上当,但已承诺在先,只得遵守承诺,把士会的家人送回晋国。由此事可知,秦康公志大才疏,在秦晋之争中难以占上风。

---

① 瑕邑与桃林隔河相对,故晋国驻兵于瑕邑,即可戍守桃林,以遏止秦军东进。
② 《春秋大事表》卷九《春秋列国地形险要表》,第995页。
③ 童书业:《春秋史》,上海古籍出版社2010年版,第169页。
④ 并见《春秋左传注·文公十三年》,第596页。
⑤ 《春秋左传注·文公十三年》,第596页。

二　救楚伐庸

秦晋河曲之战后,正值楚庄王即位,楚国内部百废待兴。秦国为了集中力量向东拓展,对楚国采取了拉拢策略。秦康公十年(前611),楚国发生饥荒,庸国作为楚国的邻国之一,趁机煽动楚国西部的群蛮发动叛乱,麇国也集结百濮部落,伺机攻伐楚国。楚庄王出兵镇抚,先集中兵力击溃百濮,使其臣服。秦国与巴国也一道出兵援助楚国,楚庄王兵分两路,对实力较强的庸国实行左右夹击,一举战胜庸军,吞并庸国,其他群蛮相继与楚庄王立盟,表示归顺。对于秦国出兵助楚,王夫之《春秋世论》分析说:

> 庸者,秦楚之争地也。秦得庸,则蹑楚之背;楚得庸,则窥秦之腹。秦得庸,则卷商析以临周;楚得庸,则通武关以间晋。楚方病,秦人扶之,西为之通巴,南为之距戎,俾楚获安足矣。得庸不有而授之楚,秦之亲楚何其至也。秦楚之相亲,晋故焉耳。秦戎晋,而楚挠其南,则晋掣;楚争晋,而秦挠其西,则晋疾视楚而不敢争,故秦之谋此甚深也。①

这段话把春秋时期各诸侯国间复杂的矛盾斗争关系分析得淋漓尽致。庸国在秦、楚之间,秦得庸如蹑楚之背,楚得庸如窥秦之腹。这么重要的一处地方,秦国对其肯定也是垂涎欲滴,但是攻灭庸之后,秦国心甘情愿地将其奉送给楚,原因就在于晋国,秦国希望与晋国作战时,楚国骚扰晋国南面,使得晋国腹背受敌。帮助楚国平定叛乱,楚国就会专心在中原与晋国相争,秦国正好可以乘机进攻晋国西部。正是由于这一层利害关系,秦国一直希望与楚国联合。秦康公出兵助楚灭庸,进一步巩固了秦楚联盟的基础,之后秦楚两国多有军事联合行动。马非百先生评价道:"总其所以制晋之术,尤莫妙于康公十年之助楚灭庸。"②楚庄王平定外患后,消除了来自侧后的军事威胁,得以全力与晋争夺中原霸权,楚国声势大振。公元前606年,楚庄王借出兵征伐陆浑之戎之名,陈兵于洛邑,向周天子使臣询问九鼎之轻重,暴露出席卷天下的野心,也显示了楚国全面崛起的

---

① 王夫之:《船山全书·春秋世论》,岳麓出版社1986年版,第443页。
② 马非百:《秦集史》,中华书局1982年版,第26页。

事实。

秦康公去世后,共公继位,秦共公在位五年(前608—前604)。此时晋国正值晋灵公晚期,晋国与楚国在中原之争逐渐激烈,为了减轻来自西部秦国的压力,好全力对付楚国,晋国急于跟秦国讲和。赵穿说:"我侵崇,秦急崇,必救之。吾以求成焉。"①晋国希望通过进攻依附于秦国的一个小国崇国,逼迫秦国主动向晋国讲和,但是秦国"弗与成"②,态度强硬,仅出兵救崇,拒绝向晋国讲和,晋国的如意算盘落空。秦共公二年(前607),"秦师伐晋,以报崇也"③,秦国包围了晋国的焦(今河南陕县南),晋国赵盾只好亲自率兵救焦。

马非百先生评论说:"康公、共公二代,在位十六年间,与晋战者凡九次。盖仍是一本穆公之东进政策也。"④秦国的东进政策被晋国阻挠,无法顺利实施。楚国自庄王之后实力日益增强,北上中原与晋国争霸。秦国逐渐倒向了楚国,帮助楚国灭庸就是一例,说明秦国趋向于跟楚国联合,以便对抗晋国。

三 麻隧之战

秦共公在位五年去世,太子继位,是为秦桓公。秦桓公在位期间,遵循秦康公的东进方略,继续与晋国相争斗,发生了辅氏、麻隧之战。

(一)辅氏之战

秦桓公四年(前601)夏天,晋国与白狄联合,出兵进攻秦国。与这次交战相关的记载,《史记》中有两处。《秦本纪》曰:"桓公三年,晋败我一将。"⑤《晋世家》曰:"(成公)六年,伐秦,虏秦将赤。"⑥说明在此战中,秦将赤被晋军俘虏。

---

① 《春秋左传注·宣公元年》,第649页。
② 《春秋左传注·宣公元年》,第649页。
③ 《春秋左传注·宣公元年》,第654页。
④ 《秦集史》,第26页。
⑤ 《史记》卷五《秦本纪》,第196页。
⑥ 《史记》卷三九《晋世家》,第1676页。

《十二诸侯年表》曰:"晋伐我,获谍。"①这是说晋军抓到的是秦国间谍。与《史记》相比较,《左传》的记述较详细:鲁宣公"八年春,白狄及晋平。夏,会晋伐秦。晋人获秦谍,杀诸绛市,六日而苏"②。这是说在此战中,晋军抓到一名秦国间谍,把他带到绛城(今山西绛县),在街市上处死。但过了六天,这名间谍竟然复活了,真是一个传奇的事件。

秦桓公十年(前595)七月,秦桓公率军攻伐晋国,进驻于辅氏(今陕西大荔)。这时候,晋景公正治兵于稷城(今山西稷山),而后渡过黄河,攻略狄族的领地,进抵洛水。晋大夫魏颗领兵赶到辅氏,击败秦军,俘获了杜回。杜回是秦国的一名大力士。据《左传》记述:"辅氏之役,颗见老人结草以亢杜回。杜回踬而颠,故获之。"③因为辅氏之战失败,此后十余年间,秦国再未与晋国开战。

(二)麻隧之战

春秋中期,晋、楚、齐诸国争夺霸权,引发了一系列战争。晋国在邲之战中被楚国击败,在鞌之战中则击败了齐国。为了对付楚、齐两国,晋国需要与秦国修好,以免腹背受敌。秦桓公二十五年(前580),晋厉公即位之后,与秦桓公商定在令狐会盟。但是,因为彼此缺乏互信,晋厉公先到令狐,秦桓公到达王城之后,却不肯渡过黄河,仅派大夫史颗去河东,与晋厉公会晤。晋厉公见此情景,也只好派大夫郤犨来到河西,与秦桓公会晤。这样,两国的会盟,是在两国君主未曾见面的情况下,由两国使者达成的。范文子感慨地说:"是盟也何益?齐盟,所以质信也。会所,信之始也。始之不从,其何质乎?"④这是说会盟用以表示信任,秦晋双方约定了会盟的地点,这是彼此互信的开端,然而对约定的地点都不能遵行,这样的会盟有什么意义呢?果不其然,秦桓公回国之后,就背弃了盟约,企图联合楚国,怂恿狄人进攻晋国。楚国拒绝与秦国联合,并把秦国的阴谋转告给晋国。其后,晋国击败狄人的进攻,腾出手来对付秦国,与秦国绝交并开战。

---

① 《史记》卷一四《十二诸侯年表》,第615页。
② 《春秋左传注·宣公八年》,第695—696页。按:《史记》卷一四《十二诸侯年表》记载,晋成公六年,"与鲁伐秦,获秦谍,杀诸绛市,六日而苏"(第615页)。所述与《左传》记载相同,唯所述与晋伐秦者,为鲁而非白狄。
③ 《春秋左传注·宣公十五年》,第764页。
④ 《春秋左传注·成公十一年》,第854、855页。

秦桓公二十七年(前578)四月初五,晋厉公派大夫吕相出使秦国,递上一封绝交书,谴责秦国的背约行为。这封绝交书有八百余字,其中写道:

昔逮我献公及穆公相好,戮力同心,申之以盟誓,重之以昏姻。天祸晋国,文公如齐,惠公如秦。无禄,献公即世。穆公不忘旧德,俾我惠公用能奉祀于晋。又不能成大勋,而为韩之师。亦悔于厥心,用集我文公,是穆之成也。文公躬擐甲胄,跋履山川,逾越险阻,征东之诸侯,虞、夏、商、周之胤而朝诸秦,则亦既报旧德矣。郑人怒君之疆埸,我文公帅诸侯及秦围郑。秦大夫不询于我寡君,擅及郑盟。诸侯疾之,将致命于秦。文公恐惧,绥静诸侯,秦师克还无害,则是我有大造于西也。无禄,文公即世,穆为不吊,蔑死我君,寡我襄公,迭我殽地,奸绝我好,伐我保城,殄灭我费滑,散离我兄弟,扰乱我同盟,倾覆我国家。我襄公未忘君之旧勋,而惧社稷之陨,是以有殽之师。犹愿赦罪于穆公。穆公弗听,而即楚谋我。天诱其衷,成王殒命,穆公是以不克逞志于我。穆、襄即世,康、灵即位。康公,我之自出,又欲阙翦我公室,倾覆我社稷,帅我蟊贼,以来荡摇我边疆。我是以有令狐之役。康犹不悛,入我河曲,伐我涑川,俘我王官,翦我羁马。我是以有河曲之战。东道之不通,则是康公绝我好也。

及君之嗣也,我君景公引领西望曰:"庶抚我乎!"君亦不惠称盟,利吾有狄难,入我河县,焚我箕、郜,芟夷我农功,虔刘我边陲。我是以有辅氏之聚。君亦悔祸之延,而欲徼福于先君献、穆,使伯车来命我景公曰:"吾与女同好弃恶,复修旧德,以追念前勋。"言誓未就,景公即世,我寡君是以有令狐之会。君又不祥,背弃盟誓。白狄及君同州,君之仇雠,而我昏姻也。君来赐命曰:"吾与女伐狄。"寡君不敢顾昏姻,畏君之威,而受命于吏。君有二心于狄,曰:"晋将伐女。"狄应且憎,是用告我。楚人恶君之二三其德也,亦来告我曰:"秦背令狐之盟,而来求盟于我:'昭告昊天上帝、秦三公、楚三王曰:余虽与晋出入,余唯利是视。'不榖恶其无成德,是用宣之,以惩不壹。"诸侯备闻此言,斯是用痛心疾首,昵就寡人。寡人帅以听命,唯好是求。君若惠顾诸侯,矜哀寡人,而赐之盟,则寡人之愿也。其承宁诸侯以退,岂敢徼乱。君若不施大惠,寡人不佞,其不能以诸侯退矣。敢尽布之执事,俾执事实图利之!①

这封绝交书是春秋时期最长的一篇外交文告。其中历数自秦穆公以来,秦、晋两国之间的交往,申明历代晋国君主为了维护和发展秦晋关系所做的不懈努力,指责秦国历代国君的背信弃义。如秦穆公时期,秦晋两国相约伐郑,秦国独自撤兵;晋文公刚去世,秦国出兵灭滑;秦康公时,秦晋之间爆发令狐之役等。最后指出:秦晋两国刚在令狐会盟,秦桓公就背弃盟约,怂恿狄人进攻晋国。这封绝交书所述的确是两国之间发生的大事,但有夸大之词。晋国送给秦国一份这么长的绝交书,列举近百年来两国之间的各种争端,最重要的目的就是要争取各诸侯国的同情和支持。在绝交书中宣称秦国怂恿狄人伐晋之事是楚国告诉晋国的,这很明显是为了拆散威胁晋国的秦楚联盟。晋国君臣煞费苦心,就是要通过外交手段,最大限度地孤立秦国。

在做好各种舆论攻势后,晋厉公一方面宣布与秦国绝交,一方面派使者到各诸侯国活动,争取得到军事支援。随后晋国联合鲁、齐、宋、卫、郑、曹、邾、滕等8个诸侯国,共同出兵伐秦。晋厉公任命栾书统率中军,荀庚为副将;士燮统率上军,郤锜为副将;韩厥统率下军,荀罃为副将;赵旃统率新军,郤至为副将。眼见晋军阵容整齐,将士斗志昂扬,孟献子预料此战"晋帅乘和,师必有大功"②。

五月四日,晋军及诸侯联军进至麻隧(在今陕西泾阳北),对秦军发起攻击。在双方激战中,曹宣公不幸阵亡。秦军虽然作战勇猛,终因寡不敌众,秦将成差和女父被俘虏,泾河东岸的秦军被消灭殆尽,残余的秦军被迫撤退。晋军及诸侯联军渡过泾水,一直追击到侯丽(在今陕西泾阳)。晋国群臣赶到新楚③,隆重地迎接晋厉公。

麻隧之战,秦晋两国都投入了巨大的兵力。据军事史研究者分析,"晋方此次用兵之迅速,与兵力之强盛,实打破春秋历史之纪录。从兵力上言,晋方除尽起其本国四军外,尚征集齐鲁宋卫郑曹滕邾八国之军,总兵力当在十二万人以

---

① 《春秋左传注·成公十三年》,第861—865页。
② 《春秋左传注·成公十三年》,第866页。
③ 新楚,系新占领的秦地,当在今陕西大荔。

上;而秦军最多不过三个军,约四万人而已"①。因为麻隧之战参战人数极多,马非百认为:这场战争"东方诸侯,除楚及其属国蔡、叶、陈、薛、鄀等国外,其余几全部加入……真可谓春秋时代秦晋之间之第一大战矣"②。晋国之所以组织诸侯联军,是因为对晋国来说,晋、楚两国在中原的争夺才是最紧迫的事情。秦国自穆公以来,一直在侵袭晋国的西部地区,晋国君臣希望这次对秦国之战能速战速决,这样既能给秦国以歼灭性打击,使其再无力骚扰晋国,又能避免战事持久,给楚国造成可乘之机。正是在这样的作战方针指导下,晋国组织诸侯联军共同攻打秦国,以绝对优势的兵力保证了这次战争的胜利。

麻隧之战,晋国率领联军攻入秦国腹地,秦国两名将领被俘,精锐士兵被歼灭,军事力量损失惨重,以致此后数世不振,无法对晋国发起新的进攻。晋国解决了西方秦国的威胁,转过来专心对付楚国,加剧了晋楚争霸的激烈程度。

四　棫林之战

秦桓公二十八年(前577),秦桓公去世,太子继位,是为秦景公。秦景公在位40余年,秉承联楚抗晋的外交方略,通过联姻与楚王室进一步修好。秦、楚两国不仅国君家族联姻,贵族之间也有联姻。如秦景公的妹妹秦嬴为楚共王的夫人,"楚司马子庚聘于秦,为夫人宁"③。到了春秋末年,秦楚两国修好已持续了数十年。这一局面之所以出现,是因为秦楚双方都以晋国为主要敌人:秦国地处关中西部,要东进中原,却被晋国挡住了扩张之路;楚国要争霸中原,北进与晋国相遇,导致两国之间战争不断。在这样的情况下,秦国和楚国选择了联合抗晋的策略。晋国为了削弱楚国,就去大力扶持吴国,因而形成了秦楚、晋吴两大联盟。

秦楚联盟的主要目的,在于彼此相互支援。秦景公十三年(前564),景公派遣士雃出使楚国,请求联合出兵,进攻晋国,楚共王表示赞同。楚令尹子囊反对

---

① 台湾三军大学编著:《中国历代战争史》第1册,军事译文出版社1983年版,第255页。

② 《秦集史》,第29页。

③ 《春秋左传注·襄公九年》,第997页。

与晋国为敌,认为"当是时也,晋不可敌,事之而后可"。然而,楚共王态度坚决,告诫子囊说:"吾既许之矣,虽不及晋,必将出师。"①当年秋天,楚共王驻军于武城(今河南南阳北),作为秦国的后援。秦国出兵侵袭晋国,晋国因为遭受饥荒,没能展开反击。

秦景公十五年(前562)七月,楚共王准备攻伐郑国,派子囊前去秦国,请求秦景公出兵支援。秦景公派右大夫詹率军跟随楚共王去进攻郑国。在楚秦联军的压力下,郑简公投降,楚秦联军转而进攻宋国。对于郑国投降楚国,晋悼公非常气愤,亲自率领诸侯联军讨伐郑国。郑人良霄、石㚟向楚国告急,却被楚人抓起来,当作间谍处理。诸侯联军迅速进抵郑都,十月,郑大夫子展出城,与晋悼公举行会盟。十二月,晋、郑双方再次会盟于萧鱼(今河南许昌),晋悼公派叔肸为使臣,宣告于各国诸侯。

与此同时,秦国庶长鲍、庶长武率军进攻晋国,试图救援郑国。鲍率部先进入晋国境内,此时晋悼公尚未归国,晋大夫士鲂留守国内,认为秦军人少不足为虑,并未加以戒备。十二月初五,武率部从辅氏渡过黄河,与鲍部夹击晋军。十二月十二日,秦军和晋军相遇于栎(在今山西永济),经过激烈的战斗,晋军被秦军击败。晋军之所以失败,是因为轻视秦军。

秦、楚两国联合对付晋国,显然符合两国的利益,因而两国联合得到加强。秦景公十六年(前561)冬天,楚令尹子囊、秦庶长无地率军一起进攻宋国,驻扎于杨梁(在今河南商丘)。宋国本为晋国的附庸,因而这次伐宋之战,主要是针对晋国,"以报晋之取郑也"②。

秦景公十八年(前559),为了报复栎之战的失败,晋悼公集结鲁、齐、宋、卫、郑、曹、莒、邾、滕、薛、杞、小邾等12国诸侯组成联军,大规模地进攻秦国。诸侯联军人数虽多,但是并不十分团结。到达泾水岸边时,各诸侯都抱着观望的心态,希望别人先开战,竟然都不肯渡河。后来,经过晋大夫叔向的劝说,鲁、莒两军先行渡河,其余诸侯军队跟着行动,全部渡过泾水,驻扎下来。这时候,"秦人毒泾上流,师人多死"③。但是,依靠投毒的方式,并不能阻止战争。郑国司马子

---

① 并见《春秋左传注·襄公九年》,第967页。
② 《春秋左传注·襄公十二年》,第996页。
③ 《春秋左传注·襄公十四年》,第1009页。

蟜率军继续前进,其他诸侯军队跟着行动,进至棫林(在今陕西泾阳)。不过,诸侯联军的进攻,也没能迫使秦军屈服。

随着军事行动的拖延,晋军六卿之间矛盾丛生。中军主将荀偃下令:"鸡鸣而驾,塞井夷灶,唯余马首是瞻。"然而,身为副将的栾黡却说:"晋国之命,未是有也。余马首欲东。"完全不听主将指挥,引兵东归,下军跟着撤退。魏绛是栾黡的部属,晋国左史质问他,为什么不服从荀偃的命令。魏绛回答说:"夫子命从帅,栾伯,吾帅也,吾将从之。从帅,所以待夫子也。"①这里的"夫子"指荀偃,依照魏绛的说法,服从栾伯的命令,就是遵循荀偃的旨意。

这时候,栾黡之弟栾鍼邀约士匄之子士鞅对秦军发起冲锋,但栾鍼不幸战死,士鞅独自返回。栾黡质问士匄说:"余弟不欲往,而子召之。余弟死,而子来,是而子杀余之弟也。弗逐,余亦将杀之。"②士鞅受到栾黡的威吓,被迫投奔秦国。

从上述情况来看,晋国上层政见不统一,各家大夫之间矛盾很深,晋军内部也存在着派系问题。这样的将领指挥诸侯联军,结果更是离心离德。诸侯联军虽然人多,但战斗力并不强。因为军令得不到执行,荀偃只得下令撤兵,这就造成兴师动众却无功而返的结局。晋国人称此役为"迁延之役"③。

棫林之战后,秦晋两国的关系得到缓和,"晋公室卑而六卿强,欲内相攻,是以久秦晋不相攻"④。这说明政治动向支配着对外战争。而这时的楚国,因为鄢陵之战遭受重创,国力日渐衰弱,也希望停止大规模的战争。还有以郑、宋为代表的中小诸侯国家,更是饱受战争之苦,盼望大国争霸能停下来。正是在这样的背景下,宋国大夫向戌积极开展外交活动,取得晋、楚、齐、秦等国的支持。秦景公三十一年(前546),晋、楚、齐、秦、宋、鲁、郑、卫、曹、许、陈、蔡、邾、滕等14个诸侯国的君臣会集于宋国都城,举行"弭兵大会",晋、楚两国罢兵休战,平分霸

---

① 并见《春秋左传注·襄公十四年》,第1009页。
② 《春秋左传注·襄公十四年》,第1009—1010页。
③ 《春秋左传注·襄公十四年》,第1009页。关于这次战争的结局,《史记·秦本纪》记载:秦景公十八年,"晋悼公强,数会诸侯,率以伐秦,败秦军。秦军走,晋兵追之,遂渡泾,至棫林而还"(第197页)。《史记·晋世家》记载:晋悼公十四年,"晋使六卿率诸侯伐秦,度泾,大败秦军,至棫林而去"(第1683页)。所述与《左传》不一致,均谓秦军战败。
④ 《史记》卷五《秦本纪》,第197页。

权。从此以后,秦、晋两国数十年再未开战。

五 援楚抗吴

秦景公四十年(前537),景公去世,其太子继位,是为秦哀公。秦哀公在位36年间,与楚国保持政治联姻,其间发生的一次著名的战争,是出兵救楚抗吴。

自从"弭兵之会"之后,晋、楚、齐、秦放慢了对外扩张争霸的步伐,中原地区出现了和平局面。偏处于长江中下游的吴、越两国兴盛起来。吴国是由周文王的伯父太伯、仲雍从关中来到江南地区建立的一个小国,西周和春秋前期,在众多诸侯国中,吴国很不起眼,影响也有限。从春秋中期开始,吴国重视发展生产,修明政治,加强军队建设,兼并了周边一些小国家。楚国称霸中原时,吴国曾经依附于楚国。随着吴国的崛起,楚国逐渐难以控制吴国,两国之间产生了矛盾。晋国的有意介入,加深了这种矛盾。晋国与楚国争霸中原,为了削弱楚国实力,采纳了申公巫臣的建议,积极扶持吴国,以牵制楚国。秦桓公二十一年(前584),巫臣带部分兵车及步卒出使吴国,教吴人骑马、射箭、车战、步战之法。晋国的做法很奏效,吴国崛起后,不断进犯楚国的东南部,蚕食楚国的地盘,成为楚国的心腹之患。楚国在楚平王、楚昭王时期,国君昏庸无能,朝中奸佞当道,君臣离心,政治腐败。而吴王阖闾即位后,野心勃勃地革新图强,争霸天下,吴国在经济、政治、军事各方面都得到发展,具备了与楚国相抗衡的条件。

秦哀公三十一年(前506),吴国联合蔡、唐进攻楚国,五战五胜,攻破楚国都城郢都(今湖北江陵北),楚昭王仓皇外逃。楚国大臣申包胥在郢都失陷前来到秦国求援,请求秦哀公出兵救楚。申包胥用唇亡齿寒的比喻巧妙劝说秦哀公:"吴为封豕、长蛇,以荐食上国,虐始于楚。寡君失守社稷,越在草莽。使下臣告急,曰:'夷德无厌,若邻于君,疆埸之患也。逮吴之未定,君其取分焉。若楚之遂亡,君之土也。若以君灵抚之,世以事君。'"①申包胥说吴国就是大猪、长蛇,一再吞食中原国家。吴国的贪欲是不会满足的,如果楚国灭亡,吴国成为秦的邻国,秦国将成为吴国下一个目标。不如趁吴国尚未十分强大时,秦楚联军灭吴。

---

① 《春秋左传注·定公四年》,第1548页。

如果秦国能派兵镇抚楚国,楚国将世世代代侍奉秦国。

秦哀公听后不为所动,声称要商量商量,让申包胥先回舍馆休息。申包胥回答说:"寡君越在草莽,未获所伏。下臣何敢即安?"①他不回舍馆,靠在秦国朝堂的墙边,大哭七天七夜,滴水不进。秦哀公被申包胥的忠义打动,又接见了他,并为他诵读《诗经·秦风·无衣》,诗中有这样几句:"王于兴师,修我戈矛,与子同仇……与子偕作……与子偕行。"②听到秦国有发兵之意,申包胥向秦哀公行九次顿首大礼以表示感谢,方才就座。

秦哀公派大将子蒲、子虎率领五百乘出兵救楚。在申包胥的带领下,秦军出武关,过申县,在稷与楚军会合。而后,秦楚联军对吴军展开猛烈的反攻,在沂(今河南正阳附近)打败了吴王阖闾弟弟夫概的军队。楚将子西也率楚国散兵在军祥(今湖北随州西南)打败了吴王阖闾的军队。当年秋,秦军消灭了吴国盟友唐国,断绝了吴国后援。这时,吴国上层发生内讧,吴王阖闾的弟弟夫概率兵返回吴国,自立为王,吴王阖闾急忙撤军回国镇压夫概之乱,楚王这才得以复入郢。楚国虽然得以复国,但是元气大伤。

通过救楚抗吴之战,秦国在诸侯间的地位得到了提高。秦哀公三十六年(前501),哀公去世,由于太子早逝,就由孙子继位,是为惠公。惠公在位10年去世,其子悼公继位。悼公在位14年去世,其子厉共公继位。秦厉共公二年(前475),"蜀人来赂"③;厉共公五年(前472),"楚人来赂"④;厉共公六年(前471),"义渠来赂"⑤;厉共公十四年(前463),"晋人、楚人来赂"⑥。"赂"是赠送财物、礼敬的意思。蜀人、楚人、义渠、晋人纷纷来赂,说明在与这些国家的交往中,秦国得到了前所未有的尊重。

除此之外,秦国在进攻大荔、讨伐义渠之战中,也取得了重大胜利。秦厉共公十六年(前461),秦国出动两万人,进攻大荔,夺取了王城(在今陕西大荔)。经过此役,大荔戎国遭受重创,但秦国没有灭掉大荔。厉共公三十三年(前

---

① 《春秋左传注·定公四年》,第1548页。
② 《毛诗正义》卷六之三,第506页。
③ 《史记》卷五《秦本纪》,第199页。
④ 《史记》卷一五《六国年表》,第689页。
⑤ 《史记》卷一五《六国年表》,第689页。
⑥ 《史记》卷一五《六国年表》,第692页。

444),秦军讨伐义渠,俘虏了义渠王,义渠戎国也遭受重创。

然而,自秦厉共公以降,秦国丧失了对外扩张的优势,由于统治者内部的矛盾和斗争,长期陷入国势不振的状态。秦厉共公三十四年(前 443),厉共公去世,其子继位,是为秦躁公。秦躁公二年(前 441),南郑反叛。躁公十三年(前 430),义渠攻伐秦国,进至渭南①。躁公十四年(前 429),秦躁公去世,其弟继位,是为秦怀公。秦怀公四年(前 425),秦怀公遭到庶长晁的围困,被逼自杀,因为太子早逝,由其孙子继位,是为秦灵公。秦灵公在位 13 年去世,其季父悼子继位,是为秦简公。秦简公在位 15 年去世,其子继位,是为秦惠公。秦惠公在位 13 年去世,其子出子继位。秦出子二年(前 385),庶长改杀死出子,接回灵公之子继位,是为秦献公。

从秦厉共公、躁公、怀公、灵公、简公、惠公到出子,前后有 90 余年时间,秦国内部君位更迭频繁,外部受到魏国的强势进攻,一直处于内忧外患之中。秦孝公回顾历史经验时,称"往者厉、躁、简公、出子之不宁"②。司马迁总结这段历史时,也明确指出:"秦以往者数易君,君臣乖乱,故晋复强,夺秦河西地。"③总体来说,这一时段秦国蜷缩于关中地区,处于一种徘徊无进的状态。

---

① 渭南,《史记》卷一五《六国年表》作"渭阳"。
② 《史记》卷五《秦本纪》,第 202 页。
③ 《史记》卷五《秦本纪》,第 200 页。

第四章 走向强盛

经过两百多年的沉寂,秦国在献公、孝公执政时期,迎来了新的活力和气象,国家制度建设提上了日程,社会文明程度得到了提高。特别是通过商鞅变法,秦国走上了富国强兵的道路,重新踏上了向东扩张的征途,同时在与魏国的军事斗争中,终于取得了初步的胜利。

一 石门之战

战国初期,魏国作为魏、赵、韩三国之首,保持着晋国原有的强势,在中原地区处于核心地位。秦国面对日益强大的魏国,始终处于被动挨打的地位。到了秦献公即位之后,这种局面才逐渐有了改变。

(一) 战国初期的秦魏关系

秦厉共公三十二年(前445),魏文侯即位之后,致力于变法图强,先后任用魏成、翟璜、李悝为相国,进行经济和政治改革。在经济方面,李悝主张"尽地力之教"①,发展农业生产;实行平籴法,巩固小农经济。在政治方面,李悝"撰次诸国法"②,编成一部《法经》,用于规范各种社会活动。经过李悝变法,魏国在战国七雄中脱颖而出,使其他诸侯国无力与之争雄。

魏文侯变法图强,求贤若渴。卫国人吴起听到这一消息,从鲁国来到魏国。魏文侯得知吴起到来,特意召见李克,询问吴起的为人。李克回答说:"起贪而

---

① 《汉书》卷二四上《食货志上》,第 1124 页。
② 《晋书》卷三〇《刑法志》,中华书局 1974 年版,第 922 页。

好色,然用兵,司马穰苴不能过也。"①魏文侯看重吴起的军事才能,就任用他为将军,致力于向西扩张。

面对日益强大的魏国,秦国处于被动挨打的地位。秦灵公六年(前419),魏文侯出兵越过黄河,占领了少梁(今陕西韩城),并在这里筑城。秦灵公七年(前418),秦国出兵争夺少梁,与魏军交战。秦灵公八年(前417),魏国重修少梁城。秦简公二年(前413),秦军与魏军交战,被击败于郑邑(今陕西渭南华州区)。秦简公三年(前412),魏文侯派遣太子魏击率军进攻秦国,包围了繁庞城(在今陕西韩城),准许城内居民迁出。秦简公六年(前409),吴起率军进攻秦国,夺取了临晋(今陕西大荔)、元里(今陕西澄城),并在两地筑城。秦简公七年(前408),吴起继续进攻秦国,往西进至郑邑,夺取了洛阴(在今陕西大荔)、合阳(今陕西合阳),并在两地筑城。

在魏国的不断进攻之下,秦国退到洛水南岸。为了应对魏国的进攻,秦国采取了相应措施。秦灵公十年(前415),秦国修葺繁庞城,修筑籍姑城(在今陕西韩城),与魏国少梁城对峙。秦简公六年(前409),秦朝廷下令官吏佩剑。秦简公七年(前408),秦国在洛水南岸修筑防御工事,并修筑重泉城(今陕西蒲城),以阻止魏国向西扩张。秦简公十四年(前401),秦简公出兵进攻魏国,进逼阳狐(在今山西垣曲)②。

吴起担任将军,特别能够以身作则,"与士卒最下者同衣食。卧不设席,行不骑乘,亲裹赢粮,与士卒分劳苦"③,所以深得部下的信任。魏文侯"以吴起善用兵,廉平,尽能得士心,乃以为西河守,以拒秦、韩"④。所谓西河,指黄河流经陕西、山西之间的河段。西河郡,即今洛水以东、延安以南、华阴以北地区,包括上述少梁、临晋、元里、洛阴、合阳诸城。这一地区北负黄河,向南俯瞰关中,具有重要的军事地位,对秦国而言,是保卫关中的战略屏障;对魏国而言,是夺取关中的战略基地,所以直接影响到秦、魏两国的关系。

据相关资料记述,吴起担任西河郡守期间,"与诸侯大战七十六,全胜六十

---

① 《史记》卷六五《孙子吴起列传》,第2166页。
② 阳狐,《资治通鉴》卷一《周纪一》作"阳孤",胡三省注曰:《水经注》河东垣县有阳壶城,《九域志》绛州有阳壶城。"阳狐"又作"阳壶",当是魏国城邑。
③ 《史记》卷六五《孙子吴起列传》,第2166页。
④ 《史记》卷六五《孙子吴起列传》,第2166页。

四,余则钓解。辟土四面,拓地千里,皆起之功也"①。从这一系列战果来看,吴起经略西河的成功,加大了对秦国的威胁。然而,秦国受军事力量所限,对魏国在西河地区的扩张,根本无法加以遏制。

秦简公十五年(前400),秦简公去世,其子继位,是为秦惠公。秦惠公时期,与韩、魏两国发生过多次战争。秦惠公九年(前391),秦国进攻韩国宜阳,夺取了六个邑。秦惠公十年(前390),秦国进攻魏国,与魏军交战于武城,设置了陕县。

秦惠公十三年(前387),蜀国出兵北进,攻占了南郑(今陕西汉中)。秦国曾经在南郑筑城,随后攻打蜀国,夺取了南郑。② 这是秦、蜀两国的第一次交锋,秦国开始向南扩张,再度进入汉中地区。同年,秦惠公去世,其子继位,是为秦出公③。秦出公在位不到两年,因为权力争斗而被杀害。《史记·秦本纪》记述:

> 秦以往者数易君,君臣乖乱,故晋复强,夺秦河西地。④

这里的"晋",指魏国;"河西地",即西河郡。秦国因为频繁更换君主,君臣关系不和谐,所以整个国势不振,遭到了魏国的蚕食。反观魏国,在魏文侯的治理下,综合国力强大起来,加上吴起的用心经营,便夺取了西河地区。

然而,秦魏两国的力量对比,在此后发生了较大的变化。秦惠公十三年(前387),魏文侯去世,其子魏击继位,是为魏武侯。魏武侯猜忌吴起,吴起不受重用,被迫离开魏国,投奔了楚国。而秦国在秦出子被杀害后,秦献公盛年执政,厉行改革,重振国势,扭转了秦国的政治局面。

秦献公名师隰,乃秦灵公之子。秦灵公去世后,其子嬴师隰不得继位,出居

---

① 《吴子·图国》,《中国兵书集成》第1册,解放军出版社、辽宁书社1987年版,第36页。

② 关于秦取南郑之事,《史记》卷五《秦本纪》记载,秦惠公十三年,"伐蜀,取南郑"(第200页)。按《六国年表》,秦惠公十三年,"蜀取我南郑"(第713页)。《资治通鉴》卷一《周纪一》曰:"秦伐蜀,取南郑。"黄式三《周季编略》曰:"蜀取秦南郑,秦伐蜀后取南郑。"杨宽曰:"《六国表》厉共公二十六年左庶长城南郑,《秦本纪》《六国表》躁公二年南郑反。是时南郑既非蜀土,亦非秦地。盖蜀取南郑,秦又伐蜀而取南郑耳。"见杨宽:《战国史料编年辑证》,台湾商务印书馆2002年版,第255页。

③ 秦出公,又称"秦出子",《资治通鉴》卷一《周纪一》胡三省注:"出,非谥也;以其失国出死,故曰出公。"(第30页)

④ 《史记》卷五《秦本纪》,第200页。

河西①。秦灵公的季父悼子继位,是为秦简公。秦简公去世后,其子继位,是为秦惠公。秦惠公去世后,其子继位,是为秦出公。这时候,嬴师隰已经37岁,正值年富力强。秦出公二年(前385),秦国庶长改前往河西(今甘肃礼县)迎接嬴师隰,立为国君,是为秦献公;同时把秦出公及其母亲杀死,沉尸于水中。

秦献公即位之后,实行了一系列改革措施,包括废除人殉,迁都栎阳(今西安市阎良区),扩大商业活动,编制户籍和推广县制。这一系列改革巩固了秦国的社会基础,稳定了秦国的统治秩序,从而壮大了秦国的力量。秦献公十一年(前374),周太史儋来栎阳进见秦献公,说:

> 始周与秦国合而别,别五百载复合,合十七岁而霸王者出焉。②

这句谶语载于《史记·周本纪》,而在《史记·秦本纪》中也有记述:

> 周故与秦国合而别,别五百岁复合,合七十岁而霸王出。③

以上两段引文,显然出自同一个文本,唯有"十七""七十"相异。司马贞《史记索隐》解释说:"周封非子为附庸,邑之秦,号曰秦嬴,是始合也。及秦襄公始列为诸侯,是别之也。自秦列为诸侯,至昭王五十二年,西周君臣献邑三十六城以入于秦,凡五百一十六年,是合也。"张守节《史记正义》则解释说:"周始与秦国合者,谓周、秦俱黄帝之后,至非子未别封,是合也。而别者,谓非子末年,周封非子为附庸,邑之秦,后二十九君,至秦孝公二年五百载,周显王致文武王胙于秦孝公,复与之亲,是复合也。合十七岁而霸王出者,谓从秦孝公三年至十九年周显王致胙于秦孝公,是霸也。孝公子惠王称王,是王者出也。"④这里论说周和秦的分合情势,明显带有历史宿命论的特征。

在秦国的力量壮大后,或许是受这一谶语的鼓舞,秦献公开始向外扩张,与魏国展开了大规模的较量,这就是石门之战。

---

① 所谓"河西",应为秦族故地,在今甘肃礼县。《史记》卷五《秦本纪》曰:"庶长改迎灵公之子献公于河西而立。"张守节注:"西者,秦州西县,秦之旧地,时献公在西县,故迎立之。"(第200页)
② 《史记》卷四《周本纪》,第159页。
③ 《史记》卷五《秦本纪》,第201页。
④ 《史记》卷四《周本纪》,第159—160页。

(二)石门之战

在石门之战前,秦献公为了收复西河地区,发动了一次试探性进攻。秦献公十九年(前366),魏惠王与韩懿侯会晤于宅阳(今河南荥阳),随后韩、魏两国的军队进攻秦国,秦献公集兵于洛阴,打败了魏韩联军。

秦献公二十一年(前364),秦献公大举出兵,进攻魏国,直抵石门(今陕西三原)①,大破魏军。赵成侯出兵相救,也被秦军打败。魏、赵两国军队被斩杀了6万人②。

石门之战,是秦国对魏国的一次重大胜利。经过这一次胜利,秦献公树立了个人声威,提高了秦国的政治地位。周显王颁赏给秦献公,赏赐物品是黼黻之服。司马迁特别记述:

> 显王五年,贺秦献公,献公称伯。③

这是战国前期的一个重大事件,是秦国历史的一个重要界标。秦献公得到了周王室的承认,在秦穆公之后,也成为西方的诸侯霸主,从而开启了秦国的新征程。

秦献公二十三年(前362),魏相国公叔痤领兵,在浍水(汾河支流)北岸打败了赵、韩两国的军队。紧随其后,秦献公利用三晋混战的机会,派遣庶长国率军进攻魏国,大破魏军于少梁,夺取了繁庞城,俘虏了魏相国公叔痤。翌年,魏惠王为了称霸中原,转移国家战略重心,把魏国的都城迁至大梁(今河南开封)。这一改变魏国命运的重大举措,客观上给秦国东扩提供了有利的条件。

二 商鞅的农战方略

秦献公二十三年(前362),秦献公去世,其子嬴渠梁继位,是为秦孝公。这

---

① 石门,即尧门山。《史记·秦本纪》张守节《正义》引《括地志》曰:"尧门山俗名石门,在雍州三原县西北三十三里。上有路,其状若门。故老云尧凿山为门,因名之。"(第201页)
② 《资治通鉴》卷二《周纪二》记述此战曰:"秦献公败三晋之师于石门,斩首六万。"按:所谓"三晋",并非皆指赵、魏、韩三国。
③ 《史记》卷四《周本纪》,第160页。

时候,秦国因为综合实力有限,仍然被限制于关中地区,在整个天下体系中处于边缘地位。"孝公元年,河山以东强国六,与齐威、楚宣、魏惠、燕悼、韩哀、赵成侯并。淮泗之间小国十余。楚、魏与秦接界。魏筑长城,自郑滨洛以北,有上郡。楚自汉中,南有巴、黔中。周室微,诸侯力政,争相并。秦僻在雍州,不与中国诸侯之会盟,夷翟遇之。"①这说明秦国的近邻是较强大的魏、楚两国。魏国修筑长城,从郑县沿洛水北上,据有上郡之地。楚国的领土自汉中以南,拥有巴郡、黔中。这种地缘关系决定着秦国的外部环境,也是秦国向外扩张的战略形势。

(一) 商鞅入秦变法

商鞅,姓公孙名鞅,出身于卫国宗族,喜好法家刑名之学。他早年离开卫国,来到魏都安邑,投身于魏相国公叔痤的门下,担任中庶子的职务。公叔痤深知商鞅的才能,曾经把他推荐给魏惠王,但魏惠王未能器重商鞅。

秦孝公即位之后,为了改变秦国的落后面貌,发愤图强,一方面广布恩惠,救助孤寡百姓,以树立个人的政治威望;一方面招募士卒,严明奖赏制度,以增强秦国的军事力量。然而关键的问题是,国家治理必须延揽人才,秦孝公回顾秦国历史,总结历史经验,在国内颁布求贤令说:

> 昔我缪公自岐雍之间,修德行武,东平晋乱,以河为界,西霸戎翟,广地千里,天子致伯,诸侯毕贺,为后世开业,甚光美。会往者厉、躁、简公、出子之不宁,国家内忧,未遑外事,三晋攻夺我先君河西地,诸侯卑秦,丑莫大焉。献公即位,镇抚边境,徙治栎阳,且欲东伐,复缪公之故地,修缪公之政令。寡人思念先君之意,常痛于心。宾客群臣有能出奇计强秦者,吾且尊官,与之分土。②

这道求贤令的要点,在于以土地、官位为诱饵,广泛地延揽人才;广泛延揽人才的用意,在于寻求奇计;寻求奇计的目的,在于富国强兵。这是当时各诸侯国面临的共同问题。不过,秦孝公注重延揽人才,寻求奇计,谋求巩固和扩大国家利益,表现出独特的政治智慧。正是冲着这道求贤令,商鞅告别魏都大梁,来到秦都栎阳。通过秦孝公的宠臣景监的推荐,商鞅多次与秦孝公会谈,陈述他的

---

① 《史记》卷五《秦本纪》,第202页。
② 《史记》卷五《秦本纪》,第202页。

"强国之术",还与甘龙、杜挚辩论变法的合理性,从而得到秦孝公的信任,被任命为左庶长,与孝公共同商讨国事,主持变法活动。秦孝公三年(前359),商鞅开始实行变法:

> 令民为什伍,而相牧司连坐。不告奸者腰斩,告奸者与斩敌首同赏,匿奸者与降敌同罚。民有二男以上不分异者,倍其赋。有军功者,各以率受上爵;为私斗者,各以轻重被刑大小。僇力本业,耕织致粟帛多者复其身。事末利及怠而贫者,举以为收孥。宗室非有军功论,不得为属籍。明尊卑爵秩等级,各以差次名田宅,臣妾衣服以家次。有功者显荣,无功者虽富无所芬华。①

这是商鞅第一次变法,新的法令规定:百姓五家为保,十家相连;一家违犯法令,其余九家要告发,不告发者连坐有罪。不告发奸恶者一律斩腰处死;告发奸恶者和斩敌人首级受同样的奖赏;藏匿奸恶者和投降敌人受同样的处罚。每户人家有两名男子而不分家过活者,加倍征收赋税。作战有功者,各按规定授予相应的爵位;为私事斗殴者,各按情节轻重处以大小刑罚。努力从事农业生产,缴纳谷物布帛多者,免除其徭役;从事工商业及懒惰而贫穷者,一律收编为奴婢。宗室成员没有功劳者,不得列为贵族享受特权。明确尊卑关系、爵位俸禄的等级都按功劳的大小而定,而贵族拥有的田地、房屋、奴婢、衣物都按爵位的高低而定,有功劳者可享荣华富贵,没有功劳者即使富裕,也没有什么荣誉。这一系列新法令的颁行,旨在改造秦国的统治秩序,调动民众投身于农业生产和战争的积极性,其中起督促作用的是赏罚手段,又以重刑重罚为显著特征,这表明商鞅变法极具针对性且强有力。据说新法颁布之初,"百姓苦之;居三年,百姓便之"②。因为主持变法有功,商鞅被提升为大良造,成为秦国的行政长官。

秦孝公十二年(前350),商鞅在咸阳修建宫殿,把国都迁到咸阳,再次实行变法:

> 令民父子兄弟同室内息者为禁。而集小乡邑聚为县,置令、丞,凡三十一县。为田开阡陌封疆,而赋税平。平斗桶权衡丈尺。③

---

① 《史记》卷六八《商君列传》,第2230页。
② 《史记》卷五《秦本纪》,第203页。
③ 《史记》卷六八《商君列传》,第2232页。

这是商鞅第二次变法。新的法令禁止百姓父子、兄弟同在一室生活;集中若干个乡邑而为县,设置令、丞,主管县内事务,全国共有 31 个县,以此废除世卿世禄制;开挖田埂地界,扩大耕地面积,而统一征收赋税;改造斗桶秤尺,以统一度量衡制度。其中主要是全面推行县制,以加强地方管理;废除旧的土地制度,改革旧的赋税制度,以促进经济发展。这些举措都可以说是对第一次变法的补充和深化。

商鞅变法针对秦国社会的实际问题,发挥社会改革的杠杆作用,有力地促进了秦国农业经济的发展,强化了中央集权的国家机器,提高了秦国军队的战斗力。据说新的法令施行十年,"秦民大说,道不拾遗,山无盗贼,家给人足。民勇于公战,怯于私斗,乡邑大治"①。从国家治理的角度看,商鞅变法确实取得了显著的成效,秦国社会面貌焕然一新,从此走上了富强的道路。

(二)商鞅的农战方略

在战国历史上,商鞅不仅是法家的代表人物,而且作为著名的兵家而被人们广泛称道。《荀子·议兵篇》云:"齐之田单、楚之庄蹻、秦之卫鞅、燕之缪蚁,是皆世俗之所谓善用兵者也。"②《汉书·艺文志》兵家类著录《公孙鞅》27 篇,法家类著录《商君》29 篇,应该属于同书异名。这部著作后被称为《商君书》,大抵成书于战国中期。

商鞅考察战争的起源,着眼于人类文明的进步,把远古历史分为上世、中世、下世三个阶段,认为"上世亲亲而爱私,中世上贤而说仁,下世贵贵而尊官"③。具体说来,"上世"即"昊英之世",人们依靠砍伐树木、猎取野兽,就可以维持生活。"中世"即"神农之世",在男耕女织的生活方式下,不使用刑罚、不通过战争,就能够实现大治。降及"下世","黄帝作为君臣上下之义,父子兄弟之礼,夫妇妃匹之合,内行刀锯,外用甲兵,故时变也"④,人类社会出现以强凌弱、以众暴寡的情形,战争作为一种惩罚手段,被用于调和社会矛盾。

---

① 《史记》卷六八《商君列传》,第 2231 页。
② [清]王先谦撰,沈啸寰、王星贤点校:《荀子集解》,中华书局 1988 年版,第 276 页。
③ 蒋礼鸿撰:《商君书锥指》卷二《开塞第七》,中华书局 1986 年版,第 52 页。
④ 《商君书锥指》卷四《画策第十八》,第 107 页。

从历史的角度看,战争作为一种惩罚手段,一方面给人类社会带来了灾难,一方面推动了社会历史的发展。商鞅强调战争的积极作用,明确指出:"以战去战,虽战可也;以杀去杀,虽杀可也;以刑去刑,虽重刑可也。"①这一鲜明的战争观,或许来源于《司马法》,但是,用战争来消除战争,用刑罚来消除刑罚,确实为法家的一贯主张。

通观商鞅的治国思想,其中最重要的论点,是把战争和农业相结合,提出"农战"方略。农业生产给战争打基础,战争为农业生产创造条件,两者相互促进、滚动发展,使国家富强起来。《商君书·农战》反复指出:

国之所以兴者,农战也。

国待农战而安,主待农战而尊。

百人农一人居者王,十人农一人居者强,半农半居者危。故治国者欲民之农也。②

商鞅认为,"农战"是国家兴盛的关键,国家依靠农业和战争,才能得到安定;君主依靠农业和战争,才能获取尊贵。所以,君主治理国家,必须重视农业和战争,"农战"是一项基本国策。

为了推行"农战"方略,商鞅要求君主厉行法治,采取一切有效的措施,促使民众投身于农业生产和战争活动中。他认为"凡治国者,患民之散而不可抟也,是以圣人作壹抟之也"③。所谓"作壹",指统一赏罚的措施,统一宣传教育的内容,把农民固定于土地上,让他们专心从事农业生产,并利用他们朴实的特性,积极进行战争活动。因此,商鞅得出一个结论:"强者必治,治者必强;富者必治,治者必富;强者必富,富者必强。"④这就把法治、农战、富强三者紧密地联系起来。

为了贯彻"农战"方略,商鞅反对人们从事农业和战争以外的活动,否认礼、乐、诗、书、善、修、孝、悌、廉、辩等文化和道德修养的价值,认为"国有十者,上无使战,必削至亡;国无十者,上有使战,必兴至王"⑤,"国以十者治,敌至必削,不

---

① 《商君书锥指》卷四《画策第十八》,第107页。
② 《商君书锥指》卷一《农战第三》,第20、22、24页。
③ 《商君书锥指》卷一《农战第三》,第25页。
④ 《商君书锥指》卷三《立本第十一》,第72页。
⑤ 《商君书锥指》卷一《去强第四》,第29—30页。

至必贫。国去此十者,敌不敢至,虽至必却。兴兵而伐,必取;按兵不伐,必富"①。这种作践文化的论调,作为一种极端的政治观点,显示出专制主义的本质。

(三)商鞅的军事思想

在战争指导方面,商鞅注重战争和政治的关系,把战争问题纳入政治的范畴,把政治视为战争胜败的关键,明确地指出:

> 凡战法必本于政,胜则其民不争,不争则无以私意,以上为意。故王者之政,使民怯于邑斗而勇于寇战。②

这是说,军事战争必须以政治为基础,国家的法令能约束民众,民众就不会相互争斗;民众不相互争斗,就会遵从统治者的意志。所以,要保持政治上的优势,就必须制定相关的法令,使民众怯于跟乡邻斗殴,而勇于同外敌作战。这种观点强调军事战争必须以政治为基础,反映出兵以政胜的特征。

为了保证战争的胜利,商鞅要求确立政治上的优势,有计划、有步骤地进行战争准备,尤其是通过推行法治,培养民众坚强勇敢的品质。《商君书·立本》说:

> 凡用兵,胜有三等。若兵未起则错法,错法而俗成,而用具,此三者行于境内,而后兵可出也。……故曰:"强者必刚斗其意。"斗则力尽,力尽则备是,故无敌于海内。③

显然,在商鞅看来,决定要进行战争之前,国家就要推行法制;国家推行法制,能使民众养成积极务农、勇敢战斗的习俗;这种习俗形成之后,就成为战争的有利条件,就可以进行战争了。战争中较强大的国家,其民众必定具备坚强勇敢的品质;民众具备这种品质,就会全力以赴地投入战争;民众全力以赴地投入战争,就会成为战争的有力工具,所以就能无敌于天下。

在作战指挥方面,商鞅强调掌握敌情,根据敌我力量的对比,来预测战争的

---

① 《商君书锥指》卷一《农战第三》,第23页。
② 《商君书锥指》卷三《战法第十》,第68页。
③ 《商君书锥指》卷三《立本第十一》,第70—72页。蒋礼鸿注:"是"字疑当为"足",属上读,"备足"与"力尽"对文,谓械备足也。

胜败。"兵起而程敌,政不若者勿与战,食不若者勿与久,敌众勿为客。敌尽不如,击之勿疑。故兵大律在谨论敌察众,则胜负可先知也。"①可见政治不如敌国,就不能同敌人交锋;粮食储备不如敌国,就不能同敌人长久相持;如果敌人人多势众,就不能轻易地发动进攻。用兵的原则在于谨慎,要仔细地考察和分析敌情,才能预测战争的胜败。

在商鞅变法以前,秦国地处关中一隅,是一个较落后的国家,受魏国向西扩张的威胁,难以保障自身的安全。但是,关中特殊的地理条件,使秦国"进可攻,退可守",特别便于防御作战。商鞅站在战略的高度,对这一问题进行探讨,揭示了一系列作战原则:

"四战之国贵守战,负海之国贵攻战。"②这里所谓"四战之国",当指魏、韩两国;所谓"负海之国",当指齐国。商鞅在这里讨论防御作战,从消极的一面说,四面受敌的国家,如果轻易地侵扰邻国,邻国一起发起反击,那就必须四面迎战,国家就会陷入危险中。从积极的一面说,四面受敌的国家,要保卫自身的安全,就必须设立万户城邑,以驻扎大批的军队,来抗御外来的侵略。这是一种积极防御思想。

"守有城之邑,不如以死人之力与客生力战,其城拔。"③商鞅认为,在城邑防御战中,应根据不同的作战目标,把军队分为两个部分,使城墙上的守军拼死作战,以消耗敌人的有生力量,为城内的主力军创造条件,是谓"以死人之力与客生力战"。因为敌人不把城墙上的守军全部消灭,就无法进入城内,而即使敌人把城墙上的守军全部消灭了,也会被拖得疲惫不堪。城内的守军利用这个机会,可以养精蓄锐,再与疲惫之敌交战,是谓"以生人力与客死力战"。所以,对攻城一方来说,最大的危害是守城者的拼命抵抗,而对守城一方来说,最大的困难是坚定抗战到底的决心。

"慎使三军无相过。"④在商鞅看来,城邑防御战需要全民总动员。可依照年龄的大小,把征召起来的人分为三支部队:壮年男子组成一支队伍,壮年女子组

---

① 《商君书锥指》卷三《战法第十》,第68—69页。
② 《商君书锥指》卷三《兵守第十二》,第72页。
③ 《商君书锥指》卷三《兵守第十二》,第73页。
④ 《商君书锥指》卷三《兵守第十二》,第75页。

成一支队伍,年老体弱的男女组成一支队伍。"壮男之军,使盛食厉兵,陈而待敌。壮女之军,使盛食负垒,陈而待令。客至而作土以为险阻及耕格阱。发梁撤屋,给从,从之;不洽,而燹之;使客无得以助攻备。老弱之军,使牧牛、马、羊、彘,草水之可食者,收而食之,以获其壮男女之食。"①为了充分发挥每一支队伍的作用,必须严禁他们相互往来。因为壮年男子到女子军中去探望,就会爱恋上那些女子,甚至发生淫乱行为,而且壮年男女喜欢待在一起,就不愿尽早投入战斗。如果壮年男女去探望年老体弱的人,就会产生悲伤和怜悯之情,就不能勇敢地投入战斗。因此,严禁三军相互往来,有利于增强防御力量,而增强防御力量,才能保证作战胜利。

三 安邑、固阳之战

秦孝公即位伊始,在颁布求贤令之后,"出兵东围陕城,西斩戎之獂王"②,显然属于军事示威。秦孝公二年(前360),周显王派使者到栎阳,送上祭祀周文王、武王的胙肉,向秦孝公致贺。秦孝公四年(前358),秦孝公出兵韩国,击破韩军于西山(今河南西部伏牛山区)。秦孝公七年(前355),秦孝公与魏惠王会晤于杜平(在今陕西澄城)。秦孝公八年(前354),秦出兵魏国,大破魏军于元里(在今陕西澄城),斩杀了七千余人,夺取了少梁。经过商鞅变法,秦国走上富强的道路,同时重启了东扩的进程。其中最重要的是,商鞅两次率军出征,直指魏国的河西地区。

秦孝公九年(前353),魏惠王出兵赵国,包围了赵都邯郸。齐威王任命田忌为主将,孙膑为军师,领兵援救赵国。齐军采取围魏救赵之战术,并在魏军急于返回救大梁途中,伏击魏军于桂陵,大破魏军,俘虏了魏将庞涓。秦孝公十年(前352),商鞅升任大良造,亲自率军进攻魏国,包围了安邑,迫使魏军投降。魏国加紧修筑长城,使固阳成为要塞。秦孝公十一年(前351),商鞅率军继续攻

---

① 《商君书锥指》卷三《兵守第十二》,第74—75页。
② 《史记》卷五《秦本纪》,第202页。

魏，包围了固阳（在今陕西延安）①，迫使魏军投降。秦孝公十二年（前350），魏惠王与齐、赵两国媾和之后，出兵反击秦国，企图夺回固阳。据说秦孝公大为恐慌，"寝不安席，食不甘味，令于境内，尽垛中为战具，竟为守备，为死士置将，以待魏氏"②。为了避开魏军的锋芒，秦孝公与魏惠王会晤于彤（在今陕西渭南华州区），将安邑归还魏国，秦魏关系得以缓和。

秦孝公十八年（前344），秦孝公前往洛阳，与各国诸侯会盟。秦孝公十九年（前343），周显王确认秦孝公为方伯。秦孝公二十年（前342），各国诸侯表示祝贺秦孝公为方伯，秦孝公派遣公子少官率领军队，与各国诸侯相会于逢泽（在今河南商丘），然后去朝拜周显王。这一系列活动彰显了秦国的霸业，提高了秦国在诸侯国中的威望。

秦孝公二十二年（前340），齐魏马陵之战后，商鞅认为魏国遭受重挫，秦国可以向东扩张，就跟秦孝公分析说：

> 秦之与魏，譬若人之有腹心疾，非魏并秦，秦即并魏。何者？魏居领阨之西，都安邑，与秦界河而独擅山东之利。利则西侵秦，病则东收地。今以君之贤圣，国赖以盛。而魏往年大破于齐，诸侯畔之，可因此时伐魏。魏不支秦，必东徙。东徙，秦据河山之固，东乡以制诸侯，此帝王之业也。③

依照商鞅的分析，秦国和魏国的关系好比人有心腹大患，不是魏国吞并秦国，就是秦国吞并魏国。为什么呢？魏国占据崇山险阻，建都于安邑，与秦国以黄河为界，独自控制崤山以东的地利，有机会就向西侵袭秦国，要不然就向东攻取土地。现在秦国逐渐强盛，而魏国此前大败于齐国，被各国诸侯背弃，秦国可

---

① 关于固阳之战，《史记》卷五《秦本纪》载，"十年，卫鞅为大良造，将兵围魏安邑，降之"（第202页）。《史记》卷一五《六国年表》载，秦孝公十年，"卫公孙鞅为大良造，伐安邑，降之"。十一年，"卫鞅围固阳，降之"（第722—723页）。依此而言，在固阳之战前，商鞅已经迫降安邑。梁玉绳质疑此役，并明确地指出："考魏惠王三十一年自安邑徙大梁，是秦孝公二十二年也。魏昭王十年献安邑于秦，是秦昭王二十一年也。而此时为魏惠王十九年，秦孝公十年，岂得围而便降？……《纪》《表》与《商君传》俱误。盖'安邑'二字乃'固阳'之误……，固阳之役必围在十年，而降在十一年。"（见《史记志疑》第140页）兹备一说。

② ［汉］刘向集录：《战国策》卷十二《齐五》，上海古籍出版社1985年版，第442页。

③ 《史记》卷六八《商君列传》，第2232页。

以趁机进攻魏国。魏国抵挡不住秦国,必定向东迁徙;魏国向东迁徙,秦国就能占据黄河和崤山的地利,向东控制各国诸侯。这一分析合乎实际情形,秦孝公表示赞同,就派商鞅率军进攻魏国。

商鞅率军进入魏国,魏惠王任命公子魏卬为主将,领兵前来应敌。秦魏两军对峙之际,商鞅派人送信给魏卬,其中写道:"吾始与公子欢,今俱为两国将,不忍相攻,可与公子面相见,盟,乐饮而罢兵,以安秦魏。"①魏卬信以为真,就离开魏军营地,前来与商鞅相会。双方结盟仪式举行完毕,在饮酒庆贺的时候,商鞅指使埋伏的武士一拥而上,捉拿了魏卬,同时命令秦军发起猛攻,一举打败了魏军。

这种做法正是所谓"欲达目的,不择手段"。政治、军事上的成功和人格、道义上的缺失,在这里形成了鲜明的对照。司马迁评论商鞅,认为商鞅是一个天性刻薄之人,"及得用,刑公子虔,欺魏将卬,不师赵良之言,亦足发明商君之少恩矣"②。过了两千多年,郭沫若谈到商鞅时仍然很感慨地说:"有名的欺骗公子卬以败魏师的事,虽然是兵不厌诈,人各为主,但那样的出卖朋友,出卖故国,实在是可以令人惊愕的事。"③

经过这次战争,"魏惠王兵数破于齐秦,国内空,日以削,恐,乃使使割河西之地献于秦以和"④,秦国获得了西河地区,朝着全据关中的战略目标迈出了重要的一步。秦孝公为表彰商鞅的功劳,把商於15个邑封给他,商鞅由此号称"商君"。《史记·六国年表》记载,秦孝公二十三年(前339),"与晋战岸门"⑤。这说明在安邑之战后,秦国再度出兵,又击破魏军于岸门(在今河南长葛),在东扩之路上走得更远。

秦孝公二十四年(前338),秦孝公在咸阳去世,其子嬴驷即位,是为秦惠文

---

① 《史记》卷六八《商君列传》,第2232—2233页。
② 《史记》卷六八《商君列传》,第2237页。
③ 郭沫若:《前期法家的批判》,《郭沫若全集·历史编》第二卷《十批判书》,人民出版社1982年版,第322页。
④ 《史记》卷六八《商君列传》,第2233页。
⑤ 《史记》卷一五《六国年表》,第726页。按:《史记》卷五《秦本纪》载:"二十四年,与晋战雁门,虏其将魏错。"(第204页)司马贞注:"《纪年》云'与晋战岸门',此云'雁门',恐声误也。又下云'败韩岸门',盖一地也。寻秦与韩、魏战,不当远至雁门也。"今依此说。

君。因为遭受公子虔等人的构陷,商鞅被迫逃离咸阳,往东赶到函谷关。商鞅想在旅店住一宿,却被店主告诫说:"商君之法,舍人无验者坐之。"商鞅不禁长叹道:"嗟乎,为法之弊一至此哉!"[①]于是只好赶往魏国。魏国人怨恨商鞅欺诈公子卬而大破魏军,不肯收留他,就把他赶回秦国。商鞅被迫逃到自己的封地商邑,召集邑中的士卒,向北攻略郑国故地,想要寻求出路。秦惠文君发兵进攻商邑,将商鞅杀害于黾池(今河南渑池),还下令把商鞅车裂示众,并诛灭了商鞅的家族。

[①] 并见《史记》卷六八《商君列传》,第2236—2237页。

第五章　东扩南进

秦惠文王在位时期,积极致力于对外扩张,迫使魏国割让河西、上郡之地,并且越过黄河进攻河东,向南攻取了巴蜀地区,从而确保了关中地区的安全,增强了秦国的综合实力。随着秦惠文君改元称王,开始与周天子平起平坐,秦国告别了公国时代,进入了王国时代。

一　张仪的连横方略

秦国在关中的崛起,引起了山东诸侯国的震惊。为了维护自身的生存利益,遏止秦国的扩张势头,各国诸侯遵循合纵方略,不时结成军事同盟,对秦国发动进攻。在这种不利的形势下,张仪作为一名外交家,充分地发挥个人的才能,运用威胁和利诱的手段,说服山东各国君主,打破诸侯合纵的僵局,为秦国的扩张铺平道路。

(一)张仪入秦拜相

关于苏秦和张仪的关系,司马迁根据各种资料,大体上说得较清楚。本书沿用《史记》的记述,来讨论张仪的连横方略。

苏秦是东周洛阳人,张仪是魏国人,相传他们早年曾一起追随鬼谷先生求学。张仪的才华较为突出,常使苏秦自叹不如。等到学业有成之后,张仪游说诸侯,先在魏王室吃了闭门羹,转而来到楚国。而苏秦先是求见周显王,却被周王室的侍臣瞧不起,也没能得到周显王的信任,转而来到秦国,游说秦惠文君,与秦惠文君有过一段对谈。

(苏秦)说惠王曰:"秦四塞之国,被山带渭,东有关河,西有汉中,南有巴蜀,北有代马,此天府也。以秦士民之众,兵法之教,可以吞天下,称帝而治。"秦王曰:"毛羽未成,不可以高蜚;文理未明,不可以并兼。"①

苏秦认为,秦是个四面山关险固的国家,为群山所环抱,渭水如带横流,东有关河,西有汉中,南有巴蜀,北有代马,这真是个险要、肥沃、丰饶的天然府库啊!凭着秦国众多的百姓、训练有素的士兵,足以吞并天下,建立帝业而统治四方。苏秦的话有一点空洞,并不符合秦国的具体情况,而秦惠文君刚刚处死商鞅,比较忌讳和厌恶游说的人,就没有任用苏秦。于是,苏秦改持合纵方略,前后赶赴邯郸、蓟城,游说赵肃侯和燕文侯,最终得到赵肃侯的赞同和资助,继续游说其他诸侯,以订立合纵盟约。

秦惠文君五年(前333),秦惠文君任命公孙衍为大良造,率军进攻魏国,大破魏军,斩杀了四万余人,俘虏了魏将龙贾,夺取了雕阴(今陕西甘泉),继而引兵东进。苏秦担心秦军攻入赵国,就想法激怒张仪,迫使其投奔秦国,而他本人继续奔波于各国,游说韩宣王、魏襄王、齐宣王和楚威王,"于是六国从合而并力焉"②。山东六国合纵的目的,主要是对付秦国的东扩,这就给张仪赴秦国兜售连横方略提供了一个重要的外交平台。在苏秦的暗中资助下,张仪来到咸阳,经过一番疏通关系,得以进见秦惠文君。秦惠文君任用张仪为客卿,参与东扩方略的策划。

秦惠文君六年(前332),秦惠文君派公孙衍出使齐、魏两国,谎称秦国将与齐、魏两国共同出兵,攻伐赵国,想借此破坏合纵的盟约。赵肃侯责备苏秦,苏秦感到惶恐,请求出使燕国,表明一定会报复齐国。实际上,苏秦离开赵国以后,六国合纵就宣告瓦解。

秦惠文君十年(前328),秦惠文君派遣公子嬴华、张仪率军进攻魏国,夺取了蒲阳(今山西隰县)。不过,根据张仪的建议,秦惠文君又把蒲阳归还给了魏国,并且派公子繇去魏国做质子。随后,张仪赶往大梁,游说魏惠王,明确地提出要求:"秦王之遇魏甚厚,魏不可以无礼。"③经过一番会谈,魏惠王割让出上郡、

---

① 《史记》卷六九《苏秦列传》,第2242页。
② 《史记》卷六九《苏秦列传》,第2261页。
③ 《史记》卷七〇《张仪列传》,第2284页。

少梁,以报答秦惠文君。张仪返回咸阳之后,被秦惠文君任命为相,成为秦国历史上第一任相国。

(二)游说魏襄王

秦惠文王后元三年(前322),为了打破山东列国合纵抗秦的僵局,张仪辞掉秦相国一职,到魏国任相国。他这样做的目的,是"欲令魏先事秦而诸侯效之"①,即首先使魏惠王侍奉秦国,再让其他诸侯仿效着做。但对张仪的建议,魏惠王始终不答应。秦惠文王得到报告,立刻出兵进攻魏国,夺取了曲沃、平周,并且在暗中格外优待张仪。张仪感到很惭愧,不好意思回秦复命,就暂且留在魏国。后来魏襄王继位,张仪又劝他侍奉秦国,魏襄王也不肯答应。于是,张仪暗中让秦惠文王攻打魏国,他们联袂演了一出双簧戏,以迫使魏襄王就范。

秦惠文王后元八年(前317),齐国出兵进攻魏国,在观津打败魏军。秦惠文王想趁机进攻魏国,就先攻打韩国,大破韩军于修鱼,俘虏了韩将申差,震惊了各国诸侯。张仪利用这一机会,再次劝说魏襄王侍奉秦国,其中谈到魏国的国家安全形势:

> 魏地方不至千里,卒不过三十万。地四平,诸侯四通辐凑,无名山大川之限。从郑至梁二百余里,车驰人走,不待力而至。梁南与楚境,西与韩境,北与赵境,东与齐境,卒戍四方,守亭鄣者不下十万。梁之地势,固战场也。梁南与楚而不与齐,则齐攻其东;东与齐而不与赵,则赵攻其北;不合于韩,则韩攻其西;不亲于楚,则楚攻其南:此所谓四分五裂之道也。②

这是说魏国方圆不到一千里,军队不过30万人,地势四处平坦,诸侯可以四面会集,没有名山大川的遮挡。从郑邑到大梁,只有200多里,车奔人行,不费多大力气就能到达。魏国南面和楚国交界,西面和韩国交界,北面和赵国交界,东面和齐国交界,军队戍卫四方边境以及驻守亭障的人数,不少于10万人,这种地势本来就像战场。假如魏国和楚国交往,而不和齐国交往,齐国就会攻打东面;和齐国交往,而不和赵国交往,赵国就会攻北部;不和韩国交好,韩国就会攻打西

---

① 《史记》卷七〇《张仪列传》,第2284—2285页。
② 《史记》卷七〇《张仪列传》,第2285页。

面；不和楚国亲善，楚国就会攻打南面。这就是所谓国土易被瓜分的处境。

基于上述分析，张仪接着强调合纵方略的不可行性，因为各国诸侯联合起来的目的，是想借以安定社稷，提高君主的威望，增强军队的力量，进而名扬天下，而今主张合纵的人，是想统一天下，让各国诸侯约为兄弟，在洹水上杀白马歃血为盟，以坚定彼此的诚意。然而，即使同胞兄弟，都会出现争夺钱财的情形，而凭借虚伪狡诈，重复苏秦的余谋，显然不可能能成功。张仪继续劝说道：

> 大王不事秦，秦下兵攻河外，据卷、衍、〔燕〕、酸枣，劫卫取阳晋，则赵不南，赵不南而梁不北，梁不北则从道绝，从道绝则大王之国欲毋危不可得也。秦折韩而攻梁，韩怯于秦，秦韩为一，梁之亡可立而须也。此臣之所为大王患也。为大王计，莫如事秦。事秦则楚、韩必不敢动；无楚、韩之患，则大王高枕而卧，国必无忧矣。①

依照张仪的说法，魏襄王不侍奉秦国，秦国将会出兵进攻河外，占据卷、衍、燕、酸枣等地，胁迫卫国以取阳晋，这样赵国就不能南下。赵国不能南下，魏国就不能北上；魏国不能北上，合纵之路就会断绝；合纵之路断绝，魏国的处境就危险了。倘若秦国制服韩国，再来进攻魏国，韩国惧怕秦国，与秦国合为一体，魏国的灭亡就在眼前了。所以，为魏王着想，不如侍奉秦国。侍奉秦国，楚、韩两国必不敢动；没有楚、韩两国的祸害，魏王就可以高枕而卧，魏国就没有什么忧患。

张仪一番高谈阔论，从魏国的地理形势，说到周边环境的特点；从合纵主张的缺陷，说到连横方略的意义；从各诸侯国的关系，说到魏国的外交抉择，层层深入，步步紧逼，确实很能说服人。经过这么一说，魏襄王果然如梦初醒，当即背弃合纵的盟约，借着张仪的关系，倒向秦国的阵营。张仪的连横方略，至此得见成效。

（三）游说楚怀王

在诱使魏襄王屈服之后，张仪返回秦都咸阳，再次坐上秦相之位。秦惠文王打算进攻齐国，顾忌到齐楚两国同盟，秦国的南侧尚不安全，就派张仪出使楚国，诱使楚怀王与齐国断交。但是，因为秦国没有兑现承诺，献出商於之地，楚怀王自觉被欺骗，为了报复秦国，先后发动了丹阳、蓝田之战，但都遭到了失败。

---

① 《史记》卷七〇《张仪列传》，第 2285—2286 页。

秦惠文王后元十四年(前311),为了得到楚国黔中地区,秦国要挟楚怀王,表示愿用武关以外的土地和楚国交换。楚怀王为了报往日受欺之恨,表示愿意用黔中地区换取张仪。秦惠文王想答应,可嘴上不忍说出来,张仪就自己请求去楚国。秦惠文王担心楚怀王会报复张仪,就问张仪到了楚国要怎么办。张仪回答说:"秦强楚弱,臣善靳尚,尚得事楚夫人郑袖,袖所言皆从。且臣奉王之节使楚,楚何敢加诛。假令诛臣而为秦得黔中之地,臣之上愿。"①可见张仪是个有胆略的人,他以秦国的强大为后盾,以他与楚大夫靳尚的私交为保障,自信出使楚国不会遭遇不测。因此,秦惠文王就派张仪再次出使楚国。

张仪再次来到郢都,利用他和靳尚、郑袖的关系,使楚怀王不但没有加害于他,反而对之前的无理要求表示后悔,又如先前那般敬重张仪。张仪即将离开郢都时,听到了苏秦被刺死的消息,为了实现连横方略,再度进劝楚怀王说:

> 秦地半天下,兵敌四国,被险带河,四塞以为固。虎贲之士百余万,车千乘,骑万匹,积粟如丘山。法令既明,士卒安难乐死,主明以严,将智以武,虽无出甲,席卷常山之险,必折天下之脊,天下有后服者先亡。且夫为从者,无以异于驱群羊而攻猛虎,虎之与羊不格明矣。今王不与猛虎而与群羊,臣窃以为大王之计过也。

> 凡天下强国,非秦而楚,非楚而秦,两国交争,其势不两立。大王不与秦,秦下甲据宜阳,韩之上地不通。下河东,取成皋,韩必入臣,梁则从风而动。秦攻楚之西,韩、梁攻其北,社稷安得毋危?

> 且夫从者,聚群弱而攻至强,不料敌而轻战,国贫而数举兵,危亡之术也。臣闻之,兵不如者勿与挑战,粟不如者勿与持久。夫从人饰辩虚辞,高主之节,言其利不言其害,卒有秦祸,无及为已。是故愿大王之孰计之。②

依照张仪的说法,秦国领土相当于半个天下,兵力可抵四方邻国,又占据险要的地势,还有黄河环绕,四面阻塞,牢不可破。有虎贲之士一百多万、战车一千辆、战马一万匹,储存的粮食堆积如山丘。秦军法令严明,士卒安于苦难、乐于牺牲,君主贤明有威严,将领善谋又勇武,一旦出兵征战,就会轻而易举夺得险要的

---

① 《史记》卷七〇《张仪列传》,第2288—2289页。
② 《史记》卷七〇《张仪列传》,第2289—2290页。

常山,折断天下的脊背,天下诸侯中后来臣服的,必定先被灭亡。况且那些主张合纵的人,无异于驱赶羊群去攻击猛虎。虎和羊不成对手,是再明显不过的。现在楚王不和猛虎交往,而和羊群结伴,实在是一种错误的打算。现今天下的强国不是秦国就是楚国,不是楚国就是秦国,秦楚两国如果相互争斗,将势不两立。楚王如果不和秦国交往,秦国出兵占据宜阳,韩国的上党地区就被隔绝;秦国再攻取河东、成皋,韩国必定向秦国臣服,届时魏国也将闻风而动。这样一来,秦国进攻楚国的西面,韩、魏两国进攻楚国的北面,楚国怎能不危急呢?那些主张合纵的人,聚集一群弱国去攻伐最强大的国家,不衡量敌方的实力而轻易作战,国家贫困而经常出动军队,这是导致危亡的做法。所以说,兵力不如敌方,就不要向敌方挑战;粮食不如敌方,就不要和敌方持久作战。而那些主张合纵的人,专讲一些好听而空洞的话,抬高君主的气节,只说合纵的好处,却不说合纵的坏处,一旦遭受来自秦国攻击的祸患,就来不及制止了。

经过这么一说,楚怀王基于楚国的国家利益,赞同张仪的说法,楚大夫屈原反对说:"前大王见欺于张仪,张仪至,臣以为大王烹之;今纵弗忍杀之,又听其邪说,不可。"楚怀王解释说:"许仪而得黔中,美利也。后而倍之,不可。"①所以最终接受了连横方略,恢复了与秦国的亲善关系。

(四)游说四国

张仪离开楚国之后,转而去往韩都新郑,继续兜售连横方略。他劝说韩宣王背弃合纵,转而倒向秦国一边。他说道:

> 大王不事秦,秦下甲据宜阳,断韩之上地,东取成皋、荥阳,则鸿台之宫、桑林之苑非王之有也。夫塞成皋,绝上地,则王之国分矣。先事秦则安,不事秦则危。夫造祸而求其福报,计浅而怨深,逆秦而顺楚,虽欲毋亡,不可得也。故为大王计,莫如为秦。秦之所欲莫如弱楚,而能弱楚者莫如韩。非以韩能强于楚也,其地势然也。今王西面而事秦以攻楚,秦王必喜。夫攻楚以利其地,转祸而说秦,计无便于此者。②

依照张仪的说法,韩国不侍奉秦国,秦国就会出兵占据宜阳,切断新郑与上

---

① 并见《史记》卷七〇《张仪列传》,第2292页。
② 《史记》卷七〇《张仪列传》,第2294页。

地的联系,接着向东夺取成皋、荥阳,这样韩国的领土就会被割裂。所以对韩国来说,先侍奉秦国就安全,不侍奉秦国就危险;为韩国出路考虑,还是应该侍奉秦国。秦国对外扩张的意图莫如削弱楚国,能够削弱楚国的国家莫如韩国。这不是因为韩国比楚国强大,而是因为韩国所处的地理形势。韩国侍奉秦国而进攻楚国,进攻楚国可获取土地,既能转移自身的祸患,又能取悦于秦国,没有比这更适宜的计谋。于是,韩宣王接受了张仪的建议。张仪回到咸阳,向秦惠文王做了汇报,秦惠文王赏赐他五个邑,封他为武信君。

为了推行连横方略,秦惠文王派张仪继续游说各国诸侯。张仪来到齐都临淄,进见齐宣王,分析合纵方略的谬误,强调秦国的绝对优势,进而希望齐宣王着眼于齐国的长远利益,与秦国发展友善关系。张仪说:

> 今秦楚嫁女娶妇,为昆弟之国。韩献宜阳;梁效河外;赵入朝渑池,割河间以事秦。大王不事秦,秦驱韩梁攻齐之南地,悉赵兵渡清河,指博关,临菑、即墨非王之有也。国一日见攻,虽欲事秦,不可得也。①

依照张仪的说法,秦楚两国通过联姻,已经结成兄弟盟国。韩国献出宜阳,魏国献出河外,赵国割让河间,都来侍奉秦国。齐国如果不侍奉秦国,秦王就会指使韩、魏两国进攻齐国的南方,赵国出兵直指博关。到了那个时候,齐王就不再拥有临淄、即墨了,即使想要侍奉秦国,也不可能实现。这分明带有一种威胁的意味,但齐宣王从现实考虑,还是赞同张仪的说法。

接下来,张仪赶到赵都邯郸,进见赵惠文王,分析合纵方略的谬误,强调秦国的绝对优势,表明秦国的基本立场。他谈道:

> 今楚与秦为昆弟之国,而韩梁称为东藩之臣,齐献鱼盐之地,此断赵之右臂也。夫断右臂而与人斗,失其党而孤居,求欲毋危,岂可得乎?今秦发三将军:其一军塞午道,告齐使兴师渡清河,军于邯郸之东;一军军成皋,驱韩梁军于河外;一军军渑池。约四国为一以攻赵,赵(服)〔破〕,必四分其地。是故不敢匿意隐情,先以闻于左右。臣窃为大王计,莫如与秦王遇于渑池,面相见而口相结,请案兵无攻。②

这是说秦楚两国已经结成兄弟盟国,而韩国和魏国已经成为秦国的藩属,齐

---

① 《史记》卷七〇《张仪列传》,第 2295 页。
② 《史记》卷七〇《张仪列传》,第 2296 页。

国献上鱼盐之地,由此斩断了赵国的右臂。这样赵国再与秦国争斗,就会陷入孤立无援的境地。而今秦国派出三支部队:一支部队堵塞午道,通知齐国出兵渡过清河,驻扎在邯郸东郊;一支部队驻扎在成皋,指使韩、魏两国出兵驻扎在黄河南岸;一支部队驻扎在渑池。楚、韩、魏、齐四国一起进攻赵国,必定击破赵国,瓜分赵国的领土。所以为赵王考虑,不如与秦王在渑池会晤,当面做一个口头协定,请求秦国按兵不动。这一军事部署和外交活动,或出自张仪的设想,或是与秦惠文王商定的决策,是连横方略的具体反映。对此,赵惠文王当即表示赞同,愿意侍奉秦国。

张仪离开邯郸,又前往蓟城进见燕昭王,分析燕赵两国的关系,以赵襄子袭杀代王为例,说明赵国不可信赖,燕国只有亲附于秦国,才能保障燕国的安全。他谈道:

> 今赵王已入朝渑池,效河间以事秦。今大王不事秦,秦下甲云中、九原,驱赵而攻燕,则易水、长城非大王之有也。且今时赵之于秦犹郡县也,不敢妄举师以攻伐。今王事秦,秦王必喜,赵不敢妄动,是西有强秦之援,而南无齐赵之患,是故愿大王孰计之。①

这里,张仪以渑池之会为借口,谎称赵惠文王已经献出河间之地,朝拜秦惠文王,侍奉秦国。如果燕国不侍奉秦国,秦国就将出兵直下云中、九原,指使赵国进攻燕国,那么易水、长城就不再为燕国所有了。何况赵国对秦国来说,犹如一个郡县,不敢轻易出兵进攻别国。燕国若是侍奉秦国,就等于西面得到秦国的支援,而南面解除了齐、赵两国的祸患。燕昭王接受张仪的建议,表示愿意献出恒山脚下五座城,西面侍奉秦国。

张仪实现连横的方略,对于秦国统治者来说,本该是皆大欢喜的事情。可没等到张仪回国,秦惠文王便溘然逝世。秦武王嬴荡当太子时,就不怎么喜欢张仪,等他继承王位以后,有些大臣诽谤张仪说:"无信,左右卖国以取容。秦必复用之,恐为天下笑。"②这是说张仪没有信义,反复不定地出卖国家,以窃取尊贵的地位。因此,张仪不但没得到应有的奖赏,反而在朝廷上备受排斥。

各国诸侯听说张仪和秦武王有嫌隙,纷纷背叛连横之约,重新回到合纵的队

---

① 《史记》卷七〇《张仪列传》,第 2298 页。
② 《史记》卷七〇《张仪列传》,第 2298 页。

列,而齐宣王还派使者来咸阳,责备秦国重用张仪。张仪担心遭遇不测,进见秦武王说:"为秦社稷计者,东方有大变,然后王可以多割得地也。今闻齐王甚憎仪,仪之所在,必兴师伐之。故仪愿乞其不肖之身之梁,齐必兴师而伐梁。梁齐之兵连于城下而不能相去,王以其间伐韩,入三川,出兵函谷而毋伐,以临周,祭器必出。挟天子,图案籍,此王业也。"①秦武王认为有道理,就派出战车30辆,送张仪到魏国。魏襄王看重张仪的名气,马上任用他为相。

这一消息传到齐国,齐宣王果然出兵攻打魏国。魏襄王有些害怕,就向张仪征求对策。张仪急忙派门客冯喜去楚国,借楚国的名义出使齐国,对齐宣王说:"王甚憎张仪,虽然,亦厚矣王之托仪于秦也。"齐宣王问是怎么回事,冯喜回答说:"是乃王之托仪也。夫仪之出也,固与秦王约……秦王以为然,故具革车三十乘而入之梁也。今仪入梁,王果伐之,是王内罢国而外伐与国,广邻敌以内自临,而信仪于秦王也。此臣之所谓'托仪'也。"②齐宣王认为有道理,就下令罢兵归国。张仪任魏相仅一年,就在魏都大梁去世。

在战国历史上,以苏秦、张仪为代表的纵横家游走于诸侯列国之间,以合纵、连横的外交方略,影响了历史的进程,备受时人和后人的关注。时人景春与孟子叙谈,看重张仪的个人作用,"一怒而诸侯惧,安居而天下熄"③,把张仪称为"大丈夫",但孟子不以为然。过了二百年左右,司马迁为苏秦、张仪立传,记述他们的外交活动,特别评论张仪说:"夫张仪之行事甚于苏秦,然世恶苏秦者,以其先死,而仪振暴其短以扶其说,成其衡道。要之,此两人真倾危之士哉!"④

二 五国伐秦

秦惠文王称王之后,山东诸侯在魏相公孙衍的斡旋下,联合进攻秦国。但这次五国伐秦遭到失败,秦惠文王趁势出兵东进,相继在修鱼、岸门大破韩军。同

---

① 《史记》卷七〇《张仪列传》,第 2299 页。
② 《史记》卷七〇《张仪列传》,第 2299 页。
③ 《孟子·滕文公下》,见杨伯峻编著:《孟子译注》卷六,中华书局 1960 年版,第 140 页。
④ 《史记》卷七〇《张仪列传》,第 2304 页。

时,为了报复义渠的突袭,秦惠文王发动反击之战,从义渠国夺取了大片土地。

(一) 五国伐秦

秦惠文王后元元年(前324),秦惠文王派张仪率军进攻魏国,夺取了陕。

秦惠文王后元二年(前323),韩宣惠王应公孙衍的邀约,与魏、赵、燕、中山"五国相王"。这实际上是一次合纵活动,引起了秦惠文王的关注。为了回应这次合纵活动,秦惠文王派张仪前往啮桑(在今江苏沛县),与齐国相、楚国令尹会晤,讨论诸侯各国的关系问题。

秦惠文王后元三年(前322),张仪从啮桑返回咸阳,被秦惠文王免去相职,随之转往魏国为相。张仪劝说魏惠王臣服于秦国,而使各国诸侯仿效跟进,但被魏惠王拒绝。因此,秦惠文王出兵进攻魏国,夺取了曲沃、平周,而在暗中支持张仪,给他送去更多财物。

秦惠文王后元六年(前319),魏惠王罢黜张仪,改用公孙衍为相。公孙衍致力于联合山东各国,以共同对付秦国。

秦惠文王后元七年(前318),在公孙衍的斡旋下,楚、赵、魏、韩、燕五国联合进攻秦国,名义上以楚怀王为合纵长,实际上出兵的只有韩、赵、魏三国。等到韩、赵、魏三国联军进抵函谷关,秦惠文王出兵迎敌,迅速将联军击退。

(二) 修鱼、岸门之战

秦惠文王后元八年(前317),为了报复五国伐秦,秦惠文王派遣庶长嬴疾率军攻打韩国,进至修鱼(今河南原阳)①,击败了韩太子奂、赵公子渴的军队,斩杀了8.2万人,俘虏了韩将鲠和申差。作为五国伐秦的主谋,公孙衍不便继续留在魏国,被迫转往韩国。

修鱼之战,极大地震惊了山东列国,韩国君臣焦急不安。韩相公仲朋建议韩宣惠王说:"与国非可恃也。今秦之欲伐楚久矣,王不如因张仪为和于秦,赂以一名都,具甲,与之南伐楚,此以一易二之计也。"②这种割让一座城来贿赂秦国,而后与秦国联合攻打楚国,以获取更多利益的计谋,其实并不容易实现。但韩宣

---

① 参见晁福林:《五国攻秦与修鱼之战考》,《安徽史学》1996 年第 1 期。
② 《史记》卷四五《韩世家》,第 1870 页。

惠王觉得不错,就派公仲朋准备赴秦国,与秦国订立和约。

这件事情传到楚国,楚怀王大为恐慌,召来陈轸商议对策。陈轸分析说:

> 秦之欲伐楚久矣,今又得韩之名都一而具甲,秦韩并兵而伐楚,此秦所祷祀而求也。今已得之矣,楚国必伐矣。王听臣为之警四境之内,起师言救韩,命战车满道路,发信臣,多其车,重其币,使信王之救己也。纵韩不能听我,韩必德王也,必不为雁行以来,是秦韩不和也,兵虽至,楚不大病也。为能听我绝和于秦,秦必大怒,以厚怨韩。韩之南交楚,必轻秦;轻秦,其应秦必不敬:是因秦、韩之兵而免楚国之患也。①

依照陈轸的分析,应对秦、韩两国联合进攻楚国的计谋,关键在于拆散秦、韩两国的联合。这需要楚国发布紧急动员令,征调军队,声称救助韩国,以得到韩国的信任。纵然韩宣惠王不完全相信,也不会全力进攻楚国,这样秦、韩两国就不和睦,对楚国就不会构成危害。倘若韩宣惠王相信楚国的声援,与秦国断绝往来,就能使楚国避免祸患。楚怀王表示赞同,随即紧急动员军队,宣称发兵救援韩国,并且把战车布满道路,派出信使携带许多援助钱物,以大批车辆随行,去告诉韩宣惠王,说楚国愿意与韩国站在一起,共同对付秦国。韩宣惠王得到楚国的声援,就让公仲朋停止与秦国议和。

公仲朋估计楚国言而无信,坚持与秦国议和,继续进劝韩宣惠王说:

> 夫以实伐我者秦也,以虚名救我者楚也。王恃楚之虚名,而轻绝强秦之敌,王必为天下大笑。且楚韩非兄弟之国也,又非素约而谋伐秦也。已有伐形,因发兵言救韩,此必陈轸之谋也。且王已使人报于秦矣,今不行,是欺秦也。夫轻欺强秦而信楚之谋臣,恐王必悔之。②

显然,在公仲朋看来,依靠实力进攻韩国的,是秦国,而以虚名援助韩国的,是楚国。楚、韩两国既不是兄弟国家,又没有联合进攻秦国的协议,所以韩国不能凭借楚国的虚名,轻易地与秦国断绝关系。况且秦、韩两国正准备议和,不能轻视和欺骗秦国,而听信楚国的计谋。这一分析和判断符合实情和常理,但韩宣惠王听不进去,断绝了和秦国的交往。秦惠文王闻讯大怒,马上增兵攻打韩国,而楚国并未出兵来援。

---

① 《史记》卷四五《韩世家》,第 1870 页。
② 《史记》卷四五《韩世家》,第 1870—1871 页。

秦惠文王后元十一年（前314），秦庶长嬴疾率军攻打韩国，进至岸门（在今河南长葛）。韩宣惠王任命公孙衍为主将，领兵迎敌。结果，秦军大破韩军，斩杀了一万人。公孙衍被迫逃走，秦军进逼韩都新郑。

经过岸门之战，韩宣王不得不向秦国屈服，派太子仓到秦国做质子，秦惠文王同意与韩国缔结和约。这一系列军事和外交活动表明，韩国因为自身缺乏实力，处于不利的四战之地，难以维护本国的安全和利益，所以，在秦国的军事打击下，不得不屈服于秦国，并与秦国站在一起，投入了随后对楚国的战争。

（三）义渠之战

义渠，本为西戎的一个部落，附属于周王室，生活在渭北地区。周平王东迁之际，义渠首领脱离周王室，正式建立国家，而后出兵，吞并了其他西戎部落，迅速发展壮大，成为秦国的北部强敌。秦惠文君十一年（前327），秦国攻占了义渠国，设置为一个县，义渠君臣服于秦国。

秦惠文王后元七年（前318），正当公孙衍策划五国伐秦之际，义渠君出访魏都大梁。为了唆使义渠从西北方进攻秦国，配合五国伐秦，公孙衍接见义渠君时说："中国无事于秦，则秦且烧焫获君之国；中国为有事于秦，则秦且轻使重币，而事君之国也。"[①]义渠君明白公孙衍的意思，当即表示赞同。

没过多久，五国联军开始伐秦。陈轸进见秦惠文王说："义渠君者，蛮夷之贤君，王不如赂之，以抚其心。"这分明是一种款夷之策，用以笼络义渠君，使秦国避免腹背受敌。秦惠文王采纳了这一计谋，特派使者携带刺绣一千匹、美女一百名，送给义渠君。义渠君得到这些馈赠，却召集群臣商议，认为"此乃公孙衍之所谓也"[②]，于是起兵突袭秦国，大败秦军于李帛。秦惠文王不明就里，所以吃了一次大亏。

秦惠文王后元十一年（前314），岸门之战结束之后，秦军大举进攻义渠，夺取了徒泾等25座城，义渠国自此一蹶不振。秦惠文王既报了李帛之仇，又向西北拓展了大片领土。

---

① 《战国策》卷四《秦二》，第144页。
② 并见于《战国策》卷四《秦二》，第145—146页。

三 攻取巴蜀

巴国和蜀国,是西南地区的两个古国。巴国在今重庆,建都于巴(今重庆渝中);蜀国在今四川,建都于广都(今四川广汉)。其中,蜀国与秦国接壤,从秦族建国开始,就与秦国有联系,也有冲突。相传蜀开明王徙治成都(今四川成都),传位于卢帝,"卢帝攻秦,至雍"①。这是说秦人建国之初,以雍(今陕西凤翔)为都城的时候,蜀国曾经进攻秦国,一直攻到雍城。然而,秦蜀关系处于发展变化中,秦厉共公二年(前475),"蜀人来赂"②,就是两国交往的开端。随着秦国开疆拓土,秦蜀两国的矛盾加深,本属于蜀国的南郑(今陕西汉中南郑区),成为双方争夺的焦点。南郑位于汉中中部,具有重要的战略地位。秦厉共公二十六年(前451),"左庶长城南郑"③,表明秦国已夺取南郑,并且开始筑城。但蜀国没放弃南郑,至秦躁公二年(前441),"南郑反"④,南郑又归于蜀国。秦国也不善罢甘休,惠公十三年(前387),"伐蜀,取南郑"⑤。但就在此年,秦惠公去世,其子出公继位。蜀国趁秦国君主更替而无暇外顾之机,又夺回了南郑⑥。

至于巴国,春秋时期与楚、秦两国有一定的联系。如秦出子元年(前703),巴国作为楚国的附庸,出兵攻伐鄾国(在今湖北襄阳)。秦德公二年(前676),巴国出兵伐楚,取得了胜利。秦康公十年(前611),秦、巴两国共同出兵援助楚国,灭掉了庸国(在今湖北竹山)。秦悼公十五年(前477),巴国出兵伐楚,被击败于

---

① [晋]常璩撰,刘琳校注:《华阳国志新校注》卷三《蜀志》,四川大学出版社2015年版,第103页。
② 《史记》卷一五《六国年表》,第688页。
③ 《史记》卷一五《六国年表》,第697页。
④ 《史记》卷一五《六国年表》,第700页。
⑤ 《史记》卷五《秦本纪》,第200页。
⑥ 关于此年南郑的归属,《史记》记述不一致。《秦本纪》载:"十三年,伐蜀,取南郑。"(第200页)《六国年表》载,秦惠公十三年,"蜀取我南郑"(第713页)。梁玉绳曰:"《纪》《表》前此书'秦城南郑'及'南郑反'矣,则南郑非蜀土也。《史诠》曰:'《史表》"蜀取我南郑",当从《史表》为是。'"见《史记志疑》,第138页。

鄾（在今湖北襄阳）。"是后，楚主夏盟，秦擅西土，巴国分远，故于盟会希。"①战国时期，巴君曾经与楚国通婚，相传巴国发生战乱，应巴蔓子将军的请求，楚王出兵援助。而秦国和巴国的关系，从历史上看，因为蜀国的隔离和交通的阻隔，倒是比较疏远。

从秦献公、孝公到惠文王继位之初，主要致力于变法图强与攻伐魏国，加上关中与巴蜀交通不便，秦国与巴、蜀两国缺乏交往。秦惠文君元年（前337），蜀国和楚、韩、赵诸国遣使来秦国，祝贺秦惠文君即位，秦惠文君与巴、蜀两国修好。但从相关史料来看，秦惠文君致力于对外扩张，也怀有吞并巴蜀地区的野心。如《华阳国志》记述：

> 周显王之世，蜀王有褒汉之地。因猎谷中，与秦惠王遇，惠王以金一笥遗蜀王，王报珍玩之物，物化为土。惠王怒，群臣贺曰："天奉我矣，王将得蜀土地。"惠王喜。②

这段记载虽有传说的成分，但从中不难看出秦国君臣兼并蜀国的野心。秦蜀之间的战争不可避免。秦国伐蜀最大的困难是入蜀的道路艰险，这一问题在秦惠文王时初步得到了解决。张守节《史记正义》引《括地志》云："昔秦欲伐蜀，路无由入，乃刻石为牛五头，置金于后，伪言此牛能屎金，以遗蜀。蜀侯贪，信之，乃令五丁共引牛，堑山堙谷，致之成都。秦遂寻道伐之，因号曰石牛道。"③蜀王因为贪图财货，派出五名大力士去运回石牛，在把石牛运回蜀国的过程中，开辟了一条入蜀的"石牛道"。这个传说在《水经注》中也有记载："秦惠王欲伐蜀而不知道，作五石牛，以金置尾下，言能屎金。蜀王负力，令五丁引之，成道。秦使张仪、司马错寻路灭蜀，因曰石牛道。"④这个故事说明，在战国中期已经有了自秦入蜀的道路。

随着蜀国疆域的拓展，蜀王分封其弟葭萌于汉中，号为苴侯，其都城亦名葭萌（今四川广元昭化区）。苴侯与巴王交好，而巴国与蜀国有世仇，蜀王对其弟亲近仇国非常不悦，一怒之下出兵攻打苴国。苴侯逃到巴国避难，巴王无力对抗

---

① 《华阳国志新校注》卷一《巴志》，第11页。
② 《华阳国志新校注》卷三《蜀志》，第104页。
③ 《史记》卷五五《留侯世家》，第2038页。
④ ［北魏］郦道元著，［清］王先谦校：《合校水经注》卷二十七《沔水一》引《本蜀论》，中华书局2009年版，第411页。

蜀国,情急之下向秦国求救。这样一来,蜀国与巴国之间的矛盾,就成为秦国伐蜀的一个导火索。

秦惠文王后元九年(前316),巴、蜀两国的使者都来到咸阳,向秦国告急求救。这给秦国出兵巴蜀提供了一个有利时机。秦惠文王打算派兵进攻蜀国,却顾虑道路艰险,难以到达,加上韩国又来侵犯,所以犹豫不决,于是召见司马错、张仪商讨对策。司马错请求秦惠文王出兵伐蜀,而张仪坚持攻韩。张仪解释说:

> 亲魏善楚,下兵三川,塞轘辕、缑氏之口,当屯留之道,魏绝南阳,楚临南郑,秦攻新城、宜阳,以临二周之郊,诛周主之罪,侵楚、魏之地。周自知不救,九鼎宝器必出。据九鼎,按图籍,挟天子以令天下,天下莫敢不听,此王业也。今夫蜀,西僻之国,而戎狄之长也,弊兵劳众不足以成名,得其地不足以为利。臣闻:"争名者于朝,争利者于市。"今三川、周室,天下之市朝也,而王不争焉,顾争于戎狄,去王业远矣。①

张仪认为,秦国应该先同魏、楚两国亲善,然后出兵三川,堵塞轘辕、缑氏的隘口,挡住屯留的道路。等魏国切断南阳的交通,楚国进攻新郑的时候,秦国再去攻打新城、宜阳,进逼东、西二周的城郊,就能够声讨周王的罪恶,夺取楚、魏两国的土地。周王室自知无法挽救,必定会献出九鼎宝器。秦国据有九鼎宝器,获得天下的图籍,挟天子以令天下,各国诸侯都会听从命令,这是帝王的大业。蜀国处于僻远之地,属于戎狄的族类。如果兴师动众去攻打,弄得疲惫不堪,仍不足以成就功名;即使夺得它的土地,对秦国也算不上什么好处。都说"争名的人要去朝廷,争利的人要去市场",现在三川之地和周王室,就是天下的朝廷和市场,而秦国不去争取,却去攻夺戎狄之地,完全偏离了帝王的大业。然而,对于张仪的看法,司马错表示反对,并且辩驳道:

> 臣闻之,欲富国者,务广其地;欲强兵者,务富其民;欲王者,务博其德。三资者备,而王随之矣。今王之地小民贫,故臣愿从事于易。夫蜀,西僻之国也,而戎狄之长也,而有桀、纣之乱。以秦攻之,譬如使豺狼逐群羊也。取其地,足以广国也;得其财,足以富民;缮兵不伤众,而彼已服矣。故拔一国,而天下不以为暴;利尽西海,诸侯不以为贪。是我一举而名实两附,而又有禁暴正乱之名。今攻韩劫天子,劫天子,恶

---

① 《战国策》卷三《秦一》,第115—116页。

名也,而未必利也,又有不义之名,而攻天下之所不欲,危!臣请谒其故:周,天下之宗室也;齐,韩、周之与国也。周自知失九鼎,韩自知亡三川,则必将二国并力合谋,以因于齐、赵,而求解乎楚、魏。以鼎与楚,以地与魏,王不能禁。此臣所谓"危",不如伐蜀之完也。①

司马错认为,国家要想富裕,务必扩张领地;军队要想强大,务必要使百姓富裕;君主要想称王天下,务必广施恩德。这三种资本都具备,王业就随之到来。而今秦国的领地狭小,百姓贫穷,所以应先从容易处着手。蜀国为西方僻远的国家,又属于戎狄的族类,有类似桀纣的内乱。动用秦国的兵力伐蜀,好比驱使豺狼追逐羊群。得到蜀国的土地,足以扩张秦国领土;获取蜀国的财物,足以使民众富裕,并有利于加强战备。不需要伤害民众,就能使对方降服。攻取一个国家,天下人不认为残暴;尽收蜀地之利,天下人不认为贪婪。这样只要一次出兵,就能得到功名和实利,又可获得禁暴止乱的美誉。与此相反,如果去进攻韩国,劫持周天子,只会落得一个恶名,未必有什么好处,而且顶着不义之名,去做天下人不愿做的事情,非常危险。因为周王室是天下的宗室,齐国是周王室、韩国的盟国。周王室自知会丧失九鼎,韩国自知会失去三川,就必定通力合谋,借着齐、赵两国的力量,求得楚、魏两国的和解。倘若周王室把九鼎送给楚国,或者把土地割让给魏国,秦国根本无法制止。所以,进攻韩国不如攻伐蜀国稳妥和有利。

张仪和司马错的辩论,体现出不同的战略抉择。大体说来,司马错偏重于获取实地,张仪则偏重于谋求外势。根据获取实地的谋略,趁着巴蜀相争的机会,加上秦国强大的力量,进攻蜀国必定成功;根据谋求外势的主张,依靠魏、楚两国的配合,挟天子以令天下,便可成就帝王大业。秦惠文王听过他们的辩论,认为司马错所言比较可取,因而决定出兵进攻蜀国。

这年秋天,张仪、司马错率军南下②,从石牛道进入蜀地。蜀王领兵在葭萌

---

① 《战国策》卷三《秦一》,第117—118页。
② 秦国伐蜀的主将,《战国策》缺少记载。《史记·秦本纪》记载,秦惠文王后元九年,"司马错伐蜀,灭之"。司马贞注引《蜀王本纪》曰:"张仪伐蜀,蜀王开战不胜,为仪所灭也。"(第207、208页)《史记·樗里子甘茂列传》载甘茂曰"始张仪西并巴蜀之地"(第2311页)。纪、传所述不一。《战国策》卷三《秦一》吴师道注:"《水经》云,秦自石牛道使张仪、司马错寻路伐蜀,灭之。《华阳国志》云,蜀王伐苴侯,苴侯奔巴,求救于秦,惠文王使张仪、司马错伐蜀,灭之。是二人同往也。"据此来看,张仪不仅参与了伐蜀,还是秦军的主将。

(在今四川广元)抵御秦军,交战失败之后,逃到武阴(今四川彭山)。蜀国太子率领残余的力量退到逢乡,最后也被秦军消灭。十月,秦军攻占了成都,灭掉了蜀国。秦惠文王下令贬黜蜀王,改号为侯,而封公子嬴通为蜀侯,任命陈庄为蜀相①,负责治理蜀地。"蜀既属秦,秦以益强,富厚,轻诸侯。"②这表明蜀地归属秦国以后,对秦国经济的发展和国际地位的提高,都有着重要的意义。

在平定蜀地之后,张仪等人挥师东指,顺利地占领了巴国,俘虏了巴王。据《华阳国志》记述:"仪贪巴、苴之富,因取巴,执王以归。置巴蜀及汉中郡,分其地为三十一县。"③即在巴地设郡,将其纳入秦国统治之下。

秦国攻取巴蜀之战,进行得较为顺利,几个月就结束了。然而,由于远离秦国的政治中心,蜀地具有一定的割据性质。秦惠文王后元十四年(前311),蜀相陈庄杀死蜀侯嬴通,背叛秦国。秦惠文王派遣甘茂、张仪、司马错率军进入蜀地。翌年,甘茂平定了蜀地,诛杀了蜀相陈庄④。此后,秦朝廷又封过两任蜀侯,但都与秦国相处不睦。秦昭襄王六年(前301),蜀侯嬴煇作乱,背叛秦国。秦昭襄王派司马错前去镇压,诛杀了嬴煇。直到秦昭襄王三十年(前277),秦昭襄王下令设立蜀郡,蜀地才得以安定。

在兼并巴蜀以后,秦国重视对巴蜀的经济开发,如修筑从秦国到巴蜀的栈道,安排大批移民进入巴蜀。蜀地本就物产丰富,"其宝则有璧玉、金、银、珠、碧、铜、铁、铅、锡、赭、垩、锦、绣、罽、氂、犀、象、毡、瓯、丹黄、空青、桑、漆、麻、纻之饶"⑤。优越的地理条件,为巴蜀地区的农业生产奠定了良好的基础,秦国治理巴蜀地区,又带入了关中地区先进的生产技术,促进了这一地区农业的发展。

秦国注重发展巴蜀的工商业。秦惠文王后元十五年(前310),张仪和张若

---

① 陈庄,刘向《新序》作"陈叔"。
② 《史记》卷七〇《张仪列传》,第2284页。
③ 《华阳国志新校注》卷一《巴志》,第12页。
④ 《史记》卷五《秦本纪》载,秦惠文王后元十四年,"蜀相壮杀蜀侯来降";秦武王元年,"诛蜀相壮"(第207、209页)。《华阳国志新校注》卷三《蜀志》曰:"陈壮反,杀蜀侯通国,秦遣庶长甘茂、张仪、司马错复伐蜀,诛陈壮。"(第107页)《资治通鉴》卷三《周纪三》胡三省注:"蜀相杀蜀侯,秦武王故诛之。《史记》'庄'作'壮'。案《秦纪》,秦既得蜀,使陈庄相蜀,从'庄'为是。"
⑤ 《华阳国志新校注》卷三《蜀志》,第97页。

修建成都、郫、临邛三座城,"城成都周回十二里,高七丈;郫城周回七里,高六丈;临邛城周回六里,高五丈"。张若主持修建成都城,"修整里阓,市张列肆,与咸阳同制",不仅修整了居民区,还考虑到市场管理,"置盐、铁、市官并长丞"①,即设立管理盐铁市场的机构和主管官员。因为筑城需要取土,在城外挖了一些大坑,张若又利用这些大坑,让民众放水养鱼。

巴蜀地区处于长江上游,顺流而下可达楚国,秦国兼并巴蜀以后,在伐楚行动中取得了居高临下的战略优势。张仪说:"秦西有巴蜀,大船积粟,起于汶山,浮江已下,至楚三千余里。舫船载卒,一舫载五十人与三月之食,下水而浮,一日行三百余里,里数虽多,然而不费牛马之力,不至十日而距扞关。扞关惊,则从境以东尽城守矣,黔中、巫郡非王之有。秦举甲出武关,南面而伐,则北地绝。"②这是说秦国从巴蜀地区出兵,乘船沿汉水下长江,顺流而下,不到十天就可到达楚国扞关(在今湖北长阳)。后来,秦国进攻楚国,就由司马错、张若率军从巴蜀出发,沿着长江、清江而下,夺取了楚国黔中之地。

总括而言,秦国攻取巴蜀以后,不仅扩大了秦国的疆域,增强了秦国的综合实力,而且占据长江上游地区,更有利于迂回进攻楚国,这就使秦国朝着统一天下的方向又迈出了一大步。

四 丹阳、蓝田之战

秦惠文王后元七年(前318),楚、赵、魏、韩、燕五国联合讨伐秦国,进军至函谷关。秦惠文王出兵迎敌,五国联军战败而退。各诸侯国经过重新组合,形成了秦、魏、韩三国连横集团与齐、楚合纵集团相对抗的格局。秦、齐两国"争长"天下,则成为诸侯国之间的头等大事。秦惠文王想要削弱齐国,却由于齐国与楚国相互亲善,一时拿不出什么好对策。直到后元十二年(前313),秦惠文王和张仪共同策划,想出了诓楚绝齐的计谋,于是就派张仪前往楚国,企图破坏齐楚关系。

楚怀王听说张仪到来,让人腾出最好的客舍接待,亲自与张仪会晤,请教治

---

① 并见《华阳国志新校注》卷三《蜀志》,第108页。
② 《史记》卷七〇《张仪列传》,第2290页。

理楚国的方法,张仪开门见山地说:

> 弊邑之王所说甚者,无大大王;唯仪之所甚愿为臣者,亦无大大王。弊邑之王所甚憎者,亦无先齐王;唯仪之甚憎者,亦无大齐王。今齐王之罪,其于弊邑之王甚厚,弊邑欲伐之,而大国与之欢,是以弊邑之王不得事令,而仪不得为臣也。大王苟能闭关绝齐,臣请使秦王献商於之地,方六百里。若此,齐必弱,齐弱则必为王役矣。则是北弱齐,西德于秦,而私商於之地以为利也,则此一计而三利俱至。①

依照张仪的说法,秦惠文王最喜欢楚王,他本人最愿意做楚王的臣子;秦惠文王最憎恶齐王,他本人也最憎恶齐王。齐王的罪恶,对秦国来说十分深重,秦国君主想讨伐他。只是楚国和齐国友好,所以秦王不能听从楚王的吩咐,张仪本人也不能做楚王的臣下。楚王如果封闭关卡,与齐国断绝往来,他就请秦惠文王献出商於之地,总共有六百里。这样一来,齐国失去外援,必定被削弱;齐国一旦被削弱,必定听从楚王的驱使。这样楚王在北面可以驱使齐国,在西面可以施惠于秦国,还可以私下获得商於之地,这是一项谋略而得到三种好处。

《史记·张仪列传》记述这段话说:

> 大王诚能听臣,闭关绝约于齐,臣请献商於之地六百里,使秦女得为大王箕帚之妾,秦楚娶妇嫁女,长为兄弟之国。此北弱齐而西益秦也,计无便此者。②

《史记·屈原列传》对此亦有记述:

> 秦欲伐齐,齐与楚从亲,惠王患之,乃令张仪详去秦,厚币委质事楚,曰:"秦甚憎齐,齐与楚从亲,楚诚能绝齐,秦愿献商、於之地六百里。"楚怀王贪而信张仪,遂绝齐,使使如秦受地。③

依据上述,张仪为了让楚国绝交于齐国,不但承诺奉上商於之地六百里,还承诺献秦女为楚王的臣妾,延续秦楚两国的政治联姻。楚怀王听后很高兴,当即接受了张仪的建议。楚国群臣都来祝贺,只有陈轸独自伤悼。楚怀王大为恼火,自以为不发一兵一卒而得到六百里土地,是一件有益的事情,因而质问陈轸。陈

---

① 《战国策》卷四《秦二》,第134页。
② 《史记》卷七〇《张仪列传》,第2287页。
③ 《史记》卷八四《屈原贾生列传》,第2483页。

轸认为这样做,楚国不但得不到秦国的商於之地,还会促使齐、秦两国联合起来,给楚国带来祸害,并且进一步解释说:

> 夫秦之所以重楚者,以其有齐也。今闭关绝约于齐,则楚孤。秦奚贪夫孤国,而与之商於之地六百里?张仪至秦,必负王,是北绝齐交,西生患于秦也,而两国之兵必俱至。善为王计者,不若阴合而阳绝于齐,使人随张仪。苟与吾地,绝齐未晚也;不与吾地,阴合谋计也。①

依照陈轸所言,秦国之所以重视楚国,是因为楚国有齐国做盟友。楚国如果与齐国断交,就会孤立无援,秦国怎么会偏爱孤立无援的楚国,白送商於六百里地呢?张仪回到秦国之后,必定背弃承诺。这样一来,楚国既与齐国断交,又与秦国结怨,秦、齐两国就会联合起来,进攻楚国。所以,陈轸建议楚怀王,暗中保持与齐国修好,而表面上假装两国绝交,派人随张仪去秦国,秦国果真割让土地,再与齐国绝交。哪知楚怀王听了,更加恼怒,指斥陈轸闭上嘴巴,而把楚国相印授给张仪,并且给张仪以重赏。随即下令与齐国断交,并派一位将军跟随张仪,前往秦国交割土地。

张仪自知事情难办,就在回国途中假装失手,从马车上跌下来,身受重伤,等返回咸阳之后,三个月都不上朝。楚怀王听到这个消息,以为张仪这么做,大概是顾虑到楚国不会真的与齐国断绝关系,因而派出勇士到宋国,借用宋国的符节,去大骂齐威王。齐威王闻讯大怒,马上同秦国结交。张仪得知楚齐两国断交,才出面接见楚使,说:"臣有奉邑六里,愿以献大王左右。"楚使辩解说:"臣受令于王,以商於之地六百里,不闻六里。"②张仪狡辩说,他本是一个卑微的人,哪会有六百里地?楚使交涉不成,只好回国复命。

这是《史记》所载楚怀王受欺绝齐的事迹,其中也许有一些夸饰的地方,但大体上还是可以相信的。商於之地在丹江中下游一带,是秦国毗邻楚国的边陲地区。张仪在楚怀王面前只是说:"大王诚能听臣,闭关绝约于齐,臣请献商於之地六百里。"这句话明显带有不确定的语气,最后的定夺要看秦惠文王。然而,楚怀王一听能轻易得到商於之地,不但答应马上与齐国断绝关系,还赶忙拿出相印授予张仪,同时送上丰厚的礼物,这能说不是利令智昏吗?至于张仪返回

---

① 《史记》卷七〇《张仪列传》,第 2287 页。
② 《史记》卷七〇《张仪列传》,第 2288 页。

秦国,秦国没有把商於之地割给楚国,主要有两种可能:一是这本就是楚国和齐国断绝关系之前,张仪和秦惠文王为诓骗楚怀王而故意设下的一个外交圈套;二是楚国和齐国断绝关系之后,张仪没有说通秦惠文王按他的承诺让出商於之地,给楚国以回报。

楚怀王得到报告,非常恼怒,转而想出兵报复秦国。陈轸出面劝阻说:"攻之不如割地反以赂秦,与之并兵而攻齐,是我出地于秦,取偿于齐也,王国尚可存。"①楚怀王还是听不进去,当即发兵进攻秦国。楚国屈匄统领大军,直取秦国商於之地。秦惠文王得到报告,任命庶长魏章为主将,其弟右更嬴疾为副将,率军迎战楚军,并且联络韩国出兵援助。

秦惠文王后元十三年(前312)春,秦、韩两国的军队与楚军激战于丹阳(今河南淅川),楚军惨遭失败,被斩杀了8万人,主将屈匄、裨将逢侯丑被俘虏。随后,秦军乘胜攻入汉中,夺取了六百里土地,设置了汉中郡。嬴疾受封于严道,号称严君。

丹阳之战后,楚怀王不甘心失败,又调集军队进攻秦国,直抵蓝田(今陕西蓝田),与秦军激战,再次遭到沉重的打击。韩、魏两国作为秦国的盟邦,也趁机南来袭击楚国,一直攻到邓城(今湖北襄阳)。楚怀王得到报告,被迫下令撤兵回救,而后割让两座城给秦国,以求媾和。

经过丹阳和蓝田之战,秦国夺取了汉中地区,使关中和巴蜀连成一片,不但增强了综合实力,更加剧了对楚国的威胁。楚国两次战败于秦,军事力量遭受重大损失,加上丧失汉中地区,整个国势急剧转衰。

五　甘茂攻克宜阳

秦武王嬴荡即位之后,调整了秦朝廷的权力运作机制。秦武王元年(前310),秦武王与魏襄王会晤于临晋(今陕西大荔),张仪、魏章被驱逐出秦,去往魏国。秦武王二年(前309),秦武王设置丞相一职,任命甘茂为左丞相,嬴疾为右丞相,建立了以丞相为首的中枢机构。基于秦国东扩的战略要求,秦武王出兵

---

① 《史记》卷七〇《张仪列传》,第2288页。

进攻韩国,发动了宜阳之战。

宜阳,位于今河南宜阳,是秦、韩两国之间的交通枢纽,也是韩国的军事重镇。韩景侯定都于阳翟(今河南禹州),设立了宜阳县。因为特殊的地缘关系,宜阳成为秦国东扩的战略要地。早在秦惠公九年(前391),秦国出兵进攻宜阳,夺取了六个邑。秦惠文君三年(前335),秦军再度进攻韩国,一度占领了宜阳。但到秦武王继位后,宜阳仍归属于韩国。

秦武王三年(前308),秦武王、魏襄王会晤于应城(今河南平顶山)。返回咸阳之后,秦武王对甘茂说:"寡人欲容车通三川,以窥周室,而寡人死不朽矣。"甘茂当即建议:"请之魏,约以伐韩,而令向寿辅行。"①于是,秦武王派甘茂前往魏国,约请魏襄王共同进攻韩国,而派向寿作为甘茂的助手。甘茂到达大梁,指派向寿回国报告秦武王说"魏听臣矣,然愿王勿伐"②,并且表示事成之后都算作向寿的功劳。秦武王听取报告之后,亲自赶到息壤迎接甘茂,询问不能攻打韩国的原因,甘茂回答说:

> 宜阳,大县也,上党、南阳积之久矣。名曰县,其实郡也。今王倍数险,行千里攻之,难。……始张仪西并巴蜀之地,北开西河之外,南取上庸,天下不以多张子而以贤先王。魏文侯令乐羊将而攻中山,三年而拔之。乐羊返而论功,文侯示之谤书一箧。乐羊再拜稽首曰:"此非臣之功也,主君之力也。"今臣,羁旅之臣也。樗里子、公孙奭二人者挟韩而议之,王必听之,是王欺魏王而臣受公仲侈之怨也。③

依照甘茂所言,宜阳是一个大县,实际上相当于郡。秦国攻打宜阳,需要越过重重险阻,千里跋涉,会遇到很多困难。这不只是对将领的考验,更需要秦武王的全力支持。甘茂自认为是一个寄居秦国的外籍人,指挥攻打宜阳,如果短期内不能获胜,而嬴疾、公孙奭等人借机非议,秦武王听信他们的话,那就无法继续作战,最终会背弃与魏襄王的约定,并遭受韩相公仲朋的怨恨。听完甘茂所说,秦武王表示不会听嬴疾、公孙奭的非议,并在息壤立下盟约。到了秋天,甘茂和庶长封一起率领大军,前去攻打宜阳。

---

① 《史记》卷七一《樗里子甘茂列传》,第2311页。
② 《史记》卷七一《樗里子甘茂列传》,第2311页。
③ 《史记》卷七一《樗里子甘茂列传》,第2311—2312页。

因为宜阳距离洛阳较近,洛阳是周王室的都城。秦军攻打宜阳,威胁到周王室的安全,引起了周王室的关注。周赧王既不能袖手旁观,又没有力量插手其间,于是召见谋臣赵累,寻求对策,两人有了一番问答。

　　　　秦攻宜阳,周君谓赵累曰:"子以为何如?"对曰:"宜阳必拔也。"君曰:"宜阳城方八里,材士十万,粟支数年,公仲之军二十万,景翠以楚之众,临山而救之,秦必无功。"对曰:"甘茂,羁旅也,攻宜阳而有功,则周公旦也;无功,则削迹于秦。秦王不听群臣父兄之义而攻宜阳,宜阳不拔,秦王耻之。臣故曰拔。"君曰:"子为寡人谋,且奈何?"对曰:"君谓景翠曰:'公爵为执圭,官为柱国,战而胜,则无加焉矣;不胜,则死。不如背秦援宜阳。公进兵,秦恐公之乘其弊也,必以宝事公;公中慕公之为己乘秦也,亦必尽其宝。'"①

　　这里,周赧王分析宜阳之战的形势,认为宜阳城方圆八里,有守城将士10万人,粮食储备可以支撑数年,还有韩相公仲朋统率的20万人,以及楚将景翠率领的军队,依山扎营,相机救援宜阳,秦国必定不能成功。这是比较重视战争胜败的物质因素。然而,赵累认为,甘茂作为秦国的客卿,攻打宜阳成功,可以成为秦国的周公旦;如果不成功,就会被革除官职,从秦国销声匿迹。何况秦武王不听群臣父兄的意见,执意攻打宜阳,如果攻不下来,就会以此为耻辱,所以必将攻克宜阳。这种看法更重视秦国君臣的必胜信念。周赧王有所醒悟,询问应对的办法。赵累建议采取利诱的手段,说服楚将景翠引兵援救宜阳,被周赧王采纳。

　　秦武王四年(前307),甘茂攻打宜阳,已经过了五个月,仍旧未能攻克。景翠抓住这一时机,率军赶来援救韩国。秦武王得到报告,马上割让煮枣(今山东东明)给楚国,而韩国得到楚军援救,也拿出许多宝物答谢景翠。景翠未损失一兵一卒,就获得这么大好处,因而很感激周王室。在秦朝廷上,嬴疾、公孙奭果然争相指责甘茂。秦武王召见甘茂,想要撤兵。甘茂提醒秦武王说:"息壤在彼。"秦武王想了一下,明白甘茂的意思,也简单地回复说:"有之。"②于是征调所有军队,增援甘茂。甘茂得到援兵之后,一举攻克了宜阳,消灭了韩军5万人。

　　宜阳之战后,秦军趁势越过黄河,占据了武遂(在今山西垣曲),并且修筑了

---

① 《战国策》卷一《东周》,第5页。
② 并见《史记》卷七一《樗里子甘茂列传》,第2312页。

城墙。韩襄王被迫派相国公仲朋来到秦国,向秦武王谢罪求和。魏襄王因受到秦国的威慑,也派太子到咸阳朝觐。

秦韩两国的宜阳之战,影响了诸侯各国的关系。当时,秦国向东周和西周借道,想要经由两周地区,进攻韩国。周王室担心借道会得罪韩国,不借又会得罪秦国。史厌进见东周武公说:"何不令人谓韩公叔曰:'秦之敢绝周而伐韩者,信东周也。公何不与周地,发质使之楚?'秦必疑楚不信周,是韩不伐也。又谓秦曰:'韩强与周地,将以疑周于秦也,周不敢不受。'秦必无辞而令周不受,是受地于韩而听于秦。"①这是一个平衡外交的权谋,不清楚它是否得到实施。

实际上,楚怀王出兵援救韩国,因为周王室帮助秦国,就准备进攻洛阳。苏代奉周赧王之命,前去游说楚怀王说:"何以周为秦之祸也?言周之为秦甚于楚者,欲令周入秦也,故谓'周秦'也。周知其不可解,必入于秦,此为秦取周之精者也。为王计者,周于秦因善之,不于秦亦言善之,以疏之于秦。周绝于秦,必入于郢矣。"②因为苏代的外交斡旋,周王室避免了一场战争。

秦武王身为君主,体格健壮,却喜欢跟人角力。大力士任鄙、乌获、孟说受秦武王的赏识,都做了高官。八月,秦武王来到洛阳,与孟说比赛举鼎,因为用力过猛,折断髌骨而死。秦武王没有后嗣,其异母弟嬴稷当时正在燕国做质子,被接回咸阳,继承王位,是为昭襄王。从此以后,秦国进入了昭襄王时代。

---

① 《史记》卷四《周本纪》,第162页。
② 《史记》卷四《周本纪》,第161页。

第六章　全面开战

秦昭襄王嬴稷 18 岁继位,75 岁逝世,前后在位 56 年,是秦国历史上在位时间最长的一位君主。这一时期秦国全面扩张,在伊阙、华阳之战中沉重地打击了韩、魏两国;参与五国伐齐之战,致使齐国濒临灭亡;在鄢郢之战中占领了楚国的都城;经过范雎的策划,确立了"远交近攻"的经国方略;在长平之战中极大地削弱了赵国,从而改变了秦国与山东列国的力量对比,形成了一国独大的格局,为秦国统一天下奠定了基础。

一　秦楚关系的演变

秦昭襄王继位之初,因为年少不能亲理朝政,就由其母宣太后称制。宣太后任用魏冉为将军,领兵驻守咸阳。秦昭襄王二年(前 305),秦统治者内部发生了权力斗争,庶长嬴壮与大臣、诸公子阴谋作乱,被魏冉诛灭。受这场内乱的牵连,秦惠文后被害死,悼武王后被送回魏国。那些与秦昭襄王不和睦的兄弟,也都被魏冉处死。经过这一系列权力斗争,宣太后亲自把持朝廷,任用魏冉执政,一时威震秦国。

从个人出身来看,秦宣太后芈氏本为楚人,魏冉是她的异父大弟,华阳君芈戎是她的胞弟。他们把持朝廷大权,与秦国宗室相比较,则属于楚系势力。因为这一特殊的关系,宣太后、魏冉执政之初,重视与楚国修好。秦昭襄王三年(前304),秦昭襄王与楚怀王相会于黄棘(今河南新野),把过去侵占的上庸之地归还楚国,秦楚两国的关系得到了改善。

秦昭襄王四年(前 303),在修复与楚国的关系后,秦国出兵攻打韩、魏两国,夺取了魏国的蒲阪、晋阳、封陵,夺取了韩国的武遂。同时,因为楚国背弃合纵同盟,齐、韩、魏三国联合出兵,进攻楚国。楚怀王派太子熊横作为人质,来到咸阳,向秦国求救。秦昭襄王派遣客卿通率军援救楚国,三国联军随之撤退。可是没过多久,熊横与一位秦大夫私斗,杀死了这位大夫,然后逃回楚国。这一事件激怒了秦昭襄王,秦楚关系发生了逆转。

秦昭襄王六年(前301),秦国出兵韩国,夺取了穰邑(在今河南邓州)。随后,秦昭襄王派遣庶长奂联合韩、魏、齐三国,出兵进攻楚国,大破楚军,斩杀了楚将唐眛以下两万人,夺取了重丘(今河南泌阳)。

秦昭襄王七年(前300),为了进一步打击楚国,秦昭襄王决定改善与齐国的关系,派遣泾阳君嬴巿去齐国做人质。同时,派遣华阳君芈戎率军进攻楚国,大破楚军,斩杀了楚将景缺以下三万人,攻克了新城(今河南襄城)。楚怀王大为恐慌,急忙把太子熊横送到临淄,请求齐湣王居中调停,消解秦楚两国的敌对状态。

秦昭襄王八年(前299),秦军继续进攻楚国,夺取了八座城。秦昭襄王写信给楚怀王,邀约他相会于武关(在今陕西商洛),以恢复两国的正常关系,其中谈到:

> 始寡人与王约为弟兄,盟于黄棘,太子为质,至欢也。太子陵杀寡人之重臣,不谢而亡去,寡人诚不胜怒,使兵侵君王之边。今闻君王乃令太子质于齐以求平。寡人与楚接境壤界,故为婚姻,所从相亲久矣。而今秦楚不欢,则无以令诸侯。寡人原与君王会武关,面相约,结盟而去,寡人之愿也。①

依照秦昭襄王的说法,秦楚两国为兄弟之邦,原先在黄棘盟誓,楚国派太子到秦国做人质,结成友好的关系。谁料楚太子残杀秦国重臣,不辞而逃亡,非常令人愤怒,因而派兵攻入楚国。听说楚太子要去齐国做人质,以求与齐国和解。要知道秦楚两国接壤,世代通婚,长期保持姻亲关系,而今秦楚关系恶化,就无法号令别的诸侯。所以希望与楚怀王相会于武关,通过当面协商,结成友好同盟。这篇颇怀善意的外交辞令,掩饰了秦昭襄王的真实用心。

这时候,秦国被山东六国称为"虎狼之国",颇为各国诸侯所忌惮。楚怀王接到这封信,感到很为难,如约赴会,担心落入圈套;不去赴约,又怕惹恼秦昭襄

---

① 《史记》卷四〇《楚世家》,第1727—1728页。

王,因而召集群臣商议。令尹昭雎建议:"王毋行,而发兵自守耳。秦虎狼,不可信,有并诸侯之心。"①劝楚怀王不要去赴会,应该尽快调兵防守。但楚怀王之子熊兰认为,不应该失掉秦王的欢心,因而劝楚怀王前去赴会。楚怀王听从子兰的意见,前往武关会晤秦昭襄王。

实际上,武关之约是一个外交圈套。秦昭襄王并没有来武关,只是派一名将军假装为王,而在武关设下埋伏,等楚怀王一行到来,马上封闭关门,挟持楚怀王西行,径直进入咸阳。秦昭襄王在章台接见楚怀王,采用君王接见藩臣的礼仪,并且要挟楚怀王割让黔中地区,声称先得到土地,再同楚怀王订立盟约。楚怀王对这一无理要求,愤怒地斥责说:"秦诈我而又强要我以地!"②于是断然拒绝,随之被软禁起来。

这一消息传回楚国,楚国群臣十分惊慌,连忙召开紧急会议,共同商议对策。群臣一致认为:"吾王在秦不得还,要以割地,而太子为质于齐,齐、秦合谋,则楚无国矣。"③所以打算立在国内的王子为王。令尹昭雎认为这样不妥当,就派人出使齐国,谎称楚怀王已经去世,请求楚太子熊横回国继位。齐湣王让熊横返回楚国,熊横继位为顷襄王。楚国从此背弃秦国,再度站到齐国一边。

秦昭襄王九年(前298),楚顷襄王派人到咸阳告知秦昭襄王说:"赖社稷神灵,国有王矣。"④秦昭襄王闻讯大怒,随即发兵出武关,进攻楚国,斩杀了楚军5万人,夺取了15座城。

秦昭襄王十年(前297),楚怀王趁着韩、魏、齐三国联合攻秦的机会,逃出咸阳,打算返回楚国,但被秦国人察觉,封锁了通往楚国的道路。楚怀王就抄小道,逃往赵国。这时候,赵惠文王刚继位,担心秦国发兵问罪,不敢接纳楚怀王。楚怀王又想逃往魏国,却被秦国人追上,再度被带到咸阳。

秦昭襄王十一年(前296),楚怀王病死于咸阳。这是一个重大的外交事件。秦昭襄王从道义上考虑,下令把楚怀王的灵柩送还楚国。楚国人很可怜楚怀王,好像失去亲人一样悲伤。各国诸侯"由是不直秦"⑤,都不满于秦国的霸道行径。

---

① 《史记》卷四〇《楚世家》,第1728页。
② 《史记》卷四〇《楚世家》,第1728页。
③ 《史记》卷四〇《楚世家》,第1728页。
④ 《史记》卷四〇《楚世家》,第1728页。
⑤ 《史记》卷四〇《楚世家》,第1729页。

从此以后,秦楚两国断绝了外交关系。正如西方谚语所言:"第一次被欺骗,错在对方,第二次再被欺骗,错在自己。"在秦国统治者的操弄下,楚怀王因为贪婪而付出了沉重的代价,使楚国陷入更加危险的境地。

二 伊阙之战

正当秦楚关系僵持之际,韩、魏、齐国出于各自的国家利益,开始联合在一起,谋划进攻秦国。秦昭襄王九年(前298),韩国和齐、魏两国联合,出兵进攻秦国,驻扎在函谷关之外,以遏制秦国东扩的势头。秦昭襄王十一年(前296),齐、韩、魏、赵、宋五国联合,出兵进攻秦国,但到了盐氏(今山西运城)就纷纷撤退了。不过,秦昭襄王迫于诸侯列国的军事压力,还是把先前夺取的武遂(今山西垣曲)归还韩国,把封陵(今山西永济)归还魏国,从而与韩、魏两国达成和解。

韩、魏两国借助齐、赵、宋国的力量,迫使秦国归还失地,并不能证明这两个国家的强大,而只是合纵攻秦的一时之效。所以,秦国一旦聚集了军事力量,就会继续进攻韩、魏两国。

秦昭襄王十三年(前294),秦昭襄王派遣向寿进攻韩国,夺取了武始(今河北武安);又派遣左庶长白起进攻韩国,直逼新城(今河南伊川)。秦国军队的进攻,引发了韩、魏两国的反击。

秦昭襄王十四年(前293),韩釐王派公孙喜为主将,联合周王室和魏国①,出兵反击秦国。经秦丞相魏冉推荐,秦昭襄王擢升白起为左更,代替向寿,指挥秦军作战。白起引兵击败周军,继而进抵伊阙(在今河南洛阳),大破韩、魏联军,斩杀了24万人,活捉了公孙喜,夺取了五座城。关于这场战争,后来应侯范雎与白起交谈,曾经称赞说:"韩、魏相率,兴兵甚众,君所将之不能半之,而与战之于伊阙,大破二国之军,流血漂卤,斩首二十四万。韩、魏以故至今称东藩。此君之功,天下莫不闻。"②但白起解释说:

---

① 《史记》卷四五《韩世家》曰:"釐王三年,使公孙喜率周、魏攻秦。"(第1876页)据此,伊阙之战时,周王室也派出军队,由公孙喜指挥参战。

② 《战国策》卷三十三《中山》,第1187页。

伊阙之战,韩孤顾魏,不欲先用其众。魏恃韩之锐,欲推以为锋。二军争便之力不同,是以臣得设疑兵,以待韩阵,专军并锐,触魏之不意。魏军既败,韩军自溃,乘胜逐北,以是之故能立功。皆计利形势,自然之理,何神之有哉!①

依照白起的解释,在伊阙之战中,韩国势单力薄,依靠魏军的兵力,不愿韩军打头阵。而魏国倚重韩军的精锐,希望韩军做先锋。韩、魏两军各取便利,不能协同作战,这就给秦军提供了战机。白起布置疑兵,对付韩军的战阵,同时集中优势兵力,出其不意地攻击魏军。等到魏军战败,韩军自然溃散,而后秦军乘胜追击,就获得了胜利。在白起看来,伊阙之战的胜利,在于顺应战争形势,合乎战争指导规律,没有什么神奇之处。不过,因为指挥作战的功劳,秦昭襄王擢升白起为国尉②。

伊阙之战,作为秦国东扩的一次重大战役,沉重地打击了韩、魏两国。这次战争之后,秦国并未停止东扩的步伐。秦昭襄王十六年(前291),秦昭襄王派遣大良造白起、左更司马错进攻韩国,夺取了宛(今河南南阳)、邓(今河南邓州)。秦昭襄王分封公子市于宛,公子悝于邓,又分封魏冉于穰(在今河南邓州),称为穰侯。秦昭襄王十七年(前290),在秦国的逼迫下,魏国割让河东四百里土地,韩国割让武遂附近二百里土地,向秦国求和。秦昭襄王十八年(前289),秦昭襄王派大良造白起、客卿司马错进攻魏国,直抵于轵(今河南济源),夺取了大小61座城邑。秦昭襄王二十一年(前286),秦昭襄王派司马错进攻魏国,直逼河内,魏昭王被迫献出安邑,与秦国媾和。秦军占领了安邑,把城内居民放回魏国,招募秦国人迁居到河东,并且赐给爵位,还赦免一些罪犯,将其迁徙到河东生活。这样一来,秦国完全拥有了河东地区。

值得注意的是,伊阙之战还直接影响到秦、楚两国的关系。这次战役之后,秦昭襄王写信给楚顷襄王,其中写道:"楚倍秦,秦且率诸侯伐楚,争一旦之命。愿王之饬士卒,得一乐战。"③楚顷襄王见信之后,感到非常担忧,就同意与秦国

---

① 《战国策》卷三十三《中山》,第1188—1189页。

② 《资治通鉴》卷四《周纪四》胡三省注:"战国之时,有国尉,有郡尉。应劭曰:自上安下曰尉,武官悉以为称。"

③ 《史记》卷四〇《楚世家》,第1729页。

和亲。秦昭襄王十五年(前292),楚顷襄王从秦国迎娶新娘,通过这场政治联姻,秦楚两国恢复了友好关系。过了1300多年,司马光叙述这一历史事件时,对秦昭襄王的做法极为愤慨,严厉地批评说:

> 甚哉!秦之无道也,杀其父而劫其子;楚之不竞也,忍其父而婚其雠。乌呼,楚之君诚得其道,臣诚得其人,秦虽强,乌得陵之哉!①

这是说,秦昭襄王太不讲理,杀害楚怀王而胁迫顷襄王;楚顷襄王太不争气,容忍杀父之仇而与仇人通婚。倘若楚国君主恪守正道,臣下各得其任,秦国虽然强大,又怎能欺凌楚国呢!

三 五国伐齐

五国伐齐之战,是秦、燕、韩、赵、魏五国联合进攻齐国的一次较大规模的战争②。这场战争的起因,主要是齐湣王大肆对外扩张,引起了诸侯列国的强烈不满。在这场战争中,燕、秦两国扮演了主要角色,齐国因此战遭受沉重的打击而一蹶不振。

(一) 五国伐齐的缘由

随着秦国东扩的进展,秦昭襄王逐渐踌躇满志,表露出强烈的政治诉求。秦昭襄王十九年(前288)十月,秦昭襄王自称西帝,并派魏冉前往临淄,拥立齐湣

---

① 《资治通鉴》卷四《周纪四》,第120页。

② 关于伐齐的五国,司马迁《史记》记述不一致。如卷五《秦本纪》载:秦昭襄王"二十三年,尉斯离与三晋、燕伐齐,破之济西"(第212页)。卷四三《赵世家》载:赵惠文王"十五年,燕昭王来见。赵与韩、魏、秦共击齐,齐王败走,燕独深入,取临淄"(第1816页)。卷四四《魏世家》载:魏昭王"十二年,与秦、赵、韩、燕共伐齐,败之济西,湣王出亡"(第1853页)。卷四五《韩世家》载:韩釐王"十二年,与秦昭王会西周而佐秦攻齐"(第1876页)。而卷三四《燕召公世家》载:燕昭王二十八年,"以乐毅为上将军,与秦、楚、三晋合谋以伐齐"(第1558页)。卷四六《田敬仲完世家》载:齐湣王"四十年,燕、秦、楚、三晋合谋,各出锐师以伐,败我济西"。裴骃《集解》引徐广曰:"案其余诸传无楚伐齐事。年表云楚取淮北。"(第1900—1901页)综上可知,参与伐齐的五国,为秦、燕、韩、赵、魏国;楚国未与五国合谋,系乘五国伐齐之机而攻齐。

王为东帝,邀约齐国进攻赵国。这实际上是一项由秦国主导的与齐国联合行动以宰割天下的政治谋略。

苏代听到这个消息,从燕国赶到齐都临淄,谒见齐湣王。齐湣王虽然接受了帝号,但不知该不该这样做,就征询他的意见。苏代说:"王之问臣也卒,而患之所从来微,愿王受之而勿备称也。秦称之,天下安之,王乃称之,无后也。且让争帝名,无伤也。秦称之,天下恶之,王因勿称,以收天下,此大资也。且天下立两帝,王以天下为尊齐乎?尊秦乎?"齐湣王回答说尊奉秦国。苏代又问:"释帝,天下爱齐乎?爱秦乎?"齐湣王说天下人会偏爱齐国,而厌恶秦国。苏代再问:"两帝立约伐赵,孰与伐桀宋之利?"①齐湣王说讨伐宋国有利。经过这番问答,苏代告诫齐湣王说:

> 夫约钧,然与秦为帝而天下独尊秦而轻齐,释帝则天下爱齐而憎秦,伐赵不如伐桀宋之利,故愿王明释帝以收天下,倍约宾秦,无争重,而王以其间举宋。夫有宋,卫之阳地危;有济西,赵之阿东国危;有淮北,楚之东国危;有陶、平陆,梁门不开。释帝而贷之以伐桀宋之事,国重而名尊,燕楚所以形服,天下莫敢不听,此汤武之举也。敬秦以为名,而后使天下憎之,此所谓以卑为尊者也。愿王孰虑之。②

苏代认为,齐、秦两国相约称帝,则天下独尊秦国而轻视齐国;齐湣王放弃称帝,则天下敬重齐国而厌恶秦国;进攻赵国不如进攻宋国有利。所以,齐湣王应该放弃称帝来收取人心,摒弃秦国而不图虚名;应该趁机进攻宋国,这样齐国将得到天下的敬重和诸侯各国的遵从,这称得上是如商汤和周武王般英明的举措。于是,齐湣王听取苏代的意见,去掉帝号而仍称王。因为齐湣王放弃帝号,秦昭襄王自知继续称帝没有什么意义,甚至会成为众矢之的,所以随之去掉帝号,仍旧称王。

不过,齐湣王虽然放弃帝号,但没有认清天下形势,仅从开拓疆域着眼,贸然出兵吞并宋国,大肆向西扩张领土。秦昭襄王二十一年(前286),齐湣王出兵攻打宋国。秦昭襄王得知这一消息,十分恼怒,于是在会见到访的苏代时,就有了如下一段对话:

---

① 并见《史记》卷四六《田敬仲完世家》,第 1898 页。
② 《史记》卷四六《田敬仲完世家》,第 1898—1899 页。

秦昭王怒曰："吾爱宋与爱新城、阳晋同。韩聂与吾友也，而攻吾所爱，何也？"苏代为齐谓秦王曰："韩聂之攻宋，所以为王也。齐强，辅之以宋，楚魏必恐，恐必西事秦，是王不烦一兵，不伤一士，无事而割安邑也，此韩聂之所祷于王也。"秦王曰："吾患齐之难知。一从一衡，其说何也？"对曰："天下国令齐可知乎？齐以攻宋，其知事秦以万乘之国自辅，不西事秦则宋治不安。中国白头游教之士皆积智欲离齐秦之交，伏式结轶西驰者，未有一人言善齐者也，伏式结轶东驰者，未有一人言善秦者也。何则？皆不欲齐秦之合也。何晋楚之智而齐秦之愚也！晋楚合必议齐秦，齐秦合必图晋楚，请以此决事。"秦王曰："诺。"①

这里，苏代站在齐国的立场上，回答了秦昭襄王的质疑。按照苏代所言，齐国本身强大，再夺取宋国，就会使楚国和卫国畏惧齐国，转而侍奉秦国，所以齐国攻打宋国，也是为秦国着想。只有那些挑拨齐、秦关系的说客，不愿意齐、秦两国联合起来，因为就天下形势而言，晋、楚诸国联合，就会协商侵略齐、秦；而齐、秦两国联合，就会图谋攻打晋、楚。这是合纵连横的大趋势。秦昭襄王表示赞同。

与秦国斡旋之后，齐湣王下令向宋国迅速推进，攻克了宋都睢阳，占领了宋国大部分土地，并且乘胜向南扩张，夺取了楚国淮河以北的领土，又向西进攻赵、韩、魏三国，企图吞并东、西周王室，以自立为天子。这样一来，泗水流域的各国诸侯，如邹、鲁等国的君主，都被迫向齐国称臣。然而，在齐国统治集团内部，有人反对齐湣王的做法，狐咺义正词严地劝阻，却被斩首于檀衢；陈举直言不讳地进谏，又被杀害于东门。齐湣王在国内外的暴行，激起了各国诸侯的强烈不满。他们担心齐国继续扩张，开始酝酿对齐国的联合反击。

从五国伐齐的谋划来看，在这场战争中，秦、燕两国扮演了主要角色，赵、魏、韩三国则是辅助因素。值得注意的是孟尝君的作用。"齐湣王灭宋，益骄，欲去孟尝君。孟尝君恐，乃如魏。魏昭王以为相，西合于秦、赵，与燕共伐破齐。"②这说明孟尝君与齐湣王有矛盾，前来魏国担任相国，在联合秦、赵两国方面，发挥了较特殊的作用。

历史上，燕国与齐国一直是世仇，"燕昭王怨齐，未尝一日而忘报齐也"。然

---

① 《史记》卷四六《田敬仲完世家》，第1899—1900页。
② 《史记》卷七五《孟尝君列传》，第2358页。

而燕国比较弱小,地处偏远,整体国力有限,不足以战胜齐国。燕昭王即位以来,注重招揽贤能之士,安抚和教导民众,努力增强燕国的综合实力。鉴于齐湣王妄自尊大,对外大肆扩张,对内实行暴政,燕昭王认为攻打齐国的机会已经成熟,于是与乐毅筹划攻伐齐国。乐毅认为:"齐,霸国之余业也,地大人众,未易独攻也。王必欲伐之,莫如与赵及楚、魏。"①燕昭王赞同这一建议,就让乐毅赴赵国,与赵惠文王协商,另派使者去联络楚、魏两国,并唆使赵国用征伐齐国的好处来引诱秦国参战。各国诸侯不满于齐湣王的骄横暴虐,全都赞成燕昭王的倡议,于是联合上演了五国伐齐之战。

(二)五国伐齐的经过

秦昭襄王二十二年(前285),秦昭襄王与楚顷襄王会晤于宛,与赵惠文王会晤于中阳(今山西中阳),主要是想争取楚、赵两国的支持,以便对齐国发动战争。实际上,在这两次会晤后不久,秦昭襄王就派蒙武进攻齐国,夺取了九座城。

秦昭襄王二十三年(前284),燕昭王征发全国所有军队,任用乐毅为上将军。秦昭襄王派国尉斯离领兵东进,与韩、赵、魏三国的军队会合。赵惠文王把相国印授予乐毅。于是,乐毅统一指挥燕、秦、魏、韩、赵五国军队②,开始进攻齐国。齐湣王动员全国民众,奋力进行抵抗。齐军集中于济水西岸地区,与五国联军展开大战,结果被打败。

经过济西一战,乐毅认为齐军遭受重创,就下令撤回秦国、韩国部队,分出魏国部队去进取宋国故地,调派赵国部队去收复河间地区。他亲自率领燕军,从济西深入齐国,追击败退的齐军。针对这一军事部署,剧辛劝阻乐毅说:"齐大而燕小,赖诸侯之助以破其军,宜及时攻取其边城以自益,此长久之利也。今过而不攻,以深入为名,无损于齐,无益于燕,而结深怨,后必悔之。"乐毅解释说:"齐王伐功矜能,谋不逮下,废黜贤良,信任谄谀,政令戾虐,百姓怨怼。今军皆破亡,若因而乘之,其民必叛,祸乱内作,则齐可图也。若不遂乘之,待彼悔前之非,改

---

① 《史记》卷八〇《乐毅列传》,第 2428 页。
② 《史记》卷八〇《乐毅列传》载:"乐毅于是并护赵、楚、韩、魏、燕之兵以伐齐,破之济西。"(第 2428 页)

过恤下而抚其民,则难虑也。"①于是下令继续进军,深入齐国腹地。

燕军作战计划合乎实际,既抓住了敌方的要害,又利用了有利的战机,所以作战十分顺利。齐国果然一片大乱,齐湣王狼狈逃往卫国。乐毅率军进入临淄,掠取各种宝物和祭祀重器,运回燕国。燕昭王亲自赶到济水上游,犒劳燕军将士,分封乐毅于昌国(今山东淄博淄川区),号称昌国君,并指令乐毅留在齐国,继续攻略其余的城邑。

齐湣王逃到卫国,没待多久,就遭到卫国人的攻击,又去投奔邹、鲁,却不被两国所接纳,最后逃入莒城。这时候,楚顷襄王派淖齿率军前来救援,齐湣王任命淖齿为齐相。淖齿想与燕国瓜分齐国,就抓捕了齐湣王,并且把他处死。荀子作为一代大儒,得知这件事情之后,做出如下评论:

> 故用强齐,非以修礼义也,非以本政教也,非以一天下也,绵绵常以结引驰外为务。故强,南足以破楚,西足以诎秦,北足以败燕,中足以举宋。及以燕、赵起而攻之,若振槁然,而身死国亡,为天下大戮,后世言恶则必稽焉。是无它故焉,唯其不由礼义而由权谋也。②

这是说治理强大的齐国,不以礼义为基础,不以政教为根本,不朝着统一天下的目标迈进,却把精力浪费在结党营私、对外扩张上面。看起来齐国似乎强大无比,向南攻破楚国,向西挫败秦国,向北打垮燕国,在中原消灭宋国,可是,等到燕、赵两国起兵反击齐国时,就像摇落枯叶一样,齐王身死国破,成为天下人共同诛伐的对象。后世谈到罪恶的君主时,总拿他举例,这没有别的原因,只因为他不倡导礼义而专用权谋。荀子谈论王霸政治,往往成见在胸,却难免失之偏颇。特别是把权谋与礼义、信誉完全对立起来,视若水火不容,那就十分片面了。相反,齐湣王的身败名裂,除去个人素质缺陷、国内事务混乱之外,一味穷兵黩武,四面扩张,弄得天下人人怨愤,极度孤立,应该才是最重要的原因。

随着对齐作战的胜利,秦昭襄王亲自来到洛阳,与魏昭王、韩釐王举行会晤。翌年,秦昭襄王又与赵惠文王相会于穰,讨论诸侯各国事务。同时,秦军开始撤退,在途中又攻克魏国安城(今河南汝南),直逼魏都大梁,而后撤退回国。

---

① 并见《资治通鉴》卷四《周纪四》,第125页。
② 《荀子集解》第十一《王霸篇》,第206页。

(三)五国伐齐的结局

燕军占领临淄以后,乐毅下令整饬部队,禁止侵害和掠夺百姓,并寻访齐国隐逸之士,表彰他们的名声,给予特殊的礼遇,还放宽原来的赋税制度,废除那些残暴的法令,恢复齐国之前行之有效的政策。齐国民众对这类做法,都表示十分赞成。

在这样一番整顿之后,乐毅把燕军分成五路:左军渡过胶水,攻取胶东、东莱;前军沿着泰山东进到海滨,占领琅琊地区;后军沿着济水、黄河方向前进,屯驻在阿、甄两地之间,以便接应魏军;后军依傍北海,安抚千乘地区;中军驻扎在临淄。乐毅在临淄郊外祭祀齐桓公、管仲,表彰贤士居住的闾门,在王蠋的坟墓前封土悼念。齐国人以封君获得食邑的有20多人,在蓟都得到爵位的有100多人。仅仅用6个月的时间,燕军就攻下齐国70多座城邑,一律设置为郡县。齐国只有莒、即墨两座城,还在坚持抵抗斗争。

为了彻底征服齐国,乐毅调遣右军去包围莒城,左军、后军去包围即墨。但是,经过三年的包围作战,燕军也没有攻克莒和即墨。秦昭襄王二十八年(前279),燕昭王去世,燕惠王姬乐资继位之后,误中齐将田单的离间计,改派骑劫代替乐毅,指挥燕军作战。乐毅知道燕惠王心地不善,一气之下投奔了赵国,被赵惠文王封为望诸君。齐将田单设置各种圈套,用计谋迷惑燕军,大摆火牛阵,在即墨城下大破燕军,杀死了骑劫。"燕军扰乱奔走,齐人追亡逐北,所过城邑皆畔燕而归田单,兵日益多,乘胜,燕日败亡,卒至河上,而齐七十余城皆复为齐。"①田单亲自到莒城,迎接齐襄王回到临淄,开始执掌朝政。

值得注意的是,还在燕、齐交战之际,秦、赵两国基于各自的利益,在军事和外交上展开了新一轮的较量。

秦昭襄王二十四年(前283),赵惠文王获得楚国和氏璧,秦昭襄王听说了这件事,就给赵惠文王写信,表示愿意用十五座城来换这块玉璧。赵惠文王与群臣商议,要是交出和氏璧,恐怕换不到秦国十五座城,只会白白地受骗;如果不交出和氏璧,又怕很快遭到秦军攻打,因而拿不定主意,想派一位使者去秦国交涉,但未找到合适人选。经过宦者令缪贤的举荐,赵惠文王召见蔺相如,询问蔺相如

---

① 《史记》卷八二《田单列传》,第2455页。

说:"秦王以十五城请易寡人之璧,可予不?"蔺相如回答道:"秦强而赵弱,不可不许。"赵惠文王又问:"取吾璧,不予我城,奈何?"蔺相如回答道:"秦以城求璧而赵不许,曲在赵。赵予璧而秦不予赵城,曲在秦。均之二策,宁许以负秦曲。"赵惠文王又问:"谁可使者?"蔺相如回答道:"王必无人,臣愿奉璧往使。城入赵而璧留秦;城不入,臣请完璧归赵。"①赵惠文王赞同蔺相如的意见,派他去秦国交涉。蔺相如来到咸阳,把和氏璧献给秦昭襄王,但见秦昭襄王并无诚意兑现十五座城,当即谎称和氏璧有瑕疵,又从秦昭襄王手中拿回和氏璧,接着怒斥秦昭襄王,约定斋戒五天再谈。实际上,蔺相如派他的随从乔装打扮,抄小路逃出秦国,把和氏璧带回赵国,而他留下来与秦昭襄王斡旋。结果,秦昭襄王再次接见蔺相如,听完蔺相如一番义正词严的论述后,对他以礼相待,并送他返回了赵国。蔺相如回到邯郸,因为出使秦国不辱使命,被赵惠文王擢为上大夫。

经过这场外交风波,秦赵两国的关系再现裂痕,秦昭襄王出兵攻打赵国,对赵国君臣进行报复。

秦昭襄王二十五年(前282),秦国出兵进攻赵国,夺取了两座城。

秦昭襄王二十六年(前281),秦国继续进攻赵国,夺取了石城。

秦昭襄王二十七年(前280),秦昭襄王派遣白起率军进攻赵国,斩杀赵军二万人,夺取了代地光狼城。

秦昭襄王二十八年(前279),秦昭襄王希望和赵国修好,派使者前往赵都邯郸,邀请赵惠文王相会于渑池(今河南渑池)。赵惠文王害怕秦国,不想去和秦昭襄王相会,但在廉颇和蔺相如的劝说下,还是启程赴会,由蔺相如陪同。廉颇送行到边境,特意对赵惠文王说:"王行,度道里会遇之礼毕,还,不过三十日。三十日不还,则请立太子为王,以绝秦望。"②赵惠文王表示同意。

秦昭襄王和赵惠文王在渑池相会,饮酒至酣处,对赵惠文王说:"寡人窃闻赵王好音,请奏瑟。"赵惠文王用瑟弹了一曲。秦国御史走上前来记录:"某年月日,秦王与赵王会饮,令赵王鼓瑟。"蔺相如见此情景,也走上前说:"赵王窃闻秦王善为秦声,请奏盆缶秦王,以相娱乐。"秦昭襄王很生气,不肯演奏。蔺相如又往前一步,手捧着缶,跪下去请求秦昭襄王,秦昭襄王仍是不肯演奏。蔺相如说:

---

① 并见《史记》卷八一《廉颇蔺相如列传》,第2440页。
② 《史记》卷八一《廉颇蔺相如列传》,第2442页。

"五步之内,相如请得以颈血溅大王矣!"秦昭襄王身边的侍从要杀蔺相如,蔺相如怒目圆睁,厉声呵斥,吓得那些侍从纷纷后退。秦昭襄王出于无奈,很不乐意地敲了一下缶。蔺相如回头召来赵国御史,做了同样的记录:"某年月日,秦王为赵王击缶。"秦国群臣说:"请以赵十五城为秦王寿。"蔺相如也说:"请以秦之咸阳为赵王寿。"[①]直到酒会结束,秦昭襄王都没有占得上风。赵国部署大批军队以对付秦国,秦国也不敢轻举妄动。

这是以刚克刚的权谋。"刚"何以克"刚"?是因为谋略双方相较而言,其中一方更"刚"。更"刚"的一方,若非占有整体优势,就必须保持局部优势,两者必居其一。就渑池会而论,秦国国力的雄厚,军队的强大,以及秦昭襄王左右侍从的众多,都是赵惠文王无法相比的。然而,蔺相如作为一名近臣,随侍在赵惠文王的左右,在秦昭襄王有意耍威风时,抓住与秦昭襄王仅咫尺之隔,瞬息之间可以亮剑出手的优势,强迫秦昭襄王为赵惠文王击缶。秦国国力雄厚,军队强大,以及秦昭襄王左右侍从众多,但相对于蔺相如出手就能危及秦昭襄王的性命来说,就成了远水不解近渴,完全不能发挥作用。当然,在渑池之会期间,赵国已经做好军事部署,廉颇率军严阵以待,也给蔺相如争取外交主动增添了底气。

从整体上看,五国伐齐之战改变了诸侯列国的格局,影响到战国历史的进程。战前,秦昭襄王和齐湣王图谋称帝,突显了秦、齐两国对峙的形势;战后,齐国遭受沉重的打击,综合国力一落千丈,秦国继续向东扩张,也就减少了一个强劲的对手。诚如吴如嵩、黄朴民所言:"五国攻齐,得分最多的是秦国,秦国在这次战争中,接过合纵的旗帜大举攻齐,重创齐国。自此以后,秦国完全处于天下独强的地位。"[②]不过,战国历史走出两强对峙的形势,还要到秦国重创楚、赵两国之后,才进入一国独大的阶段。

四 白起攻克郢都

秦惠文王时期,秦国向南扩张的主要成果,是夺取了巴蜀地区。而在占领巴

---

① 并见《史记》卷八一《廉颇蔺相如列传》,第2442页。
② 吴如嵩、黄朴民等:《中国军事通史》第三卷《战国军事史》,军事科学出版社1998年版,第5页。

蜀之后,秦军出兵进攻楚国,就有两条进兵路线:一是出武关南下,一是从巴蜀东进,都可以指向楚国郢都。在这样的战争形势下,楚国陷入两面作战,往往会丧失主动权,而秦国处于外线作战,就有一定的战略优势。

(一)鄢城之战

秦昭襄王十五年(前292),楚顷襄王接受秦国的和亲要求,恢复了秦楚两国的友好关系。秦楚两国关系的正常化,大体维持了10多年时间,秦国利用这个时机,进一步削弱韩、赵、魏三国,之后再度转向进攻楚国,此时楚国面临的形势较之前更为不利。

秦昭襄王二十六年(前281),楚顷襄王召见一位擅长射雁的人,讨论天下形势。这个人激励楚顷襄王说:"夫先王为秦所欺而客死于外,怨莫大焉。今以匹夫有怨,尚有报万乘,白公、子胥是也。今楚之地方五千里,带甲百万,犹足以踊跃中野也,而坐受困,臣窃为大王弗取也。"①楚顷襄王听信此言,派遣使者联络齐、韩两国,准备攻打秦国,而先图谋周王室。周赧王得到消息,派东周武公前往楚国,告诉楚令尹昭子:周王室不可以图谋。昭子追问其缘由,东周武公解释说:"西周之地,绝长补短,不过百里。名为天下共主,裂其地不足以肥国,得其众不足以劲兵。虽无攻之,名为弑君。然而好事之君,喜攻之臣,发号用兵,未尝不以周为终始。是何也?见祭器在焉,欲器之至而忘弑君之乱。今韩以器之在楚,臣恐天下以器雠楚也。臣请譬之。夫虎肉臊,其兵利身,人犹攻之也。若使泽中之麋蒙虎之皮,人之攻之必万于虎矣。裂楚之地,足以肥国;诎楚之名,足以尊主。今子将以欲诛残天下之共主,居三代之传器,吞三翮六翼,以高世主,非贪而何?《周书》曰'欲起无先',故器南则兵至矣。"②这是说图谋周王室,不但得不到什么利益,反而会因为残害天下共主的恶名而招致诸侯的征伐。昭子认为此话有一定的道理,就放弃了原来的计划。

但是,秦昭襄王得知这个计划之后,马上改变了秦楚关系,经过一段时间的准备,开始两路出兵,从两个方向大规模地进攻楚国。秦昭襄王二十七年(前280),秦昭襄王命令司马错征发陇西士卒,通过蜀地东进,攻打楚国,夺取了黔中

---

① 《史记》卷四〇《楚世家》,第1731页。
② 《史记》卷四〇《楚世家》,第1734页。

之地。楚顷襄王被迫把上庸和汉水以北地区割让给秦国。同时,秦昭襄王赦免了一批罪犯,把他们迁徙到南阳郡,为继续进攻楚国做准备。

秦昭襄王二十八年(前279),秦昭襄王派遣大良造白起率军经武关南下,进攻楚国。这时候,楚顷襄王"恃其国大,不恤其政,而群臣相妒以功,谄谀用事,良臣斥疏,百姓心离,城池不修,既无良臣,又无守备",加上"楚人自战其地,咸顾其家,各有散心,莫有斗志"①,所以,秦军迅速占领了邓城(今湖北襄阳),继而越过汉水,进逼鄢城(今湖北宜城)。鄢城曾为楚国的别都,又是郢都的北方门户,楚国在这里驻有重兵,据城固守,誓与秦军决一死战。

关于鄢城之战,历代史籍缺乏记载,但在北魏郦道元的笔下,却有如下叙述:

夷水又东注于沔。昔白起攻楚,引西山长谷水,即是水也。旧堨去城百许里,水从城西灌城东,入注为渊,今熨斗陂是也。水溃城东北角,百姓随水流,死于城东者数十万,城东皆臭,因名其陂为臭池。②

这说明白起指挥鄢城之战,采取了引水灌城的战法。秦军在夷水上筑堰,引夷水入长渠,从城西灌入城东,冲毁鄢城,淹死城中百姓数十万,上演了一幕人间惨剧。这里的"夷水",又称"蛮水""鄢水",而白起为灌城而开挖的沟渠,则被称为"长渠""白起渠"。顾祖禹论及此渠,说:"秦昭王二十八年,使白起攻楚,去鄢百里立堨,雍是水为渠,以灌鄢。鄢入秦,而起所为渠不废,引鄢水以灌田,今长渠是也。"③杨宽援引上述资料,综合解释说:"白起引水灌鄢,乃此次秦大举攻楚之重要战役。长谷水即蛮水、鄢水,亦称白起渠。今鄢之遗址尚存,在今湖北宜城县东南,俗称楚皇城,白起渠之遗迹亦存于古城之西北。今古城东北角有缺口,即引水灌城之入口,东城墙南端又有出口,东南更有洼地。"④白起依靠引水灌城,取得了鄢城之战的胜利,也给当地民众造成了巨大伤害。

在鄢城之战后,秦朝廷赦免了一批罪犯,让他们迁居到这个地区,利用移民来控制新占领地区,客观上强化了秦国的统治。

---

① 《战国策》卷三三《中山》,第1188页。
② 《合校水经注》,第863—864页。
③ 《读史方舆纪要》卷七九《湖广五》,第3715页。
④ 《战国史料编年辑证》,第863—864页。

(二)郢都之战

郢都,位于现今的湖北荆州,据历年考古发掘证实,以纪南城为中心城区。自从楚文王迁都至此,历经了四百余年,楚国持续地发展和繁荣,创造出璀璨的文明成果。

秦昭襄王二十九年(前278),白起率军继续南进,一举攻克了郢都,继而向西夺取了夷陵(今湖北宜昌),烧毁了楚国先王的陵园,向东占领了竟陵(今湖北潜江),肃清了郢都周围地区,深入长江以南地区①。在秦军猛烈的攻击下,各地楚军纷纷溃散,无法组织有效抵抗。楚顷襄王往东北逃去,把都城迁到陈(今河南周口淮阳区),改陈为郢,又称郢陈。楚国从此丢失了半壁江山。秦昭襄王以郢城为郡府,在这一地区设置了南郡。白起因为再立战功,被封为武安君②。

秦国设置南郡之初,对这一地区缺乏有效的管控,南郡仍处于动荡之中。秦昭襄王三十一年(前276),白起率军进攻魏国。借助这一有利时机,楚顷襄王集中东部各地的军队共计十余万人,转而向西进行反攻,收复了长江沿岸15个邑。然而,南郡作为秦国的属地,一直为秦朝廷所控制,并且随着地方治理的强化,成为秦国继续向南拓展的战略基地。

(三)攻取巫和黔中

巫和黔中郡,原本是楚国的领土。战国中期,苏秦游说楚威王时说:"楚地西有黔中、巫郡。"③黔中郡,大体上辖有今湖南西部和湖北、重庆以及贵州一部分地区,郡府在今湖南沅陵。巫郡,得名于巫山,大体上辖有今湖北省西南部和

---

① 《韩非子集解》卷一《初见秦》曰:"秦与荆人战,大破荆,袭郢,取洞庭、五湖、江南,荆王君臣亡走,东服于陈。"按:"五湖"当作"五渚",与洞庭皆在江南,本为楚国之地。

② 《史记》卷五《秦本纪》曰:"白起为武安君。"(第213页)张守节注:"言能抚养军士,战必克,得百姓安集,故号武安。故城在洛州武安县西南五十里。"(第216页)崔适按:"无封邑,但有名号而已。七国时或有封邑而别为名号,如赵以尉文封廉颇为信平君,封乐毅于观津号曰望诸君,秦相吕不韦封为文信侯,食河南洛阳十万户⋯⋯或有封号而无封邑,如秦相蔡泽为纲成君,赵赐赵奢为马服君⋯⋯赵有两武安君,始苏秦,终李牧;而秦亦以是名封白起,亦但有名号耳。"见《史记探源》,中华书局1986年版,第53页。

③ 《战国策》卷十四《楚一》,第500页。

重庆东部地区。秦国兼并巴蜀、汉中以后,继续向南和向东扩张,势必指向巫和黔中郡。

关于秦国攻取巫和黔中郡之战,《史记》之《秦本纪》《白起列传》等都有简要的记述,但记述并不一致,分别胪列如下:

《秦本纪》曰:

> 二十七年,(司马)错攻楚。……又使司马错发陇西,因蜀攻楚黔中,拔之。……三十年,蜀守若伐楚,取巫郡及江南为黔中郡。①

《白起列传》曰:

> 白起迁为武安君。武安君因取楚,定巫、黔中郡。②

《春申君列传》曰:

> 秦已前使白起攻楚,取巫、黔中之郡,拔鄢郢。③

这其中的问题,在于秦国攻取巫和黔中郡之战的将领是谁。梁玉绳校理《秦本纪》,对比后两段记载,提出了疑问:"白起及春申君传言起取之,非蜀守张若,岂伐巫之役起与若共之欤?"④对此,杨宽利用其他史料,解释说:"秦昭王二十七年秦将司马错率陇西、蜀郡兵攻拔楚黔中,不久即为楚所收复,故《水经注》但言'使司马错以陇蜀军攻楚',而不言'拔楚黔中'。三十年秦发大军伐楚,再度拔取巫、黔中,初置黔中郡,故《楚世家》言'秦复拔我巫、黔中郡',《水经注》亦谓'秦又取巫、黔及江南地',《通鉴》又称'秦武安君定巫、黔中','定'即谓确实占有。是役秦之主将,《白起传》《春申君传》并言是白起,《秦本纪》则谓蜀守张若,梁玉绳《志疑》以为起与若共之,是也。白起当为统帅,张若则以蜀守率蜀郡兵随同作战。"⑤张守节《史记正义·秦本纪》引《括地志》曰:"黔中故城在辰州沅陵县西二十里。"⑥《元和郡县志》"辰州沅陵县"条称:"秦黔中故郡城在县西二十里。"黔中郡府在黔中,即今湖南沅陵县。

秦昭襄王三十一年(前276),在黔中郡设立之后,白起率军转攻魏国,楚顷

---

① 《史记》卷五《秦本纪》,第213页。
② 《史记》卷七三《白起王翦列传》,第2331页。
③ 《史记》卷七八《春申君列传》,第2387页。
④ 《史记志疑》卷四《秦本纪》,第156页。
⑤ 《战国史料编年辑证》,第896页。
⑥ 《史记》卷五《秦本纪》,第216页。

襄王集中东部各地的军队,向西部地区发起反攻,黔中郡民众纷纷响应。《史记·秦本纪》谓"楚人反我江南",张守节注称"黔中郡反归楚"①。然而,随着楚国都城的东迁,秦国占领南郡以后,楚国战略重心东移,楚顷襄王再想夺回西部地区,已经毫无希望。到了秦昭襄王三十五年(前272),楚顷襄王派太子去秦国做人质,并且使左徒黄歇随侍太子,秦楚关系再次得到缓和。

值得附记的是,楚威王在位时,派遣将军庄蹻"将兵循江上,略巴、黔中以西",庄蹻到达了滇池。滇池方圆三百里,周围有平地肥沃富饶数千里。庄蹻借助楚军的威势,平定了这一地区,使其归属于楚国。然而,到了楚顷襄王之时,庄蹻"欲归报,会秦击夺楚巴、黔中郡,道塞不通,因还"②。其后,庄蹻带领他的部众,改换服装样式,顺从当地的习俗,建立了滇国,成为滇地的统治者。

五 华阳之战

秦楚战争告一段落之后,秦国东扩又转回主战场,从正面继续进攻韩、魏两国。在大梁、华阳之战中,秦国不仅消灭了韩、魏两国的主要军事力量,而且迫使魏国屈服,改变了秦国东扩的形势。

(一)大梁之战

秦昭襄王三十一年(前276),在占领楚国郢都之后,武安君白起率军转攻魏国,夺取了两座城,揭开了中原大战的序幕。

秦昭襄王三十二年(前275),秦相魏冉率军进攻魏国,直抵大梁。魏安釐王求助于韩国。韩釐王任命暴鸢为主将,领兵救援魏国。魏冉大破韩军,斩杀了4万人,暴鸢逃到开封。魏安釐王被迫割让八座城。然而,魏冉继续发起进攻,击败了魏将芒卯③,进入北宅(今河南荥阳),而后包围了大梁(今河南开封)。魏国再

---

① 《史记》卷五《秦本纪》,第213、216页。
② 并见《史记》卷一一六《西南夷列传》,第2993页。
③ 芒卯,《战国策》作"孟卯",《战国纵横家书》十五作"孟卯",高诱注《淮南子·泛论训》云:"孟卯,齐人也。及为魏臣,能安其危,解其患也。"芒、孟二字,音同相通。

度陷入危急,朝廷上下一片惊慌。魏大夫须贾临危不惧,奉命来见魏冉,分析形势说:

> 臣闻魏之长吏谓魏王曰:"昔梁惠王伐赵,战胜三梁,拔邯郸;赵氏不割,而邯郸复归。齐人攻卫,拔故国,杀子良;卫人不割,而故地复反。卫、赵之所以国全兵劲而地不并于诸侯者,以其能忍难而重出地也。宋、中山数伐割地,而国随以亡。臣以为卫、赵可法,而宋、中山可为戒也。秦,贪戾之国也,而毋亲。蚕食魏氏,又尽晋国,战胜暴子,割八县,地未毕入,兵复出矣。夫秦何厌之有哉!今又走芒卯,入北宅,此非敢攻梁也,且劫王以求多割地。王必勿听也。今王背楚、赵而讲秦,楚、赵怒而去王,与王争事秦,秦必受之。秦挟楚、赵之兵以复攻梁,则国求无亡不可得也。愿王之必无讲也。王若欲讲,少割而有质;不然,必见欺。"此臣之所闻于魏也,愿君之以是虑事也。
>
> 《周书》曰"惟命不于常",此言幸之不可数也。夫战胜暴子,割八县,此非兵力之精也,又非计之工也,天幸为多矣。今又走芒卯,入北宅,以攻大梁,是以天幸自为常也,智者不然。臣闻魏氏悉其百县胜甲以上戍大梁,臣以为不下三十万。以三十万之众守梁七仞之城,臣以为汤、武复生,不易攻也。夫轻背楚、赵之兵,陵七仞之城,战三十万之众,而志必举之,臣以为自天地始分以至于今,未尝有者也。攻而不拔,秦兵必罢,陶邑必亡,则前功必弃矣。
>
> 今魏氏方疑,可以少割收也。愿君逮楚、赵之兵未至于梁,亟以少割收魏。魏方疑而得以少割为利,必欲之,则君得所欲矣。楚、赵怒于魏之先己也,必争事秦,从以此散,而君后择焉。且君之得地岂必以兵哉!割晋国,秦兵不攻,而魏必效绛、安邑。又为陶开两道,几尽故宋,卫必效单父。秦兵可全,而君制之,何索而不得,何为而不成!愿君熟虑之而无行危。①

这里,须贾听到的那段话,应该是魏国大臣的一般说法:魏惠王进攻赵国,攻克邯郸,而赵国没有割让土地,仍能收回邯郸;齐国人进攻卫国,杀死子之,攻取楚丘,而卫国没有割让土地,仍能收回楚丘。卫、赵两国之所以能保全国家,拥有

---

① 《史记》卷七二《穰侯列传》,第2325—2326页。

强大的军队,而领土不被诸侯吞并,是因为他们能忍受苦难,注重维护领土完整。而宋、中山两国却屡遭攻伐,被迫割让土地,国家随之灭亡。魏国大臣认为,卫、赵两国可以仿效,而宋、中山两国要引以为戒。秦国是一个贪婪暴戾的国家,不断蚕食魏国,根本得不到满足。而今秦军进至北宅,不只是要攻取大梁,还要胁迫魏国割让更多土地,魏王一定不会听从。魏国长吏也不希望与秦国讲和,如果讲和的话,就要尽可能少地割让土地,并得到秦国的质子,以免被欺骗。在须贾看来,秦军打败暴鸢,不是因为战斗力强,或者计谋高深,而是全靠运气。现在逼迫芒卯出逃,进而围攻大梁,只是把运气当作常数。要知道魏王已经征发全国的军队来保卫大梁,共有30万人以上的兵力,即使商汤王、周武王再生,也难以攻克大梁。倘若攻城而不能取胜,秦军必定疲惫不堪,魏冉的封地陶邑也会丢失,那就是前功尽弃。所以,须贾希望魏冉趁着魏王正在犹豫之中,楚、赵两国的军队尚未赶来救援,尽快较少地索取土地,与魏国讲和。

经过这么一说,魏冉有所醒悟,同意魏国割让温邑(今河南温县),而后下令解除大梁之围。然而,针对须贾之说的意义,历代学者解释不一。明代凌稚隆认为:"须贾剖析利害处,如指诸掌,虽为梁作说客,实为穰侯谋也,以故竟罢梁围。"①清代梁玉绳认为:"梁围之罢,因献南阳,何曾是须贾说穰侯而罢乎?"②近人张森楷认为:"梁玉绳云,梁围之罢,非贾之力也。按《六国表》作'与秦温以和',《正义》亦据以证罢围之由。梁不引之,而依《秦纪》,谓'献南阳',岂以温少而南阳多,非是不足以餍秦欲乎?不知此正贾说之效也。盖战败之后,本不能空有从事。然贾逆知穰侯为人,明习事势,而魏未可遽灭,兵不能长胜,可以事理利害动之,不因以情哀之。因仿晋郤芮、齐宾媚人之意,先述魏人不割之故及少割见欲之疑。乃后陈说兵罢有害与少割非魏之利。意明而语切,词直而情亲,故穰侯听其说,得温而解围,正是其说之效。"③王叔岷认为:"须贾说穰侯,在昭王三十二年。梁氏据昭王三十四年事而言,则梁围固非由须贾之说而罢矣。如就三十二年事言之,则罢梁围,须贾之说当亦有助。否则虽与秦温,恐亦未必和

---

① [明]凌稚隆辑校,[明]李光缙增补:《史记评林》(5),天津古籍出版社1998年版,第257页。
② 《史记志疑》卷二十九《穰侯列传》,第1264页。
③ 施之勉:《史记会注考证订补》,(台湾)华冈出版有限公司1976年版,第1227页。

也。"①韩兆琦认为："须贾说辞明确为魏,然亦确实对穰侯有利,故穰侯能听之,正如《战国策·齐策四》陈轸之用'画蛇添足'的故事以止楚将昭阳之以兵伐齐。至其夸大游说之作用,二者亦相同。"②实际上,须贾进劝魏冉,应该得到了魏安釐王的授意,作为一次实质性的外交活动,化解了魏国的军事危机。不过,这种做法只能救一时之急,而无法阻止秦国的再次进攻。

（二）华阳之战

华阳之战是秦国救援韩国而击破魏、赵两国联军的一场恶战。

秦昭襄王三十四年(前273),赵、魏两国联合进攻韩国,直逼韩都新郑北面的华阳(在今河南新郑)。韩釐王眼见情势危急,连忙派使者去秦国,请求紧急救援,秦昭襄王却不愿施救。韩相国知道不能拖延,就召见谋士陈筮③,约他赶往咸阳,再请秦国救援。

陈筮来到咸阳,进见秦相魏冉,魏冉傲慢地说："事急乎？故使公来。"陈筮回答说："未急也。"魏冉一听,有点恼火,责问陈筮说："是可以为公之主使乎？夫冠盖相望,告敝邑甚急,公来言未急,何也？"陈筮解释说："彼韩急则将变而佗从,以未急,故复来耳。"这显然是话中有话,如果秦国不出兵救援韩国,韩国将会求救于别的国家,也就等于背弃了秦国。魏冉一听,马上醒悟过来,告诉陈筮说："公无见王,请今发兵救韩。"④于是,秦昭襄王派魏冉为主将,与武安君白起、客卿胡阳率领军队,紧急驰援韩国⑤。

秦军经过八天行进,到达华阳城下,一举击破魏军,斩杀了13万人,俘虏了

---

① 王叔岷：《史记斠证》,中华书局2007年版,第2294页。
② 韩兆琦：《史记笺证》（七）,江西人民出版社2004年版,第4144页。
③ 《史记》卷四五《韩世家》作"陈筮",司马贞《索隐》曰：徐广云一作"筳",《战国策》作"田茶"。(第1877页)按：今本《战国策》卷二十八《韩三》作"田苓"。
④ 并见《史记》卷四五《韩世家》,第1877页。
⑤ 关于此役,《史记》所述不够妥帖。《穰侯列传》曰："穰侯与白起客卿胡阳复攻赵、韩、魏。"(第2328页)梁玉绳考辨曰："是时秦救韩而伐赵、魏,何云攻韩？当衍'韩'字。"见《史记志疑》,第1264页。又《白起列传》曰："昭王三十四年,白起攻魏,拔华阳,走芒卯,而虏三晋将,斩首十三万。"(第2331页)梁玉绳考辨曰："是役也,穰侯、白起、胡阳同帅师,不当专言起。华阳乃韩地,不可言魏,盖破魏于华阳耳。秦攻赵、魏以救韩,与韩何干？不得言三晋将。"见《史记志疑》,第1266页。

三名将军,夺取了魏国卷(今河南原阳)、蔡(今河南上蔡)、中阳(今河南郑州)、长社(今河南长葛)四座城①,魏军主将芒卯仓皇逃跑。紧接着,白起又与赵将贾偃交战,逼迫赵军逃入黄河,淹死了2万人,夺取了赵国观津(今河北武邑)。

华阳之战,是秦战争史上的一场恶战,白起运用速战速决的战法,歼灭了魏、赵联军15万人。这场大战的结局,是韩国得到了解救,但胜利属于秦国。在华阳之战后,因为魏国的惨败,魏大夫段干子建议魏安釐王割让南阳②,向秦国求和,这是一种不得已的做法。但是,苏代对此建议不以为然,进劝魏安釐王说:

> 欲玺者段干子也,欲地者秦也。今王使欲地者制玺,使欲玺者制地,魏氏地不尽则不知已。且夫以地事秦,譬犹抱薪救火,薪不尽,火不灭。③

这是说段干子想执掌秦国的相印,秦国想占据魏国的领土。现在大王让想夺地的秦国控制相印,让想要相印的段干子控制魏国土地,那么,魏国的领土将会丧失殆尽!所以,通过献地讨好秦国,就如同抱着干柴去救火,干柴烧不完,火就不会灭。魏安釐王懂得这个道理,但认为事情发展到这个地步,已经无法改变,所以没有接受苏代的劝告,最终割让了修武(今河南修武),向秦国求和。这样,魏国继韩国之后,也被迫屈服于秦国。

(三)华阳之战的余绪

华阳之战结束后,韩、魏两国被迫屈服于秦国,秦昭襄王把眼光转向齐、楚两国,一方面命令魏冉把观津归还赵国,并且给赵国增派军队,前去攻打齐国;一方

---

① 《史记》卷五《秦本纪》曰:"三十三年,客卿胡阳攻魏卷、蔡阳、长社,取之。"(第213页)《穰侯列传》曰:"穰侯与白起客卿胡阳复攻赵、韩、魏,破芒卯于华阳下,斩首十万,取魏之卷、蔡阳、长社。"(第2328页)此均称攻取魏国三城。今人杨宽考辨:"以秦简《编年纪》与《史记》比勘,可知《秦本纪》与《穰侯列传》之'蔡阳'当是'蔡、中阳'之误。……是时蔡为魏地,中阳亦为魏地。……《魏世家》《六国表》谓'秦拔我四城',四城当即卷、蔡、中阳、长社。卷在今河南原阳县西,中阳在今河南郑州市东,长社在今河南长葛县东北,蔡在今河南上蔡县西南,皆在韩魏接境之边缘,盖秦兵据韩地以攻取魏西边之城邑。"见《战国史料编年辑证》,第904页。

② 南阳,指太行山以南、黄河以北一带地区,此处具体指修武,所以《资治通鉴》下文称:"魏王不听,卒以南阳为和,实修武。"

③ 《史记》卷四四《魏世家》,第1854页。

面命令武安君白起会合韩、魏两国的军队,一同进攻楚国,想要继续扩大战果。

在齐国方面,齐襄王得知秦国将要援助赵国来攻打齐国,就让苏代替齐国暗地里给穰侯写信,加以劝阻。信中强调"秦王明而熟于计,穰侯智而习于事,必不益赵甲四万以伐齐"①,并进一步分析说:

> 夫三晋之相与也,秦之深仇也。百相背也,百相欺也,不为不信,不为无行。今破齐以肥赵。赵,秦之深仇,不利于秦。此一也。秦之谋者,必曰"破齐,弊晋、楚,而后制晋、楚之胜"。夫齐,罢国也,以天下攻齐,如以千钧之弩决溃痈也,必死,安能弊晋、楚?此二也。秦少出兵,则晋、楚不信也;多出兵,则晋、楚为制于秦。齐恐,不走秦,必走晋、楚。此三也。秦割齐以啖晋、楚,晋、楚案之以兵,秦反受敌。此四也。是晋、楚以秦谋齐,以齐谋秦也,何晋、楚之智而秦、齐之愚?此五也。故得安邑以善事之,亦必无患矣。秦有安邑,韩氏必无上党矣。取天下之肠胃,与出兵而惧其不反也,孰利?臣故曰秦王明而熟于计,穰侯智而习于事,必不益赵甲四万以伐齐矣。②

依照苏代的分析,韩、赵、魏三国相联合,秦国最为深恶痛绝。这三个国家的关系,即使有上百次的背叛、上百次的欺骗,都不算是不讲信义。秦国不应该帮助赵国攻打齐国,这是因为:第一,赵国是秦国的仇敌,攻打齐国对秦国不利。第二,齐国是一个疲弊的国家,调集天下诸侯的兵力攻打齐国,齐国必定灭亡,但怎能削弱三晋和楚国呢?第三,秦国如果出兵少,韩、赵、魏和楚国就不相信秦国;如果出兵多,韩、赵、魏和楚国又会被秦国控制,这样齐国不会投靠秦国,而必定投靠韩、赵、魏和楚国。第四,秦国以瓜分齐国来引诱韩、赵、魏和楚国,而韩、赵、魏和楚国派兵进驻,秦国反倒腹背受敌。第五,韩、赵、魏和楚国借秦国之力图谋齐国,以齐国之地图谋秦国,秦国、齐两国会这样愚蠢吗?所以说,秦国取得安邑并加以治理,就一定没有祸患,没必要帮助赵国攻打齐国。苏代的分析合乎常理,也是对魏冉的肯定。于是魏冉不再攻齐,转而撤兵回国。

在楚国方面,黄歇以楚国使者的身份来到咸阳,听说白起将要率军攻楚,生怕秦国乘胜灭掉楚国,就上书给秦昭襄王加以劝止,详细分析了秦与楚及韩、魏

---

① 《史记》卷七二《穰侯列传》,第 2328 页。
② 《史记》卷七二《穰侯列传》,第 2328—2329 页。

几国的关系,其中谈道:

> 天下莫强于秦、楚。今闻大王欲伐楚,此犹两虎相与斗。两虎相与斗而驽犬受其弊,不如善楚。
>
> 昔智氏见伐赵之利而不知榆次之祸,吴见伐齐之便而不知干隧之败。此二国者,非无大功也,没利于前而易患于后也。吴之信越也,从而伐齐,既胜齐人于艾陵,还为越王禽三渚之浦。智氏之信韩、魏也,从而伐赵,攻晋阳城,胜有日矣,韩、魏叛之,杀智伯瑶于凿台之下。今王妒楚之不毁也,而忘毁楚之强韩、魏也,臣为王虑而不取也。
>
> 臣闻之,敌不可假,时不可失。臣恐韩、魏卑辞除患而实欲欺大国也。何则?王无重世之德于韩、魏,而有累世之怨焉。夫韩、魏父子兄弟接踵而死于秦者,将十世矣。本国残,社稷坏,宗庙毁。刳腹绝肠,折颈折颐,首身分离,暴骸骨于草泽,头颅僵仆,相望于境,父子老弱系脰束手为群虏者相及于路。鬼神孤伤,无所血食。人民不聊生,族类离散,流亡为仆妾者,盈满海内矣。故韩、魏之不亡,秦社稷之忧也,今王资之与攻楚,不亦过乎!
>
> 且王攻楚之日,四国必悉起兵以应王。秦、楚之兵构而不离,魏氏将出而攻留、方舆、铚、湖陵、砀、萧、相,故宋必尽。齐人南面攻楚,泗上必举。此皆平原四达,膏腴之地,而使独攻。王破楚以肥韩、魏于中国而劲齐。韩、魏之强,足以校于秦。齐南以泗水为境,东负海,北倚河,而无后患,天下之国莫强于齐、魏,齐、魏得地葆利而详事下吏,一年之后,为帝未能,其于禁王之为帝有余矣。
>
> 夫以王壤土之博,人徒之众,兵革之强,壹举事而树怨于楚,迟令韩、魏归帝重于齐,是王失计也。臣为王虑,莫若善楚。秦、楚合而为一以临韩,韩必敛手。王施以东山之险,带以曲河之利,韩必为关内之侯。若是而王以十万戍郑,梁氏寒心,许、鄢陵婴城,而上蔡、召陵不往来也,如此而魏亦关内侯矣。王壹善楚,而关内两万乘之主注地于齐,齐右壤可拱手而取也。王之地一经两海,要约天下,是燕、赵无齐、楚,齐、楚无燕、赵也。然后危动燕、赵,直摇齐、楚,此四国者不待痛而服矣。①

---

① 以上并见《史记》卷七八《春申君列传》,第 2387—2393 页。

依照春申君的说法,天下最强盛的国家莫过于秦、楚两国。秦国进攻楚国,就好比两只猛虎相互争斗,这会给韩、魏两国带来可乘之机,因而不如善待楚国。现在,秦王忌恨楚国未被毁灭,却忘了毁灭楚国会壮大韩、魏两国。秦王对韩、魏两国没有累世的恩德,却有累世的仇怨,韩、魏两国不灭亡,就是秦国社稷的忧患。何况秦国伐楚的时候,齐、赵、韩、魏四国都会起兵响应。秦、楚两国交战不休,魏国就会出兵夺取宋国的故地,齐国就会向南攻占泗水流域。这样一来,秦国击破楚国,只会增添齐、魏国的领土。齐、魏两国得到这些土地,经过一年的规划治理,虽然不能称帝,却有力量阻止秦王称帝。相反,秦、楚两国联合进逼韩国,韩国就会束手无策,成为秦国的一个关内侯。其后,秦国再出动十万大军驻守新郑,魏国就会心惊胆战,同样成为秦国的一个关内侯。韩、魏两国一旦降服,秦国的领土连接齐国,就能轻易取得齐国西部的土地。秦国的领土从西海到东海,像一条腰带束缚着天下,燕、赵两国无法联合齐、楚两国,齐、楚两国也无法联合燕、赵两国。这样一来,秦国再去威逼燕、赵两国,胁迫齐、楚两国,这四个国家就会主动降服。

这封信表达的中心内容,犹如所谓"绥靖主义"的思想。黄歇面对秦国的大肆扩张,采取迁就姑息和纵容的态度,用牺牲韩、魏两国的生存利益,去满足秦国君臣的王霸野心,以换取楚国暂时的和平稳定。就当时的具体情形来说,秦国虽然屡次打败韩、魏两国,迫使两国统治者屈服,但尚未确立对山东六国的绝对优势,即未形成"一国独胜"的有利局面,因而不能舍近求远,越过韩、魏两国去攻略楚国。楚国之前曾遭到秦国的严重削弱,又不可避免地受着韩、魏两国的威胁,现在怂恿秦国继续对韩、魏两国用兵,其实不独为楚国争得一个和平安全的环境,而且有利于减轻自身的外部压力。从上述两方面看,这是秦楚两国都愿意接受的一项建议。因此,秦昭襄王读了这封奏书,表示赞同,马上命令白起停止行动,屏退了韩、魏两国军队,同时派使者携带厚礼进见楚顷襄王,与楚国缔结友好关系。

这样一来,秦楚两国之间即将展开的一场大规模战争,由于黄歇的斡旋,就画上了一个休止符。黄歇接受了盟约,返回楚国,被楚顷襄王任命为左徒,开始参与朝廷事务。秦昭襄王三十五年(前272),楚顷襄王把太子熊完派往秦国做质子,让黄歇随从辅佐。此后近10年时间,秦楚两国维持着友好关系。

值得注意的是,魏安釐王一边倒向秦国,激起齐、楚两国的强烈不满。没过多久,齐、楚两国联合攻打魏国,魏安釐王自知难以抵挡,急忙派使者向秦国求救。尽管魏国使者往来不绝,但一直看不到秦国派出的救兵。魏国有个叫唐雎的人,已经过了耄耋之年,得知这一消息,毅然挺身而出,请求魏安釐王让他出使秦国。魏安釐王大为感动,马上准备好车辆,送唐雎前往咸阳。

唐雎来到咸阳,受到秦昭襄王的接见。秦昭襄王与唐雎寒暄之后,就说魏国来求救好多次,想必是情况紧急。唐雎接着此话说:

> 大王已知魏之急而救不发者,臣窃以为用策之臣无任矣。夫魏,一万乘之国也,然所以西面而事秦,称东藩,受冠带,祠春秋者,以秦之强足以为与也。今齐、楚之兵已合于魏郊矣,而秦救不发,亦将赖其未急也。使之大急,彼且割地而约从,王尚何救焉? 必待其急而救之,是失一东藩之魏而强二敌之齐、楚,则王何利焉?①

这段说辞立足于魏国的出路,却着眼于秦国的利益,强调魏国在秦国同齐、楚两国相持的情势下,作为第三者所具有的价值,同时暗示,魏国得不到秦国的救援,有可能背弃秦国而倒向齐、楚两国,到那时吃亏的只会是秦国。这情形对秦昭襄王来说,实在需要当机立断。因此,秦昭襄王听了唐雎的话,自是感叹不已,马上向魏国派出救兵,昼夜兼程赶赴大梁。齐、楚两国被迫撤兵而归,魏国转危为安。两百多年后,刘向编纂《战国策》时,在载录这一事件之后,还写下九字评语:"魏氏复全,唐雎之说也。"②这是对唐雎搬兵的高度赞誉。

在华阳之战中,还发生了一些小插曲。西周大臣马犯进见周赧王,请求去魏都大梁,请魏安釐王帮助西周筑城。他见到魏安釐王后说:"周王病若死,则犯必死矣。犯请以九鼎自入于王,王受九鼎而图犯。"魏安釐王表示同意,当即给他派出一批士卒,声称去保卫西周。紧接着,马犯急忙赶往咸阳,进见秦昭襄王说:"梁非戍周也,将伐周也。王试出兵境以观之。"秦昭襄王果然出兵。马犯又转回大梁,对魏安釐王说:"周王病甚矣,犯请后可而复之。今王使卒之周,诸侯皆生心,后举事且不信。不若令卒为周城,以匿事端。"③魏安釐王表示同意,就让那批士卒给西周筑城。由此可见,在列国环伺的条件下,周王室能够支撑下

---

① 《史记》卷四四《魏世家》,第1856页。
② 《战国策》卷二十五《魏四》,第912页。
③ 并见《史记》卷四《周本纪》,第166页。

去,主要依靠的就是平衡外交的策略。

六 范雎的远交近攻

所谓远交近攻,即指结交偏远的国家而进攻邻近的国家。这是秦昭襄王时期范雎为了发展壮大秦国而提出的一种军事外交方略。从秦与各诸侯国的关系来说,这一方略把地理位置较近的赵、韩、魏国作为秦国兼并的主要目标,暂且与较远的齐、燕、楚国保持友好关系,以保证秦国兼并战争的顺利进行。

(一)范雎入秦干政

秦武王四年(前307)八月,秦武王举鼎绝膑而死,他的弟弟嬴稷(一名则)继位,是为秦昭襄王。秦国经过一场内乱,魏冉以国舅的身份,完全控制了秦朝廷。这之后二三十年间,秦国和齐国两强对峙,韩、魏两国时而依附于秦国,时而依附于齐国,而楚国遭到秦国的沉重打击。魏冉有功于秦国,但为了扩充私人的势力,对内一反重用客卿的传统,倚靠几个权贵操持国政,大肆鲸吞国家财产,以至私家富于王室;对外奉行舍近求远的方针,屡次越过韩、魏两国,企图攻占齐国的土地,终究不能够取胜。这种缺乏眼光的做法,到范雎入仕秦国,辅佐秦昭襄王夺回统治权后,开始有了战略性的转变。

范雎是魏国人,早年想去魏王室谋职,因为家境十分贫困,生活没有着落,不得已到魏中大夫须贾府上做一点事情。须贾曾经出使齐国,让范雎做随从。齐襄王听说范雎有辩才,派人给他送来黄金10斤和一些牛酒,范雎推辞不敢接受。须贾知道这件事,以为范雎出卖魏国的机密,才得到这样的赏赐,就责令范雎收下牛酒,把黄金退回。等到回国以后,须贾把这件事报告给相国魏齐。魏齐怒不可遏,当即让门客鞭笞范雎,直至打断肋骨、打落牙齿。范雎假装死亡,被卷入草席,丢到厕所,继而从厕所逃了出去。其后,在魏都人郑安平的帮助下,范雎改名为张禄,躲藏在大梁。

恰在此时,秦昭襄王派谒者王稽出使魏国,郑安平装作一名小卒,去伺候王稽。经过郑安平的推荐,王稽见到范雎,非常赏识范雎的才能,就借助外交官的身份,把他带到了咸阳。王稽向秦昭襄王报告出使情况,乘机推荐范雎说:"魏有张禄先生,天下辩士也。曰'秦王之国危于累卵,得臣则安。然不可以书传也'。臣故载来。"①秦昭襄王不相信,只让范雎住在客舍,提供一些粗食。这样过了一年多,范雎一直等待着秦昭襄王的召见。

当时,秦国朝政归于四大封君,其中穰侯魏冉、华阳君芈戎二人是秦昭襄王的舅父,而泾阳君嬴市、高陵君嬴悝二人是秦昭襄王的胞弟。"穰侯相,三人者更将,有封邑,以太后故,私家富重于王室。"②等到魏冉做将军,为了扩大他的封地陶邑,就想越过韩、魏两国,去攻打齐国刚寿(在今山东东平)。范雎抓住这个机会,给秦昭襄王上书,其中写道:

> 臣闻明主立政,有功者不得不赏,有能者不得不官,劳大者其禄厚,功多者其爵尊,能治众者其官大。故无能者不敢当职焉,有能者亦不得蔽隐。使以臣之言为可,愿行而益利其道;以臣之言为不可,久留臣无为也。语曰:"庸主赏所爱而罚所恶;明主则不然,赏必加于有功,而刑必断于有罪。"今臣之胸不足以当椹质,而要不足以待斧钺,岂敢以疑事尝试于王哉!虽以臣为贱人而轻辱,独不重任臣者之无反复于王邪?
>
> 且臣闻周有砥砈,宋有结绿,梁有县藜,楚有和朴,此四宝者,土之所生,良工之所失也,而为天下名器。然则圣王之所弃者,独不足以厚国家乎?
>
> 臣闻善厚家者取之于国,善厚国者取之于诸侯。天下有明主则诸侯不得擅厚者,何也?为其割荣也。良医知病人之死生,而圣主明于成败之事,利则行之,害则舍之,疑则少尝之,虽舜禹复生,弗能改已。语之至者,臣不敢载之于书,其浅者又不足听也。意者臣愚而不概于王心邪?亡其言臣者贱而不可用乎?自非然者,臣愿得少赐游观之间,望见颜色。一语无效,请伏斧质。③

这是说英明的君主执掌朝政,有功劳的人必得奖赏,有才能的人必能做官,功劳大的人俸禄多,战功多的人爵位高,能治理民众的人官职大,所以,没才能的人不敢接职,有才能的不得隐匿。正如那句俗话所说:平庸的君主奖赏自己喜欢

---

① 《史记》卷七九《范雎蔡泽列传》,第2403页。
② 《史记》卷七九《范雎蔡泽列传》,第2404页。
③ 《史记》卷七九《范雎蔡泽列传》,第2404—2405页。

的人,惩罚自己厌恶的人;英明的君主就不是这样,必定奖赏有功劳的人,而惩罚有罪过的人。范雎自比砥厄、结绿、悬藜、和璞四种宝玉,这四种宝玉出自地下,虽然曾被精巧的工匠遗弃,但最终都成了天下闻名的器物。在范雎看来,优秀的医生可以预知病人的生死,圣明的君王可以预料事情的成败,有利的事情就做,有害的事情就不做,疑惑的事情可尝试一下,即使舜、禹再生,也不能改变这个道理。所以,范雎期望得到秦昭襄王的接见,向他提出治理秦国的方略。

秦昭襄王读过奏书,非常高兴,特意向王稽道歉,让人用传车去接范雎进宫。范雎来到昭襄王下榻的离宫,假装不知详情,径直往内宫走去。秦昭襄王从宫内出来,随从宦官看到范雎很恼火,要他赶快离开,并呵斥道:"王至!"范雎却故意说:"秦安得王? 秦独有太后、穰侯耳。"①他想以此激怒昭襄王。昭襄王听到范雎和宦官争执,就把他迎进宫中,并向他道歉,范雎连忙还礼。当时在场的群臣看到这一情形,无不勃然变色,肃然起敬。

大概是为了保密,秦昭襄王屏退左右侍从,长跪着向范雎请教,范雎只是"嗯嗯"应答。过了一会,昭襄王再次求教,范雎仍是唯唯诺诺。这样重复了三次,昭襄王仍跪着说:"先生卒不幸教寡人邪?"范雎方才放下架子,从周文王遇见吕尚,接回去拜为太师谈起,向秦昭襄王解释说:"今臣羁旅之臣也,交疏于王,而所愿陈者皆匡君之事,处人骨肉之间,愿效愚忠而未知王之心也。此所以王三问而不敢对者也。臣非有畏而不敢言也。臣知今日言之于前而明日伏诛于后,然臣不敢避也。大王信行臣之言,死不足以为臣患,亡不足以为臣忧,漆身为厉、被发为狂不足以为臣耻……"②范雎说这番话,无非是想推销自己,让秦昭襄王相信自己苦口婆心全是为秦国着想,万一说得不中听,也不要怪罪。有了这条退路,范雎才接着大胆地说:

> 臣之所恐者,独恐臣死之后,天下见臣之尽忠而身死,因以是杜口裹足,莫肯乡秦耳。足下上畏太后之严,下惑于奸臣之态,居深宫之中,不离阿保之手,终身迷惑,无与昭奸。大者宗庙灭覆,小者身以孤危,此臣之所恐耳。若夫穷辱之事,死亡之患,臣不敢畏也。臣死而秦治,是

---

① 《史记》卷七九《范雎蔡泽列传》,第 2406 页。
② 《史记》卷七九《范雎蔡泽列传》,第 2406—2407 页。

臣死贤于生。①

这里,范雎说出了他的忧虑,认为秦昭襄王在上害怕太后的威严,在下被奸臣的丑态所蒙蔽,住在深宫里面,不离保姆之手,终身陷于迷惑,不能明辨奸恶,这样下去,重则国家灭亡,轻则自身被孤立,处境非常危险。同时,范雎也表明了自己的决心,不计个人的荣辱和生死,只要能使秦国大治,虽死犹荣。

秦昭襄王听了这番话,心里非常感动,仍旧长跪着说:"先生是何言也! 夫秦国辟远,寡人愚不肖,先生乃幸辱至于此,是天以寡人恩先生而存先王之宗庙也。寡人得受命于先生,是天所以幸先王,而不弃其孤也。先生奈何而言若是! 事无小大,上及太后,下至大臣,愿先生悉以教寡人,无疑寡人也。"②范雎随即拜谢,昭襄王也连忙还礼。

(二) 远交近攻的方略

在获得秦昭襄王的信任之后,范雎开始转入正题,给昭襄王分析说:"大王之国,四塞以为固,北有甘泉、谷口,南带泾、渭,右陇、蜀,左关、阪,奋击百万,战车千乘,利则出攻,不利则入守,此王者之地也。民怯于私斗而勇于公战,此王者之民也。王并此二者而有之。夫以秦卒之勇,车骑之众,以治诸侯,譬若施韩卢而搏蹇兔也,霸王之业可致也,而群臣莫当其位。至今闭关十五年,不敢窥兵于山东者,是穰侯为秦谋不忠,而大王之计有所失也。"③这是说秦国四面险阻,战略形势十分稳固,北面有甘泉、谷口,南面有泾水、渭水环绕,西面有陇山、蜀郡,东面有函谷关、商阪,军队有 100 万人,战车有 1000 辆,形势有利就出击,不利就退守,这是王者的领地。秦国的民众怯于私人争斗,而勇于为国家战斗,这是王者的民众。范雎认为,秦国兼有这两种条件,凭借秦军的勇敢、车骑的众多以统治各国诸侯,就好比驱使韩卢(一种猛犬)和跛兔搏斗一样,霸王大业很快就能实现。然而群臣都不称职,至今已经闭关 15 年,仍不敢向山东进军,这是由于穰侯不忠心为秦国谋划,而大王的谋略有所失误呀!

秦昭襄王听完这段话,忙问自己有哪些失误。范雎本想深入谈下去,但见宫

---

① 《史记》卷七九《范雎蔡泽列传》,第 2407 页。
② 《史记》卷七九《范雎蔡泽列传》,第 2407 页。
③ 《史记》卷七九《范雎蔡泽列传》,第 2408—2409 页。

中侍从在偷听,就不敢再谈宫中的事情,把话头转向外交事务,以便观察秦昭襄王的态度,因而继续分析说:

> 夫穰侯越韩、魏而攻齐纲寿,非计也。少出师则不足以伤齐,多出师则害于秦。臣意王之计,欲少出师而悉韩、魏之兵也,则不义矣。今见与国之不亲也,越人之国而攻,可乎?其于计疏矣。且昔齐湣王南攻楚,破军杀将,再辟地千里,而齐尺寸之地无得焉者,岂不欲得地哉?形势不能有也。诸侯见齐之罢弊,君臣之不和也,兴兵而伐齐,大破之。士辱兵顿,皆咎其王,曰:"谁为此计者乎?"王曰:"文子为之。"大臣作乱,文子出走。故齐所以大破者,以其伐楚而肥韩、魏也。此所谓借贼兵而赍盗粮者也。王不如远交而近攻,得寸则王之寸也,得尺亦王之尺也。今释此而远攻,不亦缪乎!且昔者中山之国地方五百里,赵独吞之,功成名立而利附焉,天下莫之能害也。今夫韩、魏,中国之处而天下之枢也,王其欲霸,必亲中国以为天下枢,以威楚、赵。楚强则附赵,赵强则附楚,楚、赵皆附,齐必惧矣。齐惧,必卑辞重币以事秦。齐附而韩、魏因可虏也。①

依照范雎的分析,穰侯越过韩、魏两国去攻打齐国,并不是什么好计谋。因为出兵太少,不足以伤及齐国;出兵太多,则有害于秦国。如果秦国出兵少却调发韩、魏两国所有的军队,这不合乎道义。先前齐国被打垮,是因为齐湣王向南进攻楚国,而壮大了韩、魏两国。这是所谓借兵器给贼匪、送粮食给强盗啊!因此,范雎告诫秦昭襄王:不如结交远国,而攻伐近邻。这样攻下一寸土地,就成为秦国的一寸土地;攻下一尺土地,就成为秦国的一尺土地。现在抛弃这一方略,而去攻伐远国,不是很荒谬吗?况且韩、魏两国处于中原,是天下的枢纽,秦昭襄王要称霸天下,必须亲附韩、魏两国,以作为称霸天下的枢纽,来威胁楚、赵两国。楚国强大,就迫使赵国来亲附;赵国强大,就迫使楚国来亲附。楚、赵两国亲附,齐国必然畏惧,就会呈上谦卑的国书,献上贵重的礼物,来侍奉秦国。等到齐国来亲附,大王就能收服韩、魏两国。

这就是"远交近攻"的方略。所谓"远交",即对远离本国的国家采取威胁、利诱和拉拢手段,使它不去援助被攻击的国家;所谓"近攻",即对邻近的国家发

---

① 《史记》卷七九《范雎蔡泽列传》,第2409—2410页。

动进攻,使攻取的土地处于本国的有效控制之下。在这里,"近攻"是"远交"的基本依据,"远交"是"近攻"的重要保证,从谋略主体来看,两者是相辅相成的关系。当然,"远交"绝非永久亲善,一旦"近攻"成功,"远交"的对象也就成为新的进攻目标。从本质上讲,"远交近攻"是一项注重捞取实利的方略,是一项稳健地统一天下的方略。范雎着眼于秦国同山东各国的关系,系统地阐述了"远交近攻"的具体步骤,虽然不免过分看重外交的作用,而对战争指导重视不够,但极有利于减轻统一战争的阻力,以达到逐个吞灭六国的目的。所以对秦国来说,"远交近攻"可视为一项正确的经国方略。

对于"远交近攻"的方略,秦昭襄王表示赞同,但仍有一些疑问,接着问范雎道:"吾欲亲魏久矣,而魏多变之国也,寡人不能亲。请问亲魏奈何?"范雎回答说:"王卑词重币以事之;不可,则割地而赂之;不可,因举兵而伐之。"①秦昭襄王表示赞同,当即任命范雎为客卿,共同谋划对外战争。

秦昭襄王三十九年(前268),客卿范雎建议秦昭襄王攻伐魏国。秦昭襄王派遣五大夫绾率军进攻魏国,夺取了怀邑(今河南武陟)。其后两年,秦军又夺取了邢丘(今河南温县)。然而,鉴于秦韩两国的地缘关系,范雎改变了攻伐魏国的谋略,进劝秦昭襄王说:

> 秦韩之地形,相错如绣。秦之有韩也,譬如木之有蠹也,人之有心腹之病也。天下无变则已,天下有变,其为秦患者孰大于韩乎?王不如收韩。②

这是说秦韩两国的地形,好比锦绣交织在一起。秦国因为有韩国在,就像木头里生了蛀虫、人的心腹有病一样。天下形势不变动还好,一旦有所变动,对秦国构成祸害的国家,哪个会比韩国大呢? 所以,范雎建议秦昭襄王:应该首先收服韩国。秦昭襄王询问道:"吾固欲收韩,韩不听,为之奈何?"范雎回答说:"韩安得无听乎? 王下兵而攻荥阳,则巩、成皋之道不通;北断太行之道,则上党之师不下。王一兴兵而攻荥阳,则其国断而为三。夫韩见必亡,安得不听乎? 若韩听,而霸事因可虑矣。"③秦昭襄王十分赞同,当即派使者去韩国活动。秦国在

---

① 《史记》卷七九《范雎蔡泽列传》,第 2410 页。
② 《史记》卷七九《范雎蔡泽列传》,第 2410 页。
③ 并见《史记》卷七九《范雎蔡泽列传》,第 2410 页。

"远交近攻"方略的指导下,开始迈向统一天下的道路。

(三)清理朝政

如前所述,范雎入秦干政的手段,原本是想清除四大封君,帮助秦昭襄王操纵王权,以获求秦昭襄王的信任。等到取得秦昭襄王的信任,并提出"远交近攻"的方略之后,范雎又把着力点转回清理朝政上面。

秦昭襄王四十一年(前266),范雎已担任客卿数载,颇受秦昭襄王信任。可是,秦国四大封君操纵朝政,成为范雎仕途上的障碍。范雎对这帮权贵盘算已久,就找着一个适当的机会,向秦昭襄王进言道:

> 臣居山东时,闻齐之有田文,不闻其有王也;闻秦之有太后、穰侯、华阳、高陵、泾阳,不闻其有王也。夫擅国之谓王,能利害之谓王,制杀生之威之谓王。今太后擅行不顾,穰侯出使不报,华阳、泾阳等击断无讳,高陵进退不请。四贵备而国不危者,未之有也。为此四贵者下,乃所谓无王也。然则权安得不倾,令安得从王出乎?臣闻善治国者,乃内固其威而外重其权。穰侯使者操王之重,决制于诸侯,剖符于天下,政適伐国,莫敢不听。战胜攻取则利归于陶,国弊御于诸侯;战败则结怨于百姓,而祸归于社稷。
>
> 《诗》曰:"木实繁者披其枝,披其枝者伤其心;大其都者危其国,尊其臣者卑其主。"崔杼、淖齿管齐,射王股,擢王筋,县之于庙梁,宿昔而死。李兑管赵,囚主父于沙丘,百日而饿死。今臣闻秦太后、穰侯用事,高陵、华阳、泾阳佐之,卒无秦王,此亦淖齿、李兑之类也。且夫三代所以亡国者,君专授政,纵酒驰骋弋猎,不听政事。其所授者,妒贤嫉能,御下蔽上,以成其私,不为主计,而主不觉悟,故失其国。今自有秩以上至诸大吏,下及王左右,无非相国之人者。见王独立于朝,臣窃为王恐,万世之后,有秦国者非王子孙也。①

这里,范雎首先论述了君主的权力,认为总揽国家权力的人,可以称为王;掌握利害权柄的人,可以称为王;控制生杀权威的人,可以称为王。其次,揭示了秦朝廷的现状:太后擅自行事,不顾后果;穰侯派遣使者,不打报告;华阳君、泾阳君

---

① 《史记》卷七九《范雎蔡泽列传》,第2411—2412页。

断狱用刑,不讲忌讳;高陵君任免官吏,不做请示。秦朝廷由这四位权贵把持,就等于没有君主。在这种情况下,国家权力怎能不倾覆,政令又怎能由君王掌控呢?所以说,善于治国的君主,对内巩固自己的权威,对外加强自己的权力。现在秦国实际情况恰恰相反,穰侯假借君主的名义,派出使者对诸侯发号施令,在天下剖符行封,出兵征伐敌国,没有人敢不听命。战争胜利就把好处归于陶邑,而使诸侯遭受疲弊;战争失败就会引起百姓的怨恨,使国家蒙受祸害。最后,范雎举出崔杼、淖齿操控齐国,李兑操控赵国的事例,以说明权臣专政的危害性,而秦国太后、穰侯执政,高陵、华阳、泾阳诸君相辅佐,根本不把秦昭襄王放在眼里,就像淖齿、李兑一类的情形。秦昭襄王被孤立于朝廷,长此以往,后果不堪设想。

本来,秦昭襄王是一位很有抱负的君主,但在位40年仍受着宣太后、四大封君的掣肘,因而对四大封君的强力干政,难免耿耿于怀,只是碍于血缘亲情的关系,不忍心向他们开刀。现在,经过范雎这么一说,秦昭襄王认识到问题的严重性,就果断地做出决策,废黜宣太后,把魏冉和高陵、华阳、泾阳诸君都放逐到关外,然后任命范雎为相国,并且把应邑(在今河南宝丰)封给他。范雎由此号称应侯。

针对魏冉和范雎的权力交替,司马光颇有感慨地说:"穰侯援立昭王,除其灾害;荐白起为将,南取鄢、郢,东属地于齐,使天下诸侯稽首而事秦。秦益强大者,穰侯之功也。虽其专恣骄贪足以贾祸,亦未至尽如范雎之言。若雎者,亦非能为秦忠谋,直欲得穰侯之处,故扼其吭而夺之耳。遂使秦王绝母子之义,失舅甥之恩。要之,雎真倾危之士哉!"①这分明是对魏冉的同情,也是对范雎的指斥。

在驱逐四大封君之后,秦昭襄王得以亲理朝政,开始实施"远交近攻"的方略,与范雎谋划对韩、魏两国的战争。魏王听说秦国将要攻打韩、魏两国,急忙派须贾出使秦国。范雎得知须贾来到咸阳,就隐瞒相国的身份,穿着破旧的衣服到客舍来见须贾,继而亲自驾车,把须贾带入相府,当众数落了他的三条罪状,随即终止会晤。然后,范雎向秦昭襄王报告,责令须贾回国。当须贾前来辞行时,范雎大摆宴席,邀请诸侯各国的使臣,与他同坐堂上,共享丰盛的酒菜饭食,而安排须贾坐在堂下,让两个受过黥刑的犯人夹在两旁,逼他吃一些豆拌的草料。等到

---

① 《资治通鉴》卷五《周纪五》,第162页。

宴席结束,范雎指斥须贾说:"为我告魏王,急持魏齐头来!不然者,我且屠大梁。"①须贾返回魏国,把范雎的话告诉魏齐,魏齐大为惊慌,被迫逃到赵国,躲藏在平原君府中。

范雎出任相国之后,感念王稽、郑安平的救命之恩,就先向秦昭襄王推荐王稽,昭襄王任命王稽为河东郡守,并允许他三年内不向朝廷汇报政绩;又向秦昭襄王举荐郑安平,昭襄王任命郑安平为将军。范雎还散发家中的财物,用以报答那些帮助过他而生活困苦的人。司马迁称范雎"一饭之德必偿,睚眦之怨必报"②,大体上反映了他的人格特质。

秦昭襄王四十二年(前265),秦昭襄王出兵进攻韩国少曲、高平,攻下了这两座城。秦昭襄王听说魏齐躲藏在平原君府中,想替范雎报仇,就假借朋友聚会的名义,写信邀请平原君来咸阳,开怀畅饮一番。平原君本就畏惧秦国,以为秦昭襄王有意交好,就赶赴咸阳来见秦昭襄王。秦昭襄王陪平原君宴饮数日,要求平原君交出魏齐。平原君回答说:"贵而为交者,为贱也;富而为交者,为贫也。夫魏齐者,胜之友也,在,固不出也,今又不在臣所。"③秦昭襄王见平原君不肯交出魏齐,又写信给赵孝成王说:"王之弟在秦,范君之仇魏齐在平原君之家。王使人疾持其头来;不然,吾举兵而伐赵,又不出王之弟于关。"④赵孝成王看过信,立刻派兵包围了平原君府。情急之下,魏齐连夜逃走,去见赵相虞卿。虞卿估计无法说服赵孝成王,当即解去相印,与魏齐一起逃出赵国,抄小路逃往大梁,想通过信陵君投奔楚国。信陵君听说之后,因为畏惧秦国,有点犹豫不决,没有及时接见他们。魏齐听说信陵君不肯接见,一怒之下,自刎而死。赵孝成王得知魏齐自杀,派人取回他的头颅,送到秦国。秦昭襄王有言在先,也就放平原君回国。

秦昭襄王四十三年(前264),秦国进攻韩国,夺取了汾陉(今山西曲沃),并在黄河边上的广武山筑城。秦昭襄王四十七年(前260),秦昭襄王根据范雎的策划,实施反间计,使赵孝成王上当受骗,任用赵括代替廉颇,统率赵军抵抗秦军,结果在长平惨败。其后,秦昭襄王下令继续攻打赵国,任用郑安平,协助王龁

---

① 《史记》卷七九《范雎蔡泽列传》,第2414页。
② 《史记》卷七九《范雎蔡泽列传》,第2415页。
③ 《史记》卷七九《范雎蔡泽列传》,第2416页。
④ 《史记》卷七九《范雎蔡泽列传》,第2416页。

围攻邯郸。

秦昭襄王五十年(前257),邯郸之战后白起自杀,范雎去了一块心病。谁料横祸旋即飞来,还出在他的两位门生身上。郑安平受范雎举荐为将军,却在围攻邯郸时投降赵国。按照秦国的法律,被推荐人有罪,推荐人和被推荐人一同治罪,范雎将被收捕三族。秦昭襄王怕伤范雎的心,在国内下令:有敢谈论郑安平之事者,与郑安平同罪论处;同时赐给范雎丰厚的食物,以顺应他的心意。秦昭襄王五十二年(前255),王稽在河东太守任上,因为里通外国被秦朝廷处以死刑。范雎作为他的推荐人,更是心情烦闷,旋即借病辞去相位,最后郁郁而死。

怎样评价范雎为政的得失?可以参考林剑鸣的说法:"总观范雎相秦后的内政,比魏冉专政时期有进步,但由于他个人心胸狭窄、目光短浅,故而也采取了一些不恰当的措施。这也说明先秦的游士为各国奔走的目的,无非是为个人的荣华富贵。他们即使能提出一些有益于统一的办法,但并不都是有远见的政治家。尽管如此,范雎所主张的'远交近攻'策略,在灭亡六国的过程中,是重要而有效的,这应当是范雎在历史上的主要贡献。正是在这一策略的指导下,秦国对外战争取得一系列胜利。"①这一评价肯定了"远交近攻"的方略,可以说比较公允。

七 长平之战

长平之战是秦、赵两国在长平进行的一场会战。秦、赵两国为了夺取胜利,动用了一切可以动用的力量。但这场会战的结局,使作战双方数十万人抛尸于荒山野地②,为中国战争史留下了悲惨的一页。

(一)秦赵关系的演变

历史上,秦、赵两国的王族出于一个祖源,有着共同的文化根脉。从地理位置上看,秦、赵两国之间隔着魏国,因而两国长期缺乏交往,一直没有发生过战

---

① 《秦史稿》,第263页。
② 参见李吉毅:《高平发现疑似长平之战尸骨坑》,《山西晚报》2020年7月14日。

争。然而,赵国脱胎于晋国,因为与韩、魏两国关系密切,当秦国向东扩张之际,赵国出于自身的利益,经常与韩、魏两国站在一起,而与秦国发生战争。

秦献公二十一年(前364),秦魏石门之战时,赵成侯派兵援救魏国。秦献公二十二年(前363),秦魏少梁之战时,赵成侯出兵援救魏国。秦孝公元年(前361),赵、韩两国联合进攻秦国。秦孝公十一年(前351),秦军进攻赵国蔺城。秦惠文君十年(前328),秦军进攻赵国,斩杀了赵将赵疵,夺取了蔺(在今山西吕梁离石区西)、离石(今山西吕梁离石区)。秦惠文君十二年(前326),赵肃侯去世,秦、楚、燕、齐、魏诸国各派出精兵一万人,前来参加葬礼。秦惠文王后元八年(前317),赵武灵王派兵与韩、魏两国一起进攻秦国,被秦军击败,斩杀了八万人。秦惠文王后元九年(前316),秦军进攻赵国,夺取了中都(今山西平遥)、西阳(今山西中阳)。秦惠文王后元十二年(前313),秦军进攻赵国,再度夺取了蔺城,俘虏了赵将赵庄。秦武王四年(前307),秦武王去世,赵武灵王派代相赵固到燕国迎接秦公子嬴稷,护送他回国继位,是为秦昭襄王。

秦昭襄王继位之初,秦赵关系得到了改善,长期保持和平状态。赵武灵王推行胡服骑射,增强了赵国的军事力量,"略中山地,至宁葭;西略胡地,至榆中"①,夺取了大片土地,同时派楼缓出使秦国,仇液出使韩国,富丁出使魏国,王贲出使楚国,赵爵出使齐国,积极参与诸侯事务,对秦国构成较大的威胁。

秦昭襄王八年(前299)五月,赵武灵王把王位传给幼子赵何,任命肥义为相国,自称"主父"。他想让赵何治理朝政,而自己穿上胡人的服装,率领士大夫去攻略西北胡人的领地,进而袭击秦国。《史记·赵世家》记述:

> 主父欲令子主治国,而身胡服将士大夫西北略胡地,而欲从云中、九原直南袭秦,于是诈自为使者入秦。秦昭王不知,已而怪其状甚伟,非人臣之度,使人逐之,而主父驰已脱关矣。审问之,乃主父也。秦人大惊。主父所以入秦者,欲自略地形,因观秦王之为人也。②

这段记述表明,赵武灵王略取"胡地"的用意,在于从云中、九原南下,袭击秦都咸阳。为了达到这一目的,赵武灵王扮作使者,亲往咸阳,以便观察秦国的地形和秦昭襄王的为人。秦昭襄王与赵武灵王会晤,没有识破真相,只是会晤之

---

① 《史记》卷四三《赵世家》,第 1811 页。
② 《史记》卷四三《赵世家》,第 1813 页。

后觉得这个人相貌伟岸,不像是做臣子的风度,就派人去追赶赵武灵王,但赵武灵王一行已过了秦国的边关。秦昭襄王经过一番追查,才知道与自己会面的人就是赵武灵王。秦国人听说这件事之后,不免大吃一惊。秦昭襄王十一年(前296),赵武灵王视察新获取的领土,从代郡来到西河,在这里会见了楼烦王,检阅了军队。这件事在秦国也产生了一定的反响。

然而,赵武灵王没能实施他的攻秦计划,在赵国统治者内讧中,不幸被饿死于沙丘宫。随着韩、魏两国的削弱,秦国不断地向东扩张,秦赵关系也出现逆转。尤其是赵国和韩、魏两国,面对秦国的军事活动,彼此需要相互援助。所以,秦国继续向东扩张,必然与赵国产生矛盾和冲突,以致发生战争,其中影响较大的是阏与之战。

秦昭襄王三十八年(前269),秦昭襄王派遣中更胡阳率军进攻韩国①,围困了阏与(在今山西和顺)。赵惠文王召见廉颇,询问可否援救阏与,廉颇认为"道远险狭,难救"。继而召见乐乘,乐乘的意见与廉颇一样。而后召见赵奢,赵奢回答说:"其道远险狭,譬之犹两鼠斗于穴中,将勇者胜。"②于是,赵惠文王任命赵奢为主将,率军前去援救阏与。

赵奢率军离开邯郸,刚刚走过30里路,就安营扎寨,不再前进,并且在军中下令:若有以军事劝谏者,一律处斩!有一位军吏建议救援阏与,应该快速进兵,赵奢立即将他处斩。当时,秦军驻扎在武安(今河北武安),整天忙于操练,擂鼓呐喊,连城中房屋都被震动。而赵军坚守不出28天,还增修了一些壁垒。秦国的间谍进入赵军营地,赵奢供给他上等饮食,然后遣送他回去。这名间谍把侦探到的情况报告给秦军将领,秦军将领竟以为赵军离开国都30里就不敢继续行进了,只顾着增修壁垒,声称阏与不再属于赵国。

哪知赵奢在遣返秦国间谍之后,立即下令全军轻装疾进,仅用一昼夜时间,就赶到离阏与50里的地方驻扎下来。秦军急忙赶来迎战。赵军军士许历进见赵奢说:"秦人不意赵师至此,其来气盛,将军必厚集其阵以待之。不然,必败。"

---

① 关于阏与究竟属于韩国还是赵国,《史记》记述不一:《秦本纪》记载,秦昭襄王三十八年,"中更胡阳攻赵阏与,不能取"(第213页)。《赵世家》记载,赵惠文王二十九年,"秦、韩相攻,而围阏与"(第1822页)。《廉颇蔺相如列传》记载:"秦伐韩,军于阏与。"(第2445页)

② 并见《史记》卷八一《廉颇蔺相如列传》,第2445页。

赵奢追问他的想法,许历说:"先据北山上者胜,后至者败。"①赵奢接受这一建议,当即派出一万人占据北山,控制了整个战场的制高点。秦军随后赶到,与赵军争夺北山,却没能得手。赵奢命令主力部队从正面向秦军进攻。赵军两面夹击,大破秦军。秦军被迫解除阏与之围,撤退而回。因为此战的功劳,赵惠文王封赵奢为马服君,任用许历为国尉,赵奢与廉颇、蔺相如地位相当。

这是一个先虚后实的典型战例。赵奢率军驰援阏与,离开国都30里安营扎寨,歇足不前,这是欲攻姑守、欲进姑止,给秦军造成怯战的假象。其后,经过一昼夜的急行军,突然出现在秦军的面前,这是进而神速,让敌方措手不及。对于此战来说,赵军的一驻一进,是发动攻势的必要准备。驻者为虚,进者为实,整个作战行动是以虚掩实。再从作战经过看,赵奢分兵占据北山制高点,是调动秦军来攻的"虚招"。秦军本来是以逸待劳,但经过赵奢牵牛鼻子的行动,反倒处于被动地位。当秦军为争夺制高点而全力开战时,赵奢指挥主力部队从正面发起猛攻,实际上是对秦军最有力的一击。这样一虚一实、先虚后实的作战指挥,表现出赵奢卓越的军事才能。

秦昭襄王四十二年(前265),因为秦赵关系的破裂,秦国军队继续进攻赵国,夺取了三座城。而在赵国,因为赵惠文王去世、赵孝成王即位不久,赵太后执掌朝政,即派使者向齐国求救。齐襄王要求赵国以长安君到齐国做人质,才会发兵救援。赵太后怜爱她的儿子,最初没答应齐国的要求,齐国就没有出动救兵。在赵国大臣一再劝说,尤其是左师触龙的劝解之下,赵太后考虑到赵国的长远利益,才下令给长安君配备一百乘车,去齐国做人质。齐襄王随后发兵,秦国军队就撤退了。

秦昭襄王四十三年(前264),基于赵齐两国的友好关系,赵孝成王任用田单为相国。而在秦国,经过范雎的反复建言,确立了远交近攻的方略,秦昭襄王更是全力投入向东扩张,不断地进攻韩国,因为争夺上党地区,秦赵爆发了长平之战。

(二)长平之战的过程

长平之战,从秦昭襄王四十五年(前262)开始,到秦昭襄王四十八年(前

---

① 《史记》卷八一《廉颇蔺相如列传》,第2445页。

259)正月结束,经历了三年时间。依照秦国的战略进程,大体上分为两个阶段:前一阶段是上党争夺战,后一阶段是长平包围战。最终秦军彻底歼灭了赵军,取得了重大的胜利。

1. 上党争夺战

秦昭襄王四十三年(前264),秦武安君白起率军进攻韩国,一连攻克9座城①,斩杀了韩军5万人,并且在汾水旁的陉城筑城,作为继续东扩的战略基地。秦昭襄王四十四年(前263),白起从太行山南麓进攻韩国,占领了南阳(今河南修武)②。秦昭襄王四十五年(前262),白起继续向东进攻,占领了野王(今河南沁阳),切断了韩国通往上党的道路。

上党,位于今山西省东南部,是群山环抱的一块高地,战国中期是韩国的领土。秦军切断南阳道之后,上党变成韩国的一块飞地,与韩都新郑隔绝,处于自身难保的险境。有鉴于此,上党郡守冯亭召集当地吏民共作商议,说出自己的想法:

> 郑道已绝,韩必不可得为民。秦兵日进,韩不能应,不如以上党归赵。赵若受我,秦怒,必攻赵。赵被兵,必亲韩。韩赵为一,则可以当秦。③

依照冯亭的想法,上党民众通往国都的道路,已经被秦军切断。眼见秦军日益逼近,又得不到韩王的解救,不如把上党归附赵国。赵国一旦接纳上党,秦国必定攻打赵国,赵国被秦国攻打,必定亲善韩国。韩、赵两国联合起来,就可以抵

---

① 关于此役,《史记》各篇所述不一,《秦本纪》曰"拔九城"(第213页),《韩世家》曰"秦拔我陉,城汾旁"(第1877页),《白起王翦列传》曰"白起攻韩陉城,拔五城"(第2331页)。梁玉绳《史记志疑》曰:"'五城'二字误,当作'拔之'。"(第1266页)施之勉《史记会注考证订补》曰:"《范雎传》:'昭王四十三年,秦攻韩汾、陉,拔之。'"(第1231页)王叔岷《史记斠证》曰:"是役,白起攻韩,仅拔陉城,《韩表》《韩世家》《范雎传》并可证。《秦本纪》'拔九城',梁氏《志疑》谓当云'拔陉城'。'陉'之作'九',盖涉彼上文'九月'字而误与? 此文'拔五城',梁氏谓当作'拔之',窃以为上文'白起攻韩陉城','城'字涉'拔五城'之城字而衍。而'拔五城',本作'拔其城','其'之作'五',盖涉下'五万'字而误耳。"(第2302页)

② 《史记》卷七三《白起王翦列传》曰:"四十四年,白起攻南阳太行道,绝之。"裴骃《集解》引徐广曰:"此南阳,河内修武是也。"张守节《正义》:"南阳属韩,秦攻之,则韩太行羊肠道绝矣。"(第2331、2332页)

③ 《史记》卷七三《白起王翦列传》,第2332—2333页。

抗秦国。冯亭的主张是一种无奈的选择,着眼点在于维护韩国的生存利益,而以联合赵国为根本出路,听起来有一定的道理,因而得到大家的赞同。

于是,冯亭派人赶赴赵都邯郸,向赵孝成王请求说:"韩不能守上党,入之于秦。其吏民皆安为赵,不欲为秦。有城市邑十七①,愿再拜入之赵,财王所以赐吏民。"赵孝成王十分高兴,召见其叔父平阳君赵豹,征求他的意见。赵豹回答说:"圣人甚祸无故之利。"赵孝成王反问道:"人怀吾德,何谓无故乎?"②赵豹解释说:

> 夫秦蚕食韩氏地,中绝不令相通,固自以为坐而受上党之地也。韩氏所以不入于秦者,欲嫁其祸于赵也。秦服其劳而赵受其利,虽强大不能得之于小弱,小弱顾能得之于强大乎!岂可谓非无故之利哉!且夫秦以牛田之水通粮蚕食,上乘倍战者,裂上国之地,其政行,不可与为难,必勿受也。③

赵豹认为,秦国蚕食韩国的土地,将韩国从中间切开,不让韩都和上党相通,本以为可稳取上党的土地。韩国之所以不纳入秦国,是想嫁祸于赵国。秦国担负攻打韩国的劳苦,而赵国收取其中的便宜。即使强大的国家也不能从弱小的国家贪得这样的便宜,难道弱小的国家就能从强大的国家贪得这样的便宜吗?况且秦国像用牛耕作总要收获那样,盯着上党,从渭水漕运粮食,逐步向东蚕食,出动最有战斗力的军队,去割裂所取之国为封邑。秦国的政令定会贯彻到底,不可跟其作对,所以不要接收上党之地。

然而,赵孝成王认为,"今发百万之军而攻,逾年历岁未得一城也。今以城市邑十七币吾国,此大利也"④。又召见另一位叔父平原君赵胜和赵禹,征询他们的意见,赵胜和赵禹都赞成接收上党。于是,赵孝成王派赵胜前去接收上党,封冯亭为华陵君,以三座万户之城作为其封地;封上党下属县令为侯,以三座千户之城作为其封地;所有吏民都赐爵三级,能安居下来的人,则赏赐六斤黄金。冯亭被封为华陵君,却不肯接见赵国使者,流着眼泪说:"吾不处三不义也:为主

---

① "十七",《战国策》作"七十"。
② 并见《史记》卷四三《赵世家》,第 1825 页。
③ 《史记》卷四三《赵世家》,第 1825 页。
④ 《史记》卷四三《赵世家》,第 1825 页。

守地,不能死固,不义一矣;入之秦,不听主令,不义二矣;卖主地而食之,不义三矣。"①于是,赵孝成王发兵占领了上党。

对于赵孝成王应冯亭的请求接受上党一事,后人给予不同的评价。元代胡三省评论说:"秦有吞并天下之心,使赵不受上党而秦得之,亦必据上党而攻赵,故赵之祸不在于受上党,而在于用赵括。"②当代学者柏杨说:"上党不但是个烫手的山芋,简直是个点燃了引信的炸弹,抛出去都来不及,赵国却紧搂入怀,认为天纵奇福。赵豹先生的分析,入骨三分。而赵胜先生却像一个白痴,这个以'江湖义气'自夸和被夸的贵族,不过浮夸之徒,希望借上党郡之功,名垂青史。是眼睛只看到蝉,没看到黄雀;只看到土地,没看到秦国大军。弱小的国家,自有弱小国家的立国之道,那就是万万不可横挑强邻。违犯这个原则,一定招来血腥挫败,甚至覆亡。接收上党是一项错误的决策,结果可怜的战士和人民,多达45万人之众,为高阶层这项错误的决策付出悲惨代价。"③这分明是顺着赵豹的思路得出的一种看法。

实际上,冯亭想坐享自己的封邑,也是不可能的事情。因为秦国绝不会把这片土地留给他。在冯亭献地一年之后,秦将王齕率军攻下上党。上党百姓逃奔至赵国,被赵将廉颇安置在长平(今山西高平),承受着秦军的不断进攻。他们原先的设想显然落空。从另一方面看,赵国接受了上党郡,必然遭到秦国的进攻,因为一块到嘴边的肥肉,反而被别人顺口吞食,秦国自然不肯善罢甘休。秦

---

① 《史记》卷四三《赵世家》,第1826页。关于冯亭的去处,司马迁缺少记述。按:《战国策》卷十八《赵一》载,冯亭与赵国使者谈过"三不义"之后,"辞封而入韩"(第620页)。《汉书》卷七九《冯奉世传》曰:"其先冯亭,为韩上党守。秦攻上党,绝太行道,韩不能守,冯亭乃入上党城守于赵。赵封冯亭为华阳君,与赵将括距秦,战死于长平。"(第3293页)此两种说法不一致。《史记斠证》曰:"《赵世家》言赵王'以万户都三封太守',亭未受封,与《赵策一》合,惟未言亭入韩耳。"(第2303页)杨宽认为:"《赵策一》言冯亭辞封而入韩,而《白起列传》谓赵封冯亭为华阳君。《汉书·冯奉世传》云:'赵封冯亭为华阳君,与赵将括距秦,战死于长平。宗族由是分散,或在赵。在赵者为官师将,官师将子为代相,及秦灭六国,而冯亭之后冯无择、冯去疾、冯劫皆为秦将相焉。汉兴,冯唐即代相之子也。'《赵世家集解》曾引此为证。《后汉书·冯衍传》亦有相同之记载。可知《白起列传》所载确实。"见《战国史料编年辑证》,第987页。

② 《资治通鉴》卷五《周纪五》,第166页。

③ 柏杨:《现代语文版资治通鉴》(2),中国友谊出版公司1987年版,第75—76页。

昭襄王接着大举进攻赵国,秦、赵两国军队会集在长平一带,展开了一场规模空前的大战。

秦昭襄王四十七年(前260),秦昭襄王派遣左庶长王龁率军进攻韩国,夺取了上党,上党民众纷纷地逃往赵国。赵孝成王派兵进驻长平,接应和安抚上党民众。

2. 长平围歼战

秦昭襄王四十七年(前260)四月,王龁引兵进攻赵国,赵孝成王任命廉颇为主将,领兵抵御秦军,拉开了长平之战的序幕。

这场战役的初期,秦赵双方都比较谨慎,只有少量的兵力接触。赵军攻击了秦军侦察兵,秦军侦察兵斩杀了赵军裨将茄。六月,秦军攻陷赵军的营地,夺取了两座堡垒,俘虏了四名尉官。七月,赵军加筑堡垒,据守不战。秦军采取攻坚战术,俘虏了两名尉官,突破赵军的战阵,夺取了西边的城堡。廉颇下令全军,继续坚壁固守,以应对秦军的进攻。秦军屡次挑战,赵军都不出战。秦赵双方一攻一守,完全处于相持态势。

鉴于前方的紧急战况,赵孝成王召见楼昌、虞卿商议对策。楼昌不赞同增派兵力,继续与秦军作战,而建议派一位重臣为使者,前去与秦国谈和。虞卿不赞同楼昌的建议,认为赵、秦两国能否媾和,完全取决于秦国,而今秦国不遗余力,一定要击破赵军,赵国即使主动求和,也得不到秦国同意,因而建议赵孝成王说:

王听臣,发使出重宝以附楚、魏,楚、魏欲得王之重宝,必内吾使。赵使入楚、魏,秦必疑天下之合从,且必恐。如此,则媾乃可为也。①

这是说赵国应对秦国的进攻,只能派出使者,送上珍贵的宝物拉拢楚、魏两国。楚、魏两国一旦接受,秦国必定怀疑各国重新合纵抗秦,就会有所忌惮,这样有利于秦赵两国媾和。赵孝成王没有听从虞卿的意见,派遣郑朱前往咸阳,向秦国求和。秦昭襄王接待了郑朱。赵孝成王得到报告,以为秦国接受了郑朱的请和,但虞卿告诫说:

王不得媾,军必破矣。天下贺战胜者皆在秦矣。郑朱,贵人也,入秦,秦王与应侯必显重以示天下。楚、魏以赵为媾,必不救王。秦知天

---

① 《史记》卷七六《平原君虞卿列传》,第2371页。

下不救王,则媾不可得成也。①

依照虞卿的分析,诸侯列国都派出使者赴秦国祝贺胜利,郑朱是一位身份高贵的人,秦昭襄王、应侯范雎必定把郑朱来求和的事情加以宣扬。楚、魏两国得知赵国向秦国求和,就不会出兵援救赵国;秦昭襄王知道赵国孤立无援,就更不肯与赵国讲和。所以,虞卿断言和谈不会成功,而赵军将被秦军击破。没过不久,秦国果然大肆宣扬郑朱来访,而不与赵国媾和。

在长平前线,廉颇指挥赵军作战,一味地固守堡垒,却多次被秦军击破,使赵孝成王大为不满。赵孝成王以为廉颇胆怯,不敢与秦军交战,多次派人斥责廉颇。这时候,秦相范雎又派间谍到邯郸,以千金利诱,实施反间计谋,到处散布谣言说:"秦之所恶,独畏马服子赵括将耳,廉颇易与,且降矣。"②赵孝成王既不赞同廉颇的战法,又听信了这些反间谣言,决定用赵括代替廉颇为主将。蔺相如劝谏说:"王以名使括,若胶柱而鼓瑟耳。括徒能读其父书传,不知合变也。"③赵孝成王不听,坚持任命赵括为主将。

赵奢生前曾评价赵括说:"兵,死地也,而括易言之。使赵不将括即已,若必将之,破赵军者必括也。"④这显然是说赵括的才智不足,不能胜任主将一职。赵括接到任命、即将赴任之际,他的母亲念及赵奢的评价,加上她对赵括的观察,急忙上书赵孝成王,指出不能用赵括为主将。赵孝成王召见赵母,询问其中的缘由,赵母回答说:

> 始妾事其父,时为将,身所奉饭饮而进食者以十数,所友者以百数,大王及宗室所赏赐者尽以予军吏士大夫,受命之日,不问家事。今括一旦为将,东向而朝,军吏无敢仰视之者,王所赐金帛,归藏于家,而日视便利田宅可买者买之。王以为何如其父?父子异心,愿王勿遣。⑤

这里,赵母将赵括跟赵奢相比较,认为当年赵奢担任主将,亲自捧着饭碗招待的宾客有几十位,他的朋友有几百人。赵王及宗室给他的赏赐,他全部分发给

---

① 《史记》卷七六《平原君虞卿列传》,第2371页。
② 《史记》卷七三《白起王翦列传》,第2334页。按:《廉颇蔺相如列传》附赵奢传,仅称"秦之所恶,独畏马服君赵奢之子赵括为将耳"(第2446页),并未提及廉颇。
③ 《史记》卷八一《廉颇蔺相如列传》,第2446页。
④ 《史记》卷八一《廉颇蔺相如列传》,第2447页。
⑤ 《史记》卷八一《廉颇蔺相如列传》,第2447页。

将士。自接受命令之日起,他就不再过问家事。而今赵括刚任主将,就面朝东方坐在那里,接受大小军吏参拜,所有军吏都不敢抬头正视他。赵王赏给他的金银绸缎,全部收藏在家中,每天忙于察看良田美宅,能买的就买下来。他们父子俩的用心完全不同。如果说赵奢对赵括的评价,只是说赵括的才智不足,那么赵母对赵括的评价,则是说赵括的品行不端,所以不能任用他为主将。然而,赵孝成王已经做出决定,实在不愿意收回成命,就没有听取赵母的劝谏,执意用赵括为主将,前去指挥长平之战。

秦昭襄王听说赵括代替廉颇出任赵军主将,就暗中派遣武安君白起为上将军,改任王龁为尉裨将,即作为白起的副将,同时下令军中不得泄露白起为上将军的消息,否则格杀勿论。

赵括到任以后,完全改变了原来的作战计划,调换军中的属吏,命令赵军走出壁垒,攻击秦军。白起假装战败撤退,预先埋伏下两支奇兵,准备截击赵军。赵军乘胜追击,直抵秦军的壁垒,但在秦军坚守之下,无法攻克。这时候,秦军一支奇兵二万五千人切断了赵军的后路,另一支骑兵五千人截断了赵军的壁垒,赵军被分割成两个部分,并且粮道断绝。白起随即出动轻装部队,攻击赵军。赵军迎战失利,被迫就地修筑壁垒以固守,等待救援。

秦昭襄王听说赵军粮道断绝,亲自赶到河内,赏赐民众每人一级爵位,征发15岁以上的男子,全部调往长平,用以阻断赵国的救援和粮食补给。而在赵国,因为前线赵军缺乏粮食,赵孝成王急忙派遣使者前去临淄,向齐国请求接济,但遭到齐王建拒绝。

九月,赵军已经断粮46天,部队中出现了互相残杀和吃人的现象。赵括没有别的办法,就下令进攻秦军的壁垒,派出四支队伍轮番出击,一连进攻了四五次,仍然无法突围。于是,他亲自率领精锐部队与秦军展开搏斗,却被秦兵射死。赵军全线溃败,全军40余万将士投降了白起。白起召集部下,与大家谋划说:

前秦已拔上党,上党民不乐为秦而归赵。赵卒反覆,非尽杀之,恐为乱。①

据此推断,白起屠杀赵军的理由,是赵军将士反复无常,不把他们全都杀掉,担心他们会作乱。所以,白起使用诡诈的手段,将赵军将士全部坑杀,仅释放年

---

① 《史记》卷七三《白起王翦列传》,第 2335 页。

少的240人,让他们返回赵国,借以宣扬秦国军威,震慑赵国朝野。

秦昭襄王四十八年(前259)十月,秦军再度占领了上党,白起调整军事部署,把秦军分为三支部队①:一支由他亲率;一支由王龁领兵往西进攻,夺取了皮牢(在今山西翼城);一支由司马梗领兵向北进攻,平定了太原。到了正月,因为秦昭襄王同意与赵国媾和,白起返回咸阳,其他两支部队也停止作战,撤回上党休整。

(三)长平之战的意义

长平之战是秦战争史上一次较大规模的会战。从战争的起因看,长平之战始于上党争夺战,是秦国进攻韩国的延续。依照赵豹的说法,赵国接收上党地区,必定招致秦国侵犯。但是,倘若把长平惨败的结局,视为接收上党地区的必然后果,那就有些离谱了。

赵国在长平之战中惨败,除没能联合各国诸侯共同抗击秦国,以及误中秦国离间计而临阵换将外,最主要的原因是作战指挥上的失误。换句话说,赵军主将赵括的错误指挥,直接导致全军覆没的结局。对于赵括的军事才能,他的母亲很了解,不赞成赵孝成王任用赵括为主将。因此,在很大程度上,赵孝成王对长平之战的惨败,也是难辞其咎。

与此相反,白起针对赵括鲁莽轻敌的弱点,采取诱敌入伏、分割包围而后彻底歼灭的作战方针,命令一支部队假装战败退走,却从背后偷袭赵军的辎重和补给线,把赵军截断为两部分。赵括追击秦军遭受阻击,又没有退路,只好就地筑垒,坚守待援,直至最后绝望,挑选剩余的精锐部队,与秦军展开肉搏战,结果全军覆没。这次秦军围歼战的胜利,既彰显出白起非凡的军事才能,也展现出秦军征战的暴虐本性。

长平之战,作为中国军事史上的一次著名战例,颇受当代学者关注,由此涌现出一系列观点。如慕中岳、武国卿评论说:"春秋战国以来,规模最大的大决

---

① 关于长平之战后秦军的部署,《史记》卷五《秦本纪》载:"秦军分为三军。武安君归。王龁将伐赵(武安)、皮牢,拔之。司马梗北定太原,尽有韩上党。"(第213—214页)《白起王翦列传》载:"秦分军为二:王龁攻皮牢,拔之;司马梗定太原。"(第2335页)纪、传所述不同。梁玉绳就《白起列传》考辨曰:"《秦纪》云分军为三,此只言王龁、司马梗二军者,不数武安君先归之一军也。"见《史记志疑》,第1266页。

战——秦赵长平之战,以秦军大获全胜并坑杀赵军45万人而告终。秦军所以能够获胜,除了它在战国七雄中占有政治上、经济上的优势地位这些基本因素外,诱使赵国换将成为一个至关重要的因素。……当然,赵王在秦军重兵压境之时,不听虞卿以重宝赂魏、楚,赵、楚、魏合纵的建议,也是赵失败的重要因素。如若当时三国合纵成功,外有楚、魏之援,内有廉颇之赵军,三面夹击秦军,那么长平大战的结局恐又当别论了。"①吴如嵩、黄朴民等认为:"秦国长平之战的胜利,是其'远交近攻'战略的成功,不但削弱了'心腹之病'韩国,夺取了要地上党,更重要的是沉重地打击了当时关东唯一堪与秦国争雄的赵国,消灭了赵军的有生力量。……赵国在外交上的孤立无援是其失败的重要原因……战略指导上的失误直接导致了赵国的失败……在作战指挥上,赵括先是轻率地发起全面进攻,陷入敌包围后又一筹莫展,最后铤而走险,被秦军射杀,致使几十万赵军失去主帅,集体投降,充分反映出赵括在指挥上的无知和无能。……白起因长平之胜而闻名,但他坑杀降卒40万,也因此臭名昭著。"②张大可评论说:"从统一战争的角度看,长平之战是秦与东方六国的一次大决战,是促使历史转折的关键之战,秦胜赵败,基本奠定了统一的格局。从战争进程来看,长平之战并不是秦、赵两国事先谋划的一场大战,而是秦国统一战争必然要发生的一场大决战,是形势的发展使然。……秦国的野蛮战法,可以彻底消灭对方有生力量,在军事角逐上有一定意义,大残暴地杀降,报复平民,也增加了统一进程的难度。"③

从战国历史来看,秦国经过这次大规模的战争,在军事上确立了对山东六国的绝对优势,从而结束了东西对峙的局面,进入了一国独大的阶段。

八　邯郸之战

邯郸之战是长平之战的延续,作为一场关系到赵国存亡的战争,也牵动了山东列国的政治神经。在这场战争中,原本强势的秦军止步于邯郸城下,而饱受摧

---

① 慕中岳、武国卿:《中国战争史(一)》,金城出版社1992年版,第371—372页。
② 《中国军事通史》第三卷《战国军事史》,第280—282页。
③ 张大可:《张大可讲〈史记〉》,中国人民大学出版社2013年版,第45—47页。

残的赵国依靠魏、楚两国的救援,竟然摆脱了失败的命运。

(一)邯郸之战的背景

长平之战后,围绕是否应该继续进攻赵国的问题,秦朝廷出现了两种截然相反的意见,秦军主将白起主张乘胜进攻赵国,而秦相范雎主张暂缓进攻赵国,其实是为了压制白起,继而扶植私人势力。而在赵国,对于如何抵抗秦国继续进攻的问题,赵孝成王自知国内兵力非常有限,只能寄希望于外部救援。

在战争双方之外,其他各国诸侯对秦、赵两国保持着不同的态度。齐王建拒绝援救赵国,已经表明了中立的立场。燕国因为地缘关系,长期与赵国处于敌对状态,不可能援助赵国。所以,当秦国继续进攻赵国时,能够援救赵国的只有韩、魏和楚国。韩、魏两国迅速做出反应,派遣苏代去秦国游说。

秦昭襄王四十八年(前259),秦军经过长平之战,占领了上党地区,赵军遭到惨重的打击,赵国上下一片恐慌。韩、魏两国统治者也担心局势恶化,于是,韩桓惠王约请魏安釐王,派遣苏代携带贵重的礼物去秦国进行游说,以劝止秦国的战争步伐。

苏代来到咸阳,与秦相国范雎会晤,在确认白起将要进攻邯郸之后,着眼于白起和范雎的个人恩怨,给范雎分析说:

> 赵亡则秦王王矣,武安君为三公。武安君所为秦战胜攻取者七十余城,南定鄢、郢、汉中,北禽赵括之军,虽周、召、吕望之功不益于此矣。今赵亡,秦王王,则武安君必为三公,君能为之下乎?虽无欲为之下,固不得已矣。秦尝攻韩,围邢丘,困上党,上党之民皆反为赵,天下不乐为秦民之日久矣。今亡赵,北地入燕,东地入齐,南地入韩、魏,则君之所得民亡几何人。故不如因而割之,无以为武安君功也。①

---

① 《史记》卷七三《白起王翦列传》,第 2335—2336 页。按:有关苏代说应侯事,李人鉴《太史公书校读记》曰:"此传所载苏代说应侯事,见《国策·秦策三》。然《秦策三》章首第言'谓应侯曰',不言说者为何人。据《苏秦列传》,苏代为苏秦之弟,苏秦死于燕王哙初立之年,至昭王四十八年,苏秦死已六十一年矣,苏代岂犹健在乎?且何以能为韩、赵入秦说秦相应侯也?此传苏代说应侯事,殆后人妄据《秦策三》增入,必非史公此传之旧也。"实际上,司马迁记述苏代说应侯事,是否仅凭今本《战国策》,殊难论断,而此说单依《战国策·秦策三》,即否认司马迁的记述,亦未可确信。

依照苏代的分析,秦军一旦消灭赵国,秦王就会称帝于天下,白起将被封为三公。白起为秦国攻取七十余城,即使周公、召公、太公的功业,也不能超过他。因此,在赵国灭亡、秦国称帝之后,白起必定被封为三公,这对范雎很不利。到那时,范雎即使不愿意屈居下位,只怕也做不了主。再说秦国现在如果灭掉赵国,赵国北边的人跑到燕国,东边的人跑到齐国,南方的人跑到韩、魏两国,秦国能得到多少百姓呢?所以,不如趁长平之战胜利之机,指使韩、赵两国割地求和,不要让功劳全归于白起。这分明是挑拨范雎和白起的关系,却分析得合情合理。

范雎听完以上分析,觉得有些道理,立即奏请秦昭襄王:"秦兵劳,请许韩、赵之割地以和,且休士卒。"①秦昭襄王接受了这个建议,随即同意韩国割让垣雍(今河南原阳)、赵国割让6座城来议和,下令撤回进攻赵国的军队。白起得到这道命令,只好离开军营,回到咸阳,从此与范雎结下仇怨。

九月,秦昭襄王再次征调军队,任命五大夫王陵为主将,进攻邯郸。武安君白起因为生病,不能前去指挥作战。

秦昭襄王四十九年(前258)正月,王陵进攻邯郸,但进展不大。秦昭襄王增派部队支援前线,王陵继续攻城,损失了五校士卒②,仍旧不能取胜。这时候,白起病体痊愈,秦昭襄王想派他替代王陵,指挥邯郸之战。白起不赞成进攻邯郸,就对秦昭襄王说:

> 邯郸实未易攻也。且诸侯救日至,彼诸侯怨秦之日久矣。今秦虽破长平军,而秦卒死者过半,国内空。远绝河山而争人国都,赵应其内,诸侯攻其外,破秦军必矣。不可。③

显然,在白起看来,邯郸很不容易攻克,各国诸侯的援兵会不断到达,况且他们对秦国积怨已久。秦国虽然在长平大破赵军,也有过半士卒战死,国内空虚,如果长途跋涉去进攻邯郸,赵军在城内抵抗,其他各国在外围夹击,必定击破秦

---

① 《史记》卷七三《白起王翦列传》,第2336页。
② 《资治通鉴》卷五《周纪五》胡三省注:"校,犹部队也。立军之法,一人曰独,二人曰比,三人曰参;比参曰伍,五人为列,列有头;二列为火,十人有长,立火子;五火为队,队五十人,有头;二队为官,官百人,立长;二官为曲,曲二百人,立候;二曲为部,部四百人,立司马;二部为校,校八百人,立尉;二校为裨将,千六百人,立将军;二裨将军三千二百人,有将军、副将军。"(第175页)依此推算,"五校"即为四千人。
③ 《史记》卷七三《白起王翦列传》,第2336—2337页。

军。所以,白起劝秦昭襄王不可以强攻邯郸。然而,秦昭襄王不愿意停战,亲自下命令又被驳回,就让应侯范雎再去约请白起。白起最终不肯领命,仍旧称病待在家中。秦昭襄王只得派王龁替换王陵,前去指挥作战。

(二) 平原君赴楚求援

正当秦军进攻邯郸之际,赵孝成王派平原君赵胜前往楚国,谋求与楚国合纵抗秦。平原君按照文武双全的标准,要从门客中挑选二十人随行,还告诉门客们说:"使文能取胜,则善矣。文不能取胜,则歃血于华屋之下,必得定从而还。士不外索,取于食客门下足矣。"①结果只挑选出十九人,还缺一人,食客毛遂向平原君自我推荐。平原君经过一番问话,就让毛遂一同赴楚,而其余十九位门客暗中嘲笑毛遂。

平原君一行来到郢都,在楚国的朝廷上与楚考烈王商谈合纵事宜,一再说明两国的利害关系,从早上谈到中午,一直没有结果。那十九人怂恿毛遂上前说一说。毛遂按着剑柄,拾级而上,故意质问平原君说:"从之利害,两言而决耳。今日出而言从,日中不决,何也?"楚考烈王看着毛遂,问平原君他是什么人,平原君说是自己的门客。楚考烈王一听,立刻呵斥毛遂,要他快点走开,现场的气氛一下子紧张起来。毛遂按着剑柄,走到楚考烈王面前,厉声说:

> 王之所以叱遂者,以楚国之众也。今十步之内,王不得恃楚国之众也,王之命县于遂手。吾君在前,叱者何也?且遂闻汤以七十里之地王天下,文王以百里之壤而臣诸侯,岂其士卒众多哉?诚能据其势而奋其威。今楚地方五千里,持戟百万,此霸王之资也。以楚之强,天下弗能当。白起,小竖子耳,率数万之众,兴师以与楚战,一战而举鄢郢,再战而烧夷陵,三战而辱王之先人。此百世之怨而赵之所羞,而王弗知恶焉。合从者为楚,非为赵也。吾君在前,叱者何也?②

这里,毛遂貌似为自己争脸面,其实是与楚考烈王讲道理。从正面讲,商汤以七十里地称王于天下,周文王以百里地使诸侯臣服,都是因为他们能够依据各自的情势,振奋他们的威望罢了。而今楚国拥有方圆五千里领土和上百万军队,

---

① 《史记》卷七六《平原君虞卿列传》,第 2366 页。
② 《史记》卷七六《平原君虞卿列传》,第 2367 页。

正是建立王霸大业的资本。凭借楚国的强大,天下诸侯莫能抵挡。从反面讲,白起只是一个小痞子,率领数万军队与楚国作战,一战攻下鄢、郢两城,再战焚毁夷陵,三战侮辱楚王的祖先,与楚国结下百世的仇怨,连赵国都感到羞耻,而楚王更应当憎恶。所以说,合纵抗秦是为了楚国,而不是为了赵国。楚考烈王听了这番话,连忙称是,承诺以社稷作为保证,与赵国联合行动。于是,毛遂吩咐楚考烈王左右的人,拿来宣誓用的鲜血和酒,亲自捧着铜盘,跪到楚考烈王面前说:"王当歃血而定从,次者吾君,次者遂。"①就这样,平原君和楚考烈王做出了合纵抗秦的决定。

毛遂胁迫楚考烈王与赵国结盟,是"以刚克刚"的一个范例。在一般情况下,谋划主体要想以刚克刚,必须具有一定的实力,否则"刚"劲就失去了源泉。平原君在国难当头之际,带着20名随从出使楚国,请求楚考烈王援救赵国,奴颜婢膝犹恐不及,何"刚"之有?然而,毛遂以区区门客之微,在大庭广众之下怒斥楚考烈王,使楚国无条件接受了合纵的要求。这中间的道理何在呢?首先是毛遂善于创造和利用新的谋略场,使谋略双方的情势发生了变化。毛遂按着剑柄,站在楚考烈王面前,楚考烈王纵然有百万雄师,又将奈毛遂何?在这一新的谋略场内,楚考烈王完全处于被动地位。接下来,毛遂援引历史故事挖苦、讽刺楚考烈王,以强大的楚国面对秦国,惶惶不可终日,好一副懦弱的窘相!何况秦国给楚国带来奇耻大辱,连赵国都感到羞愧,作为楚国君主怎能无动于衷呢?说到底,合纵也是为了楚国的利益。楚考烈王即使浑身皆口,但楚国与秦国三战三败,丧权失地,事实岂容狡辩?毛遂不仅居高临下,羞辱了楚考烈王一番,而且挑起楚考烈王对秦国的怨恨。况且秦国虎视眈眈,毛遂剑柄在握,楚考烈王此刻性命攸关,不答应合纵抗秦,又有什么出路呢?

在赵、楚两国结盟之后,楚考烈王派遣春申君黄歇率军前去救援赵国。平原君在楚国完成使命,先期赶回赵都邯郸,还提拔毛遂为上客。

(三)信陵君窃符救赵

秦昭襄王四十九年(前258),秦将王陵率军东进,开始围攻赵都邯郸,赵国处在生死关头。平原君赵胜身为信陵君魏无忌的姐夫,多次派人送信给魏安釐

---

① 《史记》卷七六《平原君虞卿列传》,第2368页。

王和信陵君,请求出兵援救。魏安釐王召集群臣商议对策,诸大夫认为秦国进攻赵国,对魏国有利。孔子的六世孙孔斌时任魏相,当即对此提出质疑。有一位大夫说:"胜赵,则吾因而服焉;不胜赵,则可承敝而击之。"孔斌不以为然,反驳说:"秦自孝公以来,战未尝屈,今又属其良将,何敝之承?"又有一位大夫说:"纵其胜赵,于我何损?邻之羞,国之福也。"孔斌又反驳说:

> 秦,贪暴之国也,胜赵,必复他求,吾恐于时魏受其师也。先人有言:燕雀处屋,子母相哺,呴呴焉相乐也,自以为安矣。灶突炎上,栋宇将焚,燕雀颜不变,不知祸之将及己也。今子不悟赵破患将及己,可以人而同于燕雀乎!①

这是说秦国是一个贪婪暴虐的国家,一旦战胜了赵国,必定把矛头转向其他国家,到时魏国就将面临秦军的进攻,灾难就会降临魏国。孔斌担任魏相,"改擘宠之官以事贤才,夺无任之禄以赐有功"②。那些失去职位的人都不高兴,就开始造谣诽谤孔斌,加上一些重要的建议不被魏安釐王采纳,孔斌就称病辞去职务。有人问他要去哪里,孔斌认为山东各国将被秦国吞并,秦国的做法属于不义之举,所以不愿意去秦国,就回答说:

> 今秦有吞食天下之心,以义事之,固不获安;救亡不暇,何化之兴!昔伊挚在夏,吕望在商,而二国不治,岂伊、吕之不欲哉?势不可也。当今山东之国敝而不振,三晋割地以求安,二周折而入秦,燕、齐、楚已屈服矣。以此观之,不出二十年,天下其尽为秦乎!③

孔斌认为,秦国有吞并天下的野心,以仁义之道去侍奉它,自然是得不到什么安全保障;所以,当今拯救危亡都来不及,还奢谈什么振兴教化!当年伊尹曾做过夏朝的官,吕望曾做过商朝的官,但这两个王朝最终无可救药,难道是伊尹、吕望不想救吗?实在是因为大势已不可挽回。然而环顾海内,如今山东各国都已经疲敝不振,韩、魏、赵三国割地求和,周王室对秦朝廷折腰,燕、齐、楚三国屈服于秦国。由此推测,不过二十年时间,天下都将归属秦国。

魏安釐王任用晋鄙为主将,率领 10 万大军救援赵国。秦昭襄王得知这一消

---

① 并见《资治通鉴》卷五《周纪五》,第 172 页。又见《孔丛子》卷五《论势》。
② 《资治通鉴》卷五《周纪五》,第 173 页。
③ 《资治通鉴》卷五《周纪五》,第 174 页。

息,立即派使者来警告魏安釐王说:"吾攻赵旦暮且下,而诸侯敢救者,已拔赵,必移兵先击之。"①魏安釐王感到畏惧,就命令晋鄙停止前进,让军队驻扎在邺城(今河北临漳),名义上是援救赵国,实际上是首鼠两端,不想得罪任何一方。同时,魏安釐王派将军新垣衍潜入邯郸,通过平原君进劝赵孝成王说:"秦所为急围赵者,前与齐湣王争强为帝,已而复归帝;今齐已益弱,方今唯秦雄天下,此非必贪邯郸,其意欲复求为帝。赵诚发使尊秦昭王为帝,秦必喜,罢兵去。"②这是建议赵国尊奉秦昭襄王为帝,以换取秦军撤退。这极有可能是一厢情愿,所以平原君犹豫不决。

齐国人鲁仲连来赵国旅行,正赶上秦军围困邯郸,听说魏国要求赵国尊奉秦昭襄王为帝,就去拜见平原君,并且通过平原君的引荐,见到了新垣衍。新垣衍问鲁仲连留在邯郸做什么,鲁仲连回答说:"彼秦者,弃礼义而上首功之国也,权使其士,虏使其民。彼即肆然而为帝,过而为政于天下,则连有蹈东海而死耳,吾不忍为之民也。所为见将军者,欲以助赵也。"③随后,鲁仲连又谈到秦国称帝的祸患,尤其是对魏国的危害。新垣衍听罢,起身向鲁仲拜谢说:"始以先生为庸人,吾乃今日知先生为天下之士也。吾请出,不敢复言帝秦。"④根据司马迁的记述,秦军主将听到这个消息后,下令军队撤退五十里。⑤ 其后,鲁仲连坚辞平原君的封赐和酬金,离开了邯郸,再没有与平原君相会。

正当秦军围攻邯郸,赵国危在旦夕之际,魏国大军却停留不前,这让信陵君魏无忌非常焦急。一方面,平原君赵胜是信陵君的姐夫,不断地派人到魏国求救,甚至指责魏无忌说:"胜所以自附为婚姻者,以公子之高义,为能急人之困。今邯郸旦暮降秦而魏救不至,安在公子能急人之困也!且公子纵轻胜,弃之降秦,独不怜公子姊邪?"⑥另一方面,信陵君多次请求魏安釐王下令进兵,又派能说善辩的宾客百般劝说魏安釐王,但魏安釐王畏惧秦国,始终不为所动。因此,

---

① 《史记》卷七七《魏公子列传》,第2379页。
② 《史记》卷八三《鲁仲连邹阳列传》,第2459—2460页。
③ 《史记》卷八三《鲁仲连邹阳列传》,第2461页。
④ 《史记》卷八三《鲁仲连邹阳列传》,第2464—2465页。
⑤ 《资治通鉴》卷五《周纪五》考异曰:"按仲连所言,不过论帝秦之利害耳,使新垣衍惭作而去则有之,秦将何预而退军五十里乎? 此亦游谈者之夸大也,今不取。"(第178页)
⑥ 《史记》卷七七《魏公子列传》,第2379页。

信陵君眼看赵国被秦国灭亡,不忍心独自苟活于世,只得召集宾客,备好一百余辆马车,准备奔赴邯郸,抗击秦军,与赵国共存亡。

信陵君带领一行人,路过大梁东门,见到隐士侯嬴,说了自己准备与秦军死战的想法,侯嬴只是说:"公子勉之矣,老臣不能从。"信陵君走过几里路,心里怏怏不快,感慨地说:"吾所以待侯生者备矣,天下莫不闻,今吾且死而侯生曾无一言半辞送我,我岂有所失哉?"于是调转车马回来,要找侯嬴问个明白。侯嬴见信陵君回来,就笑着解释说:"公子喜士,名闻天下。今有难,无他端而欲赴秦军,譬若以肉投馁虎,何功之有哉?尚安事客?然公子遇臣厚,公子往而臣不送,以是知公子恨之复返也。"①信陵君一再作拜,顺便向侯嬴请教。侯嬴把旁边的人支走,悄悄地对信陵君说:

> 嬴闻晋鄙之兵符常在王卧内,而如姬最幸,出入王卧内,力能窃之。嬴闻如姬父为人所杀,如姬资之三年,自王以下欲求报其父仇,莫能得。如姬为公子泣,公子使客斩其仇头,敬进如姬。如姬之欲为公子死,无所辞,顾未有路耳。公子诚一开口请如姬,如姬必许诺,则得虎符夺晋鄙军,北救赵而西却秦,此五霸之伐也。②

依照侯嬴的分析,晋鄙掌握的兵符,另一半通常放在魏安釐王的卧室,而如姬受魏安釐王的宠爱,出入卧室,能轻易地取出兵符来。如姬因为父亲被人杀害,要找那仇人报仇,但没有人能办到。信陵君派门客斩了那仇人,替如姬报了仇,如姬感恩戴德。而今信陵君若请如姬帮忙,如姬必定答应,就可以拿到虎符,夺得晋鄙的兵权,北上援救赵国。

当时,魏国君主无论颁发命令,还是国内往来公文,都需要一定的凭据,否则不能生效。虎符作伏虎状,上有铭文,分为两半,底有合榫,右半存放在君主处,左半发给统兵将领。军队的调遣,必须持存放在君主处的右半个虎符来对证,因此,信陵君想调遣晋鄙的军队,必须窃取另一半虎符,并假造魏安釐王的命令。现在说起"偷窃"的字眼,无论怎么解释,都不会让人有好感。可是,信陵君既要援救赵国,又不能说服魏安釐王发兵,舍此偷窃一途,别无办法。信陵君本没有想到这一点,只想带着门客去与秦军死战,与平原君共赴国难。这实在是凭感情

---

① 并见《史记》卷七七《魏公子列传》,第 2380 页。
② 《史记》卷七七《魏公子列传》,第 2380 页。

和意气用事,无济于解救邯郸之围。幸亏得到侯嬴的指点,真是一语指破迷津。信陵君采纳侯嬴的计谋,请求如姬帮忙。如姬果然偷取兵符,交给了信陵君。

信陵君得到虎符,又要出发了。侯嬴叮嘱说:"将在外,主令有所不受,以便国家。公子即合符,而晋鄙不授公子兵而复请之,事必危矣。臣客屠者朱亥可与俱,此人力士。晋鄙听,大善;不听,可使击之。"信陵君一听,当即流下眼泪。侯嬴以为信陵君怕死,信陵君说:"晋鄙嚄唶宿将,往恐不听,必当杀之,是以泣耳,岂畏死哉?"①于是信陵君又去邀请朱亥,朱亥当即答应,跟随信陵君一起走。信陵君再去向侯嬴致谢,侯嬴说:"臣宜从,老不能。请数公子行日,以至晋鄙军之日,北向自刭,以送公子。"②这位侠肝义胆的隐士,没有违背自己的诺言,之后果真自杀。

信陵君赶到邺城,假传魏安釐王的命令,要取代晋鄙的职位。晋鄙验证了兵符,仍旧心存疑虑,就质问信陵君说:"今吾拥十万之众,屯于境上,国之重任,今单车来代之,何如哉?"③不愿意交出兵权。这时候,朱亥拿出藏在袖里的大铁锤,将晋鄙打死。信陵君随之夺取兵权,向全军下达命令:"父子俱在军中,父归;兄弟俱在军中,兄归;独子无兄弟,归养。"④经过这样的筛选,信陵君得精兵8万人,急速向邯郸开进。

(四)邯郸之战的结局

经过平原君的外交斡旋,春申君领兵前来救援赵国,信陵君夺得晋鄙的兵权,也正领兵赶往邯郸。但在魏、楚两军没有赶到的时候,秦军加紧围攻邯郸,邯郸形势更加危急,守城将士快要投降,平原君非常担忧,却找不到应对措施。李谈是一位邯郸青年,住在邯郸传舍,眼见邯郸将被攻陷,同样十分焦急,就来到平原君府上,给平原君分析说:

> 邯郸之民,炊骨易子而食,可谓急矣,而君之后宫以百数,婢妾被绮縠,余粱肉,而民褐衣不完,糟糠不厌。民困兵尽,或剡木为矛矢,而君

---

① 并见《史记》卷七七《魏公子列传》,第 2380—2381 页。
② 《史记》卷七七《魏公子列传》,第 2381 页。
③ 《史记》卷七七《魏公子列传》,第 2381 页。
④ 《史记》卷七七《魏公子列传》,第 2381 页。

器物钟磬自若。使秦破赵,君安得有此? 使赵得全,君何患无有? 今君诚能令夫人以下编于士卒之间,分功而作,家之所有尽散以飨士,士方其危苦之时,易德耳。①

显然,李谈了解邯郸保卫战的艰难情形,也比较了解平原君的家庭生活状况:一方面,邯郸城内百姓用人骨当柴火,交换孩子作为食物;另一方面,平原君府中姬妾侍女数以百计,穿着丝绸绣衣,吃着精美饭菜。一方面,城内百姓缺乏物资供应,已经耗尽各种兵器,以至削尖木头当作长矛和箭;另一方面,平原君府中摆放着各种精美器物,完好无损。所以,李谈特别提醒平原君:假若秦军攻破赵国,怎么能再拥有这些东西? 假若赵国得以保全,何愁没有这些东西? 进而建议平原君让夫人以下的所有家人都编入守城部队,分别承担各种劳作,把家中所有东西都分发给守城部队,以换取将士们的感恩之情。平原君采纳了李谈的建议,很快招募到三千人,组成了一支敢死队。李谈跟随这支部队,与秦军决一死战。结果,秦军被迫后退三十里,但李谈在作战时牺牲,他的父亲被封为李侯。

随着楚、魏两国援兵的到来,邯郸之战的态势发生了逆转。王龁围困邯郸,很久不能攻克,屡次与楚、魏两国的救兵交战,结果全都失利,被迫解除邯郸之围,引兵向西撤退。另一位秦将郑安平遭到赵军包围,带领所部二万人,被迫投降了赵国。赵孝成王和平原君亲自出城,迎接信陵君,平原君背着箭袋走在前面,给信陵君引路。赵孝成王一再拜谢,称赞信陵君是自古以来第一位贤人。信陵君自知魏安釐王对他偷取兵符、击杀晋鄙的行径极为恼怒,便让部将带领魏军返回,而他和门客们留在赵国。赵孝成王把鄗邑封给信陵君。春申君则率领楚军返回楚国。

秦军撤离邯郸以后,赵孝成王按照先前秦国的要求,准备派赵郝去秦国,以割让六座城为条件,与秦国媾和。赵上卿虞卿得知这一消息,急忙劝阻赵孝成王说:"秦以其力攻其所不能取,倦而归,王又以其力之所不能取以送之,是助秦自攻也。来年秦复攻王,王无救矣。"赵孝成王把虞卿的话告诉赵郝,并询问赵郝:"割让土地给秦国,能保证秦国来年不再进攻赵国吗?"赵郝回答说:"此非臣之所敢任也。他日三晋之交于秦,相善也。今秦善韩、魏而攻王,王之所以事秦必不如韩、魏也。今臣为足下解负亲之攻,开关通币,齐交韩、魏,至来年而王独取

---

① 《史记》卷七六《平原君虞卿列传》,第 2369 页。

攻于秦,此王之所以事秦必在韩、魏之后也。此非臣之所敢任也。"①赵郝的回答,只是一番用来搪塞的遁词。

赵孝成王又把赵郝的话告诉虞卿,虞卿驳斥了赵郝的说法,特别提醒赵孝成王说:"来年秦复求割地,王将与之乎? 弗与,是弃前功而挑秦祸也;与之,则无地而给之。语曰'强者善攻,弱者不能守'。今坐而听秦,秦兵不弊而多得地,是强秦而弱赵也。以益强之秦而割愈弱之赵,其计故不止矣。且王之地有尽而秦之求无已,以有尽之地而给无已之求,其势必无赵矣。"②虞卿的提醒,倒是击中了问题的要害。

赵孝成王再三考虑,仍是犹豫不决,恰好楼缓从秦国回来,便又征询楼缓的意见。楼缓赞同割地给秦国。虞卿听说之后,马上来见赵孝成王,表示反对。赵孝成王又把虞卿的话告诉楼缓,楼缓不以为然,对赵孝成王说:"虞卿得其一,不得其二。夫秦赵构难而天下皆说,何也? 曰'吾且因强而乘弱矣'。今赵兵困于秦,天下之贺战胜者则必尽在于秦矣。故不如亟割地为和,以疑天下而慰秦之心。不然,天下将因秦之怒,乘赵之弊,瓜分之。赵且亡,何秦之图乎? 故曰虞卿得其一,不得其二。愿王以此决之,勿复计也。"③

虞卿听到楼缓的话,又来进见赵孝成王,进一步解释说:"臣言勿予者,非固勿予而已也。秦索六城于王,而王以六城赂齐。齐,秦之深仇也,得王之六城,并力西击秦,齐之听王,不待辞之毕也。则是王失之于齐而取偿于秦也。而齐、赵之深仇可以报矣,而示天下有能为也。王以此发声,兵未窥于境,臣见秦之重赂至赵而反媾于王也。从秦为媾,韩、魏闻之,必尽重王;重王,必出重宝以先于王。则是王一举而结三国之亲,而与秦易道也。"④经过这番解释,赵孝成王完全明白过来,当即派虞卿出使齐国,与齐王建商议对付秦国的谋略。还没等到虞卿回国,秦昭襄王就派使者来到邯郸,楼缓闻讯连忙逃走。赵孝成王封给虞卿一座城邑。

需要说明的是,王龁率军进攻邯郸之初,白起听说秦军失利的消息,抱怨秦

---

① 并见《史记》卷七六《平原君虞卿列传》,第 2372 页。
② 《史记》卷七六《平原君虞卿列传》,第 2373 页。
③ 《史记》卷七六《平原君虞卿列传》,第 2374 页。
④ 《史记》卷七六《平原君虞卿列传》,第 2374 页。

昭襄王不听他的计谋,造成这种失利的结局。秦昭襄王听说之后,非常恼怒,强迫白起前去指挥作战,白起假托病重,仍不肯接受命令。

秦昭襄王五十年(前257)十月,秦昭襄王免除白起的官职和爵位,将其贬为士卒,放逐到阴密(在今甘肃灵台)。十二月,秦昭襄王增派部队,驻扎在汾城(今山西临汾)旁。白起被贬为士卒后,仍称病没有出征。魏、楚等国援兵对秦军发起反击,王龁屡次败退,接连不断地向秦昭襄王报告。秦昭襄王恼羞成怒,竟然派使者遣送白起,不准他留在咸阳城。白起只得动身上路,出了咸阳西门十里,到达杜邮(在今陕西咸阳)。秦昭襄王与应侯范雎及群臣议论说:"白起之迁,其意尚怏怏不服,有余言。"①于是,秦昭襄王又派使者赶到杜邮,赐给白起一把宝剑,令他自裁。白起接到这把宝剑,非常感慨地说:"我固当死。长平之战,赵卒降者数十万人,我诈而尽坑之,是足以死。"②随后含恨自杀。

总括白起的一生,统率秦军征战数十年,斩杀敌军上百万人,在先秦战争史上创下了盖世无双的战绩,为秦国立下了无人可比的功劳。因此,白起含恨自杀以后,"秦人怜之,乡邑皆祭祀焉"③。然而,这位百战百胜的名将,在后世文人学者那里,却遭到了严厉的遣责。汉魏名士何晏说:"白起之降赵卒,诈而坑其四十万,岂徒酷暴之谓乎!后亦难以重得志矣。向使众人皆豫知降之必死,则张虚卷犹可畏也,况于四十万被坚执锐哉!天下见降秦之将头颅似山,归秦之众骸积成丘,则后日之战,死当死耳,何众肯服,何城肯下乎?是为虽能裁四十万之命而适足以强天下之战,欲以要一朝之功而乃更坚诸侯之守,故兵进而自伐其势,军胜而还丧其计。何者?设使赵众复合,马服更生,则后日之战必非前日之对也,况今皆使天下为后日乎!其所以终不敢复加兵于邯郸者,非但忧平原君之补袒,患诸侯之救至也,徒讳之而不言耳。若不悟而不讳,则毋所以远智也,可谓善战而拙胜。长平之事,秦民之十五以上者皆荷戟而向赵矣,秦王又亲自赐民爵于河内。夫以秦之强,而十五以上死伤过半者,此为破赵之功小,伤秦之败大,又何以称奇哉!若后之役戍不豫其论者,则秦众多矣,降者可致也;必不可致者,本自当

---

① 《史记》卷七三《白起王翦列传》,第2337页。
② 《史记》卷七三《白起王翦列传》,第2337页。
③ 《史记》卷七三《白起王翦列传》,第2337页。

战杀,不当受降诈也。战杀虽难,降杀虽易,然降杀之为害,祸大于剧战也。"①明代董份评论说:"白起非独坑赵卒也,始攻韩,斩二十四万。烧楚夷陵,攻魏,斩十三万,沉贾偃卒二万于河。攻陉,斩五万。盖所斩已四十四万矣,而烧者不与焉。至赵卒已降而坑之,则尤益甚耳。以起一人而前后所坑斩,计且百万。古今之惨,莫以加矣。战国之民,其亦悲夫痛哉!以起之惨,虽夷族灭姓,万万不足赎,何啻死哉!而秦人怜之,又何耶?"②

  的确,白起为将非常残暴,除战场上杀人无数之外,还把俘虏淹死、活埋。特别是长平之战,作为战国时期规模最大、最为残酷的一次战争,最能反映白起的人格特质。为了兼并六国,全然不计他人性命,动辄采取杀戮手段,难道不应该被谴责吗?

---

① 《史记》卷七三《白起王翦列传》裴骃《集解》引何晏《白起论》,第 2338 页。
② 《史记评林》(5),第 273—274 页。

第七章 统一天下

秦昭襄王五十六年(前251),秦昭襄王去世,其子嬴柱继位,是为秦孝文王。秦孝文王尊奉生母唐八子为太后,立其子嬴异人为太子。秦孝文王元年(前250)十月,秦孝文王正式登基,在位仅三天就去世了,其子嬴异人继位,是为秦庄襄王。秦庄襄王尊奉华阳夫人为华阳太后,生母夏姬为夏太后。秦庄襄王三年(前247)五月,秦庄襄王去世,其子嬴政继位,任用吕不韦为相国,吕不韦实际上执掌了朝政。"当是之时,秦地已并巴、蜀、汉中,越宛有郢,置南郡矣;北收上郡以东,有河东、太原、上党郡;东至荥阳,灭二周,置三川郡。"①秦国幅员辽阔,拥有强大的军事力量,对山东六国保持绝对优势。秦王嬴政靠着吕不韦、李斯、蒙骜、王翦等人,采取战争和外交双重手段,最终完成了统一天下的大业。

一 周王室的覆灭

战国时期,齐、楚、燕、韩、赵、魏、秦七雄并立,构成一个多极化的政治格局。周王室名义上为天下共主,其实已不可能掌控天下大势,甚至因直接统治的地盘缩小,连用以自卫的力量都不够。周赧王在位时期,"东西周分治"②,周王室分裂为东周、西周两个部分,因而对各诸侯国来说,就越发显得无足轻重。战国中期以后,随着各国诸侯纷纷称王,在名义上与周天子平起平坐,周王室陷入更艰难的境地,靠着一些谋士奔波于诸侯列国之间,才得以摆脱一次次危机,苟延残

---

① 《史记》卷六《秦始皇本纪》,第223页。
② 《史记》卷四《周本纪》,第160页。司马贞《索隐》曰:"西周,河南也;东周,巩也。王赧微弱,西周与东分主政理,各居一都,故曰东西周。"

存了近百年。

秦昭襄王三十四年(前273),秦国军队大破赵、魏联军于华阳,威胁到周王室。马犯得知这些情况,进见周赧王,请求出使魏国,请魏国帮助筑城,周赧王同意了。马犯赶到大梁,进见魏安釐王说:"周王病若死,则犯必死矣。犯请以九鼎自入于王,王受九鼎而图犯。"魏安釐王听说能获得九鼎,马上给马犯派兵,声称去守卫东周。在得到这一承诺之后,马犯又赶到咸阳,进见秦昭襄王说:"梁非戍周也,将伐周也。王试出兵境以观之。"秦昭襄王听了,果然派出军队。这时候,马犯再折回大梁,进见魏安釐王说:"周王病甚矣,犯请后可而复之。今王使卒之周,诸侯皆生心,后举事且不信。不若令卒为周城,以匿事端。"①魏安釐王当即称善,下令魏军帮助周王室筑城。这场外交斡旋说明,周王室的安危,需要谋士穿梭于秦、魏两国之间,利用平衡外交手段来保障。

秦昭襄王三十七年(前270),秦军去攻打西周,周公子聚进见秦昭襄王说:"为王计者不攻周。攻周,实不足以利,声畏天下。天下以声畏秦,必东合于齐,兵弊于周。合天下于齐,则秦不王矣。天下欲弊秦,劝王攻周。秦与天下弊,则令不行矣。"②这是说秦国攻打周王室,得不到多少好处,只能使天下人害怕秦国,与齐国联合来对抗秦国,这样秦王的政令就无法通行于天下,所以不能攻打周王室。秦昭襄王大概认同这种说法,就一直没有吞并周王室。

秦昭襄王五十年(前257),韩、赵、魏三国与秦国相对抗。周赧王派相国出使秦国,这位相国担心遭到秦国的轻视,就半路折返回来。有位宾客对相国说:"秦之轻重未可知也。秦欲知三国之情。公不如急见秦王曰'请为王听东方之变',秦王必重公。重公,是秦重周,周以取秦也;齐重,则固有周聚以收齐:是周常不失重国之交也。"③这位宾客从秦国的立场来考虑周与秦的关系,建议周相国赶快去拜见秦昭襄王,声称帮助秦国打探韩、赵、魏三国的情况,以换取秦昭襄王的重视。周王室可由此获得秦国的信任,加上先前周聚就与齐国联络和好,这样一来,周王室就不会失去与强国的交往。实际上,秦昭襄王还是信任周王室的,只是出兵攻打韩、赵、魏三国。

---

① 并见《史记》卷四《周本纪》,第166页。
② 《史记》卷四《周本纪》,第167页。
③ 《史记》卷四《周本纪》,第168页。

当然,对于弱小的周王室来说,外交活动只能救一时危急,无法确保长久平安。秦昭襄王五十一年(前256),秦军进攻韩国,夺取了阳城、负黍(在今河南登封),周赧王恐慌起来,暗中与各国诸侯联络,亲自率领各国的军队,从伊阙出击秦国,使秦军无法通往阳城。秦昭襄王闻讯大怒,派遣将军摎进攻西周。周赧王被挟持到咸阳,向秦昭襄王叩头认罪,将西周所辖36个邑、3万人口全部献出。秦昭襄王接受了西周的人口和土地,而把周赧王放回。翌年,周赧王返回洛阳之后,没过多久就去世了。西周民众纷纷往东逃亡,周王室的九鼎宝器被运到了秦国。

秦庄襄王元年(前249),秦庄襄王任用吕不韦为相国。东周君与各国诸侯谋划联合对付秦国,秦庄襄王派吕不韦率军灭掉了东周,将东周君迁移到阳人聚(在今河南汝州)。周王室所属河南、洛阳、穀城、平阴、偃师、巩、缑氏等7座城,全部并入秦国。周王朝自武王开创以来,先后传承了43任君主,维持了778年时间,至此灭亡。

秦庄襄王封吕不韦为文信侯,以河南、洛阳十万户为封地,由此兑现了他原先的诺言,吕不韦也实现了当初的梦想。这一对君臣在特殊的政治环境中,历经艰难跋涉,在取得秦国的最高权位后,拉开了统一天下的序幕。

二 吞并韩国

韩国处于天下的中心,既是所谓四战之地,也是秦国东扩的要冲。早在秦献公十年(前375),韩哀侯吞并郑国,把国都迁到新郑(今河南新郑),获得一时的强盛。韩昭侯在位时期,"申不害相韩,修术行道,国内以治,诸侯不来侵伐"[①]。其后,从韩宣惠王到韩桓惠王,韩国不但遭到秦国的打击,还受到魏、赵、楚国的侵袭,因而逐渐衰落。

秦昭襄王四十四年(前263),秦军从太行道进攻韩国,韩国上党郡守冯亭不

[①] 《史记》卷四五《韩世家》,第1869页。按:《史记》卷六三《老子韩非列传》曰:申不害相韩,"内修政教,外应诸侯,十五年。终申子之身,国治兵强,无侵韩者"。与上引文相一致。然司马贞《索隐》引王劭按:"《纪年》云'韩昭侯之世,兵寇屡交',异乎此言矣。"(第2146页)

愿投降秦国，而把上党郡献给赵国。秦昭襄王四十八年（前259），秦国攻克上党郡城，大破赵军于长平。秦昭襄王五十一年（前256），秦昭襄王派遣将军摎进攻韩国，夺取了阳城、负黍，斩杀了4万人。秦庄襄王元年（前249），在灭掉周王室以后，秦庄襄王派遣蒙骜率军进攻韩国，夺取了成皋、荥阳，设置了三川郡。秦庄襄王三年（前247），秦庄襄王派遣王龁继续进攻韩国，占领了整个上党郡，设置了太原郡。

秦王政元年（前246），韩桓惠王为了消耗秦国的民力和财力，拖住秦国不再向东进兵，利用秦国君主注重农业发展的特点，派遣水利专家郑国到秦国，劝说秦朝廷大修水利工程。郑国来到咸阳，说服秦王嬴政调集大批民工，动用大量财力和物力，凿通泾水从中山到瓠口一段为一条渠道，沿着北山向东注入洛水，长达300多里，用来灌溉农田。正当施工过半的时候，秦王嬴政察觉出韩国君臣的企图，把郑国抓起来准备处死。郑国为自己辩解说："始臣为间，然渠成亦秦之利也。"[1]嬴政同意郑国的说法，让他继续主持修渠事务，直到把这条渠修成。司马迁记述说：

  渠就，用注填阏之水，溉泽卤之地四万余顷，收皆亩一钟。于是关中为沃野，无凶年，秦以富强，卒并诸侯，因命曰郑国渠。[2]

郑国开渠，本来是一桩间谍案，却促成秦国农业基本建设上的一项巨大工程，由此解决了秦国农田水利资源不足的问题，把关中地区变成了一片沃野，为秦国持续发展和富强、最终吞并六国提供了重要保障。

然而，秦国统一战争仍在继续，并且首先指向韩国。秦王政三年（前244），秦将蒙骜率军进攻韩国，夺取了13座城。秦王政八年（前239），韩桓惠王去世，其子韩安继位。秦王政十年（前237），在清除相国吕不韦之后，秦王嬴政仍用李斯为长史，李斯"因说秦王，请先取韩以恐他国，于是使斯下韩"[3]。韩王安非常担忧，曾经召集韩非，商议应付秦国的办法。韩非屡次上书进谏，但没有被韩安

---

[1] 《史记》卷二九《河渠书》，第1408页。按：郑国之言，《汉书》卷二十九《沟洫志》记为："始臣为间，然渠成亦秦之利也。臣为韩延数岁之命，而为秦建万世之功。"沿用《史记》而有所补充。（第1678页）《资治通鉴》卷六《秦纪一》记为："臣为韩延数岁之命，然渠成，亦秦万世之利也。"（第204页）则为糅合《史记》《汉书》而成。

[2] 《史记》卷二九《河渠书》，第1408页。

[3] 《史记》卷六《秦始皇本纪》，第230页。

采纳。于是,韩非"观往者得失之变,故作《孤愤》《五蠹》《内外储》《说林》《说难》十余万言"①。据说秦王嬴政看到这些论著,得知为韩非所作,就加紧攻打韩国。

秦王政十四年(前233),韩安向秦国割让土地,献出御玺,请求做秦国的藩臣,并且派韩非为使者,前来咸阳朝聘。嬴政听说韩非的才能,准备亲自接见他,韩非趁机上书给嬴政,其中写道:

> 今秦地折长补短,方数千里,名师数十百万;秦国之号令赏罚,地形利害,天下莫如也。以此与天下,天下可兼而有也。臣昧死愿望见大王,言所以破天下之从,举赵、亡韩、臣荆、魏,亲齐、燕,以成霸王之名,朝四邻诸侯之道。大王诚听其说,一举而天下之从不破,赵不举,韩不亡,荆、魏不臣,齐、燕不亲,霸王之名不成,四邻诸侯不朝,大王斩臣以徇国,以为王谋不忠者也。②

这是说秦国的疆域方圆数千里,军队号称百万,号令森严,赏罚公平,天下没有哪个国家可比。韩非冒死求见秦王嬴政,是要进献计谋,帮助秦国破除天下合纵联盟,占领赵国,灭亡韩国,使楚国、魏国臣服,使齐国、燕国亲附,从而成就霸主的威名,使各国诸侯都来朝会。韩非似乎很自信,竟然许下诺言,如果不能使秦国成就霸主的威名,使各国诸侯都来朝会,就甘愿受死以示众,作为为君主谋事而不忠的鉴戒。司马光编修《资治通鉴》,引述了韩非的这封奏书,并且评论说:"臣闻君子亲其亲以及人之亲,爱其国以及人之国,是以功大名美而享有百福也。今非为秦画谋,而首欲覆其宗国以售其言,罪固不容于死矣,乌足愍哉!"③对韩非的人格进行了严厉的谴责。

秦王嬴政虽然赏识韩非,但暂时还没有任用他。李斯与韩非都师从荀子,自以为学识不如韩非,因而忌妒韩非的才能,就与姚贾趁机诋毁说:"韩非,韩之诸公子也。今王欲并诸侯,非终为韩不为秦,此人之情也。今王不用,久留而归之,此自遗患也,不如以过法诛之。"④嬴政表示同意,就把韩非投入监狱。李斯派人

---

① 《史记》卷六三《老子韩非列传》,第2147页。
② 《韩非子集解》卷一《初见秦》,中华书局1998年版,第12—13页。
③ 《资治通鉴》卷六《秦纪一》,第222页。
④ 《史记》卷六三《老子韩非列传》,第2155页。

给韩非送去毒药,逼迫他自杀。韩非想当面向秦王陈情,却得不到机会,最终被害死于云阳(今陕西淳化)。韩安不得已自贬身份,向秦王嬴政请求称臣。

秦王政十六年(前231),韩国南阳代理郡守腾投降秦国①,被秦王嬴政任命为内史。九月,秦王嬴政征调军队,接收了南阳郡。秦王政十七年(前230),秦王嬴政命令内史腾率军进攻韩国,内史腾攻克了新郑,俘虏了韩王安。韩国剩余的领土全部被纳入秦国,设置为颍川郡。韩国至此灭亡。

三 大梁的沦陷

在战国七雄中,魏国的历史有着鲜明的特征,呈现出一路下坡的趋势。魏文侯执政时期,朝廷人才济济,国势蒸蒸日上,成为当时最强盛的国家。魏惠王即位以后,在东方遭到齐国的打击,在西方遭受秦国的蚕食,国力大为削弱。魏襄王、昭王相继执政时,在与周边诸侯的争斗中,一直处于被动挨打的态势。幸得信陵君从长远考虑,注重维护与韩、赵的关系,保护韩国而救助赵国,维护了魏国的根本利益。但到战国末期,秦统一天下已成定局,魏国又是首当其冲,所以较早被灭亡。

秦昭襄王五十三年(前254),各国诸侯都来咸阳朝贺,魏国落在最后,秦昭襄王派遣将军摎攻打魏国,夺取了吴城(在今山西平陆)。在秦国的军事威慑下,魏安釐王"委国听令"②,即表示臣服于秦国。

秦庄襄王三年(前247),秦庄襄王派遣蒙骜率军进攻魏国,夺取了高都(今山西晋城)和汲(今河南卫辉)。因为魏军屡次战败,魏安釐王颇为忧虑,就派人去赵国迎接信陵君。信陵君担心被治罪,不肯返回大梁,还告诫门客不准给魏国使者通报,门客们都不敢劝说。这时候,毛公、薛公进见信陵君说:"公子所以重于赵,名闻诸侯者,徒以有魏也。今秦攻魏,魏急而公子不恤,使秦破大梁而夷先

---

① 南阳,即南阳郡。《资治通鉴》卷六《秦纪一》胡三省注:"此汉南阳郡之地,时秦、楚、韩分有之。"(第223页)

② 《史记》卷五《秦本纪》,第218页。

王之宗庙,公子当何面目立天下乎!"①他们的话还没说完,信陵君脸色大变,立刻驾车赶回大梁。魏安釐王见到信陵君,握着他的手唏嘘不已,任命他为上将军。信陵君派人向各国求援,各国诸侯听说信陵君复出,纷纷派兵来援救魏国。于是,信陵君统领魏、韩、赵、楚、燕五国的军队,大破秦军于河外,蒙骜带领余部逃走。信陵君乘胜追击至函谷关,把秦军压制在关中,而后引兵回国。信陵君由此威震天下,诸侯各国的宾客纷纷进献兵法②,用以继续抗御秦国。

秦庄襄王听说这件事后,为了挑拨信陵君和魏安釐王的关系,派人携带万金前往大梁,寻找晋鄙的门客,让他们向魏安釐王进谗言说:"公子亡在外十年矣,今为魏将,诸侯将皆属,诸侯徒闻魏公子,不闻魏王。公子亦欲因此时定南面而王,诸侯畏公子之威,方欲共立之。"③秦庄襄王多次使用反间计,派人赠送礼物给信陵君,假装祝贺信陵君当上国君。魏安釐王时常听到这类诽谤信陵君的话,不能不对其起疑心,果然派人代替信陵君统领军队。信陵君自知被废黜的原因,就以生病为由,不再上朝议事,而与门客饮酒作乐,沉湎于女色,没过多久就去世了。

信陵君的逝世,不仅使魏国失去了一位中流砥柱的上将军,而且使山东六国失去了一位联合抗秦的领袖。台湾学者柏杨评论说:"魏无忌先生忠义震天下,万众钦敬。何以只魏圉先生所听到的,全是谗言?这固然是秦国的银子厉害,也是魏无忌先生的一种错误。依他的权势和能力,足可以切断国王与外界的交通,至少可以在国王左右安置自己的亲信。然而魏无忌先生却没有这样做,他自认为跟国王是亲兄弟,如手如足,不可以待以心机,更不可以怀疑对方会心狠手辣。他缺少维护根本的行动,而终于使大局全非。"④因此,信陵君去世后,秦国在对魏国战争中就占据了更大的优势。

秦王政二年(前245),秦王嬴政派遣麃公率军进攻魏国卷邑,斩杀了三万人。秦王政四年(前243)十月,蒙骜率军进攻魏国,夺取了畼、有诡。三月,因为秦国遭遇大饥荒,秦军暂停进攻。此年魏安釐王去世,其子魏增继位,是为魏景

---

① 《史记》卷七七《魏公子列传》,第2383页。

② 按:各国诸侯的宾客进献兵法给信陵君,信陵君题上自己的名字,所以被称为《魏公子兵法》。

③ 《史记》卷七七《魏公子列传》,第2384页。

④ 《现代语文版资治通鉴》(2),第130页。

滑王。秦王政五年(前242),蒙骜继续进攻魏国,夺取了酸枣、燕、虚、长平、雍丘、山阳等20座城,设置了东郡。魏景滑王除步步退守之外,找不出有效的手段来抵御秦国的进攻。这时候,有位谋士进见魏景滑王,分析秦国统治集团的特点,提出应对秦国的计谋,其中谈道:

> 秦自四境之内,执法以下至于长挽者,故毕曰:"与嫪氏乎?与吕氏乎?"虽至于门间之下,廊庙之上,犹之如是也。今王割地以赂秦,以为嫪毒功;卑体以尊秦,以因嫪毒。王以国赞嫪毒,以嫪毒胜矣。王以国赞嫪氏,太后之德王也,深于骨髓,王之交最为天下上矣。秦、魏百相交也,百相欺也。今由嫪氏善秦而交为天下上,天下孰不弃吕氏而从嫪氏?天下必舍吕氏而从嫪氏,则王之怨报矣。①

这分明是丢卒保车、委曲求全的计谋。按照常理来说,从全局利益出发,以局部的损失谋取整体的利益,以较小的代价换得较大的收获,是一种走出困境的正确思路。但是,因为秦魏两国处于敌对状态,一方要实现天下一统,一方要谋求分裂割据,势必水火不相容。在双方力量极为悬殊的情况下,魏景滑王即使采用上述计谋,舍地未必能保国,委屈未必能求全,何况以支持嫪毒来排斥吕不韦的办法,在秦国朝廷上很难奏效。

秦王政六年(前241),魏国与楚、赵、韩、卫国合纵攻秦,在函谷关下被秦军击溃。秦军发起反攻,相继占领了魏国的朝歌和卫国的濮阳(今河南濮阳)。濮阳是卫国的都城,卫元君作为魏国的附庸,被迫迁居到野王(今河南沁阳)。七年(前240),秦军进攻魏国,夺取了汲(今河南卫辉)。九年(前238),秦军继续进攻魏国,夺取了垣、蒲阳、衍氏。十九年(前228),魏景滑王去世,其子魏假继位。

秦王政二十二年(前225),在秦军南下攻楚的同时,秦将王贲率军攻打魏国,魏军坚守都城大梁(今河南开封),致使秦军久攻不下。王贲调动部队挖掘渠道,引来汴水灌注大梁。经过三个月浸泡,大梁城墙坍塌,魏王假被迫投降,而后遭到杀害②。魏国只剩下安陵国(今河南鄢陵)还在安陵君控制之下,与秦国

---

① 《战国策》卷二十五《魏四》,第920页。
② 《史记志疑》曰:"《国策》魏尚有安陵君,魏灭后犹存,盖魏所封同姓之国,似当附载,《古史》补之矣。又陈涉封魏咎,项羽封魏豹,虽别有传,皆应附书一二语。"(第1089页)

进行着最后的抗争。

魏安陵君是魏襄王之弟,被封在安陵国。当初,魏信陵君想利用安陵人缩高,攻打韩国管邑(今河南郑州),因为管邑由缩高之子守卫。安陵君顾虑到父子大义,没有答应信陵君的要求。信陵君大为恼火,派特使去责备安陵君说:"安陵之地,亦犹魏也。今吾攻管而不下,则秦兵及我,社稷必危矣。愿君之生束缩高而致之。若君弗致也,无忌将发十万之师,以造安陵之城。"①哪知安陵君不为所动,并且严词加以拒绝,而缩高为了保全父子的情义,又不违背人臣的职分,竟然赶到使者的住处,自刎而死。信陵君听到这消息,也身穿孝服避舍而居,并派使者向安陵君道歉。

等到秦国攻破大梁之后,秦王嬴政派使者来到安陵,声称愿意用500里土地换取安陵,安陵君自认为受地于先王,不敢随意交换,就婉拒了。秦国使者回去报告嬴政,嬴政很不高兴,但认为安陵君恪守道义,就没有再来交换土地。

安陵君知道事情尚未了结,派遣老臣唐雎出使秦国。秦王嬴政接见唐雎,板着面孔说:"寡人以五百里之地易安陵,安陵君不听寡人,何也?且秦灭韩亡魏,而君以五十里之地存者,以君为长者,故不错意也。今吾以十倍之地,请广于君,而君逆寡人者,轻寡人与?"唐雎回答说不是这样,并且解释说:"安陵君受地于先生而守之,虽千里不敢易也,岂直五百里哉?"②这话与安陵君说的一样,一下子激怒了嬴政。

嬴政叱问唐雎,是否听说过天子之怒,唐雎说未曾听说过。嬴政告诉唐雎说:"天子之怒,伏尸百万,流血千里。"唐雎听了,并没有被吓到,反过来问嬴政是否听说过布衣之怒。嬴政回答说:"布衣之怒,亦免冠徒跣,以头抢地尔。"唐雎接着说:"此庸夫之怒也,非士之怒也。夫专诸之刺王僚也,彗星袭月;聂政之刺韩傀也,白虹贯日;要离之刺庆忌也,仓鹰击于殿上。此三子者,皆布衣之士也,怀怒未发,休祲降于天,与臣而将四矣。若士必怒,伏尸二人,流血五步,天下缟素,今日是也。"唐雎一面说着,一面拔剑站起来。嬴政看着唐雎的架势,面露屈服的神色,直起腰来道歉说:"先生坐,何至于此,寡人谕矣。夫韩、魏灭亡,而

---

① 《战国策》卷二五《魏四》,第914—915页。

② 并见《战国策》卷二十五《魏四》,第922页。

安陵以五十里之地存者,徒以有先生也。"①

这是先秦谋略史上"以刚克刚"的范例,尽管整体之"刚"属于嬴政,但其在特定的谋略场中失去了效用,唐雎仅凭一介使者的阳刚之气,陡然造就了局部之"刚"。嬴政吓唬唐雎"天子之怒,伏尸百万,流血千里",那是将来可能发生的事情,而唐雎要挟嬴政"若士必怒,伏尸二人,流血五步",这是眼前就要发生的事情。在这种情境之下,嬴政纵然有天大的本领,又能怎么样呢?

四 攻灭赵国

赵国作为一个新兴国家,在赵武灵王执政时,积极致力于"胡服骑射",综合实力迅速增强,成为秦国向东扩张的劲敌。赵惠文王执政期间,靠着廉颇、蔺相如、赵奢等人的作为,在与秦国的反复较量中,虽不占优势但也未吃亏。然而,经过长平之战、邯郸之战,赵国蒙受空前严重的损失。幸得平原君赵胜一班人,竭力争取魏、楚两国的救援,才使赵国摆脱几被灭亡的险境。此后,赵国纵然有李牧这样的一流良将,因为天下形势已尽在秦国,也就不可能有所作为。

秦庄襄王三年(前247),蒙骜率军进攻赵国,夺取了榆次、新城等37座城。五月,秦庄襄王去世,其子嬴政继位,吕不韦仍任相国,实际上独揽朝廷大权。吕不韦仿效孟尝、平原、信陵、春申诸君的做法,广泛招徕文人学士,以优厚的条件款待他们,很快会集宾客3000人。秦国前相国甘茂之孙甘罗年仅12岁,也在吕不韦的门下。为了联合燕国一道进攻赵国,夺取并开辟河间地区,吕不韦派遣张唐去燕国为相。在张唐启程之后,甘罗请求吕不韦派他前去赵国通报此事,得到秦王嬴政的批准。

甘罗来到邯郸,赵悼襄王亲自出城迎接。甘罗问赵悼襄王:听说过燕太子丹到秦国做质子的事情吗?赵悼襄王说听过。甘罗又问赵悼襄王:听说过张唐要到燕国做相国的事情吗?赵悼襄王说听过。甘罗接着说:

燕太子丹入秦者,燕不欺秦也。张唐相燕者,秦不欺燕也。燕、秦不相欺者,伐赵,危矣。燕、秦不相欺无异故,欲攻赵而广河间。王不如

---

① 并见《战国策》卷二十五《魏四》,第922—923页。

贵臣五城以广河间,请归燕太子,与强赵攻弱燕。①

这里,甘罗借助秦燕两国的关系来威胁赵国,是一种赤裸裸的外交讹诈,是一种恃强凌弱的外交权谋。不过,站在秦国的立场来说,倒也符合《孙子兵法》所言"善用兵者,屈人之兵而非战也,拔人之城而非攻也,毁人之国而非久也,必以全争于天下,故兵不顿而利可全"②。赵悼襄王听过这番话,自然无可奈何,立刻割让了五座城邑。随后,秦国遣送燕太子丹回国,赵国出兵进攻燕国,夺取了上谷30座城,还把其中11座城送给秦国。据说甘罗返回秦国后,被秦王嬴政封为上卿。司马迁记述这件事情,并评论说:"甘罗年少,然出一奇计,声称后世。虽非笃行之君子,然亦战国之策士也。"③这是说甘罗年龄很小,靠着一条奇特的计谋,就能够名扬后世,虽然算不上笃行君子,却称得上一代策士。

秦王政六年(前241),赵将庞煖率领军队,与楚、魏、卫、韩国联合进攻秦国,直逼函谷关。然而,等到秦军开关迎战,各国军队竟不敢交锋,纷纷撤退而回。赵军撤退途中,转而进攻齐国,占领了饶安(今河北盐山)。秦王政十一年(前236),赵悼王出兵进攻燕国,夺取了渔阳城④。在燕赵交战之际,秦王嬴政派遣王翦、桓齮、杨端和率军进攻赵国,占领了九座城。其中,王翦领兵攻取了阏与、橑阳,桓齮领兵攻取了邺、安阳。恰在这时候,赵悼襄王去世,其子赵迁继位,是为赵幽缪王。

秦王政十三年(前234),桓齮率军进攻赵国,赵王迁派扈辄领兵应战,双方激战于平阳(今河北临漳)。秦军大破赵军,歼灭了10万人,并斩杀了扈辄。赵王迁任用李牧为大将军。秦王政十四年(前233),秦军进攻赤丽、宜安,李牧领兵与秦军再战于肥下(今河北石家庄藁城区)。秦军战败,桓齮逃回秦国。李牧被赵王封为武安君。秦王政十五年(前232),秦王嬴政大举出兵,进攻赵国,夺取了狼孟、番吾。李牧领兵迎战,迫使秦军撤退。秦王政十六年(前231),代郡发生大地震,自乐徐(今河北易县)以西,北至平阴(今山西阳高),房屋建筑大部分被毁坏,地面裂开130步宽。翌年,赵国发生大饥荒,民间流传谣言说:

---

① 《史记》卷七一《樗里子甘茂列传》,第2320页。
② 吴九龙主编:《孙子兵法校释》,军事科学出版社1991年版,第41页。
③ 《史记》卷七一《樗里子甘茂列传》,第2321页。
④ 渔阳城,《史记》卷四三《赵世家》作"貍阳城",张守节《正义》曰:"燕无貍阳,疑'貍'字误,当作'渔阳',故城在檀州密云县南十八里,燕渔阳郡城也。"(第1831页)

赵为号,秦为笑。以为不信,视地之生毛。①

这是说,赵国人遭受灾难,都在哭号,而秦国人却在幸灾乐祸地偷笑。这能否说明历史真相,虽然值得怀疑,但透过它的历史背景,可以看出秦、赵两国民间的隔阂和敌对情绪。

秦王政十八年(前229),秦王嬴政再度大举出兵,分为两路进攻赵国。王翦统领上地的军队,夺取了井陉。杨端和率领河内的军队,包围了邯郸。李牧和司马尚领兵御敌,遏止了秦军进攻的势头。秦国派出间谍到邯郸,用大笔金钱贿赂赵王迁的宠臣郭开,让他向赵迁进谗言,诬陷李牧、司马尚图谋反叛。赵迁信以为真,改派赵葱和齐将颜聚代替李牧。李牧非常恼怒,抗旨不遵。赵迁派人使用阴谋,暗中捕杀了李牧,同时免去司马尚的职务。秦王政十九年(前228),王翦与杨端和会师,乘势击破赵军,攻克了邯郸,斩杀了赵葱,俘虏了赵迁和颜聚。随后,秦王嬴政亲临邯郸,"诸尝与王生赵时母家有仇怨,皆坑之"②,同时下令把赵迁流放到房陵(今湖北房县)。赵迁来到流放地,"思故乡,作为山水之讴,闻之者莫不殒涕"③,死后被安葬在房陵。

在这次邯郸之战中,赵王迁如此对待李牧,让人感到很愤慨。无怪乎司马迁写完《赵世家》,还特意评论说:"吾闻冯王孙曰:'赵王迁,其母倡也,嬖于悼襄王。悼襄王废适子嘉而立迁。迁素无行,信谗,故诛其良将李牧,用郭开。'岂不缪哉!"④这分明是立足于君主的品德来评价赵迁的作为,把诛杀李牧、重用郭开视为赵国灭亡的原因。

在秦军攻克邯郸之际,赵公子嘉带领一部分人逃到代郡(今河北蔚县),受到随行的赵大夫拥戴,自立为代王,随后往东与燕国的军队会合,驻扎在上谷(今河北怀来)。直到秦王政二十五年(前222),秦将王贲攻入代地,俘虏了赵嘉,赵国最终灭亡。

---

① 《史记》卷四三《赵世家》,第1832页。
② 《史记》卷六《秦始皇本纪》,第233页。
③ 刘文典撰:《淮南鸿烈集解》卷二十《泰族训》,中华书局1989年版,第693页。
④ 《史记》卷四三《赵世家》,第1833页。

五 燕国的抵抗

燕国地处东北一隅,在战国七雄的纵横捭阖中,长期处于边缘地位。随着苏秦的到来,燕国最早支持合纵方略。燕昭王当政时期,开始致力于对外扩张,并在乐毅的指挥下,成功地攻破了劲敌齐国。然而在这一节骨眼上,王位更迭改变了燕国政局,而后齐国反攻复国,燕国国势一落千丈。

因为特殊的地缘关系,燕国有赵国作为挡箭牌,不担心会与秦国正面交锋。然而到战国末年,这种局势发生了变化:秦王政十九年(前228),秦军攻克赵都邯郸,俘虏赵王迁以后,王翦率军移驻中山郡,开始逼近燕国。赵公子嘉带领宗族数百人,逃奔到代郡,自称为代王。赵国大夫纷纷归附代王,并且与燕国相联络,驻扎在上谷。

面对秦国的军事威胁,燕国采取了一种非常规手段,即寻找和指派一名刺客,伪造和利用投降的名义,接近并杀死秦王嬴政,以维护燕国的国家安全。在这场对抗秦国的特殊战斗中,燕国太子姬丹和荆轲作为主角,上演了一幕精彩的历史悲剧。

当初,燕国太子姬丹在赵国做质子,而秦王嬴政也生活在赵国,他们相处得很好。嬴政继承王位之后,姬丹又到秦国做质子。嬴政对姬丹不以礼相待,姬丹认为他不讲义气,一怒之下逃回燕国。等到秦军攻破赵国,姬丹眼见战祸就要延及燕国,心中痛恨嬴政,又想设法挽救燕国,就询问太傅鞠武。鞠武分析天下大势说:

> 秦地遍天下,威胁韩、魏、赵氏,北有甘泉、谷口之固,南有泾、渭之沃,擅巴、汉之饶,右陇、蜀之山,左关、殽之险,民众而士厉,兵革有余。意有所出,则长城之南,易水以北,未有所定也。奈何以见陵之怨,欲批其逆鳞哉!①

这里,鞠武基于秦国强大的实力来考虑燕秦关系,不赞成轻易与秦国交恶。没过多久,秦将樊於期因得罪秦王嬴政,从秦国逃到燕国。姬丹热情地接待他,

---

① 《史记》卷八六《刺客列传》,第2528页。

让他住进客舍。鞠武得知这件事,连忙规劝姬丹说:

> 夫以秦王之暴而积怒于燕,足为寒心,又况闻樊将军之所在乎?是谓"委肉当饿虎之蹊"也,祸必不振矣!虽有管、晏,不能为之谋也。愿太子疾遣樊将军入匈奴以灭口。请西约三晋,南连齐、楚,北购于单于,其后乃可图也。①

在鞠武看来,单凭秦王的残暴,加上他对燕国的积怨,就足以使人胆寒,何况燕国收留樊於期,正是把一块肉丢在饿虎出没的路上,所以他建议姬丹赶快遣送樊於期去匈奴那里。但是,姬丹从为人道义方面考虑,还是把樊於期留了下来。至于鞠武提出与韩、赵、魏三国残存势力结盟,与齐、楚两国联合,邀约匈奴,共同抗击秦国的方略,不过是合纵方略的一个翻版,而且很难实施,所以也被姬丹当即否定。

这里人们会感到:姬丹有侠肝义胆,而鞠武老谋深算。其实,鞠武提出的救国方略,仍立足于诸侯合力抗秦,显然不切合实际。因为天下形势不同于以往,韩国已经灭亡,魏国自顾不暇,赵国苟延残喘,齐国拥众自居,楚国破败不已,各国诸侯怎会联合行动!燕国唯一可利用的,不过匈奴而已,但匈奴的力量很有限。因此,鞠武的救国方略说起来很顺溜,却实在迂阔难行。至于是否遣送樊於期去匈奴,鞠武的说法也没什么道理。因为秦国统一天下已经成为大势所趋,而为了吞并燕国,不但早有筹划,而且正在实施之中,即使姬丹马上把樊於期送往匈奴避难,也不可能讨得嬴政的欢心,不可能阻止秦军的步伐。

姬丹没能从太傅鞠武那里得到可行的救国方略,转过来就想孤注一掷,用刺杀嬴政的手段,挽救燕国的危亡之势。

恰在这时候,姬丹通过鞠武的引荐,结识了燕地侠客田光。田光向姬丹推荐他的好友荆卿,说他可以参与国家大事。姬丹希望结交荆轲,并叮嘱田光保守机密。田光回家以后,马上去见荆轲,向他说明姬丹的心意。为了促使荆轲进宫,田光恳切地说:"愿足下急过太子,言光已死,明不言也。"②说罢自杀而死。荆轲去拜见姬丹,并转达田光的话。姬丹跟荆轲谈燕秦关系,其中说道:

> 今秦有贪利之心,而欲不可足也。非尽天下之地,臣海内之王者,

---

① 《史记》卷八六《刺客列传》,第 2529 页。
② 《史记》卷八六《刺客列传》,第 2530 页。

其意不厌。今秦已虏韩王,尽纳其地。又举兵南伐楚,北临赵;王翦将数十万之众距漳、邺,而李信出太原、云中。赵不能支秦,必入臣,入臣则祸至燕。燕小弱,数困于兵,今计举国不足以当秦。诸侯服秦,莫敢合从。丹之私计,愚以为诚得天下之勇士使于秦,窥以重利;秦王贪,其势必得所愿矣。诚得劫秦王,使悉反诸侯侵地,若曹沫之与齐桓公,则大善矣;则不可,因而刺杀之。彼秦大将擅兵于外而内有乱,则君臣相疑,以其间诸侯得合从,其破秦必矣。此丹之上愿,而不知所委命,唯荆卿留意焉。①

依照姬丹所言,秦王嬴政非常贪婪,不把天下所有的土地全部吞并,不使天下所有的君王全部臣服,就永远不会满足。如今秦国已经俘虏了韩王,完全占领了韩国领土,又发兵向南攻打楚国,向北迫近赵国。秦将王翦统领数十万大军,已经进抵漳河、聊城一带,而李信从太原、云中两郡攻击赵国。赵国若抵抗不住,必定投降秦国,战祸就会降临燕国。燕国十分弱小,屡次遭受战乱,估计把全国兵力集中起来,都不足以抵抗秦军。各国诸侯屈服于秦国,因而不敢联合行动。所以,拯救燕国最好的方法,是物色到天下的勇士,派其出使秦国,使用重利诱惑秦王嬴政,以达到劫持他的目的。果真能够劫持秦王,逼迫他如数归还诸侯的失地,像曹沫劫持齐桓公那样,就太好了。万一不行,就借机杀死秦王。秦国的大将领兵在外,而国内发生变故,秦国的君臣就会互相猜疑。各国诸侯趁机联合起来,就一定能攻破秦国。荆轲听了这番话,稍作推辞之后,就答应了姬丹的请求。于是,姬丹尊奉荆轲为上卿,让他住进上等客舍,并且每天到客舍问候,摆下牛、羊、猪三牲酒席,送上珍奇的物品,有时还赠以车马、美女,尽量满足荆轲的欲望,来迎合他的心意。

当秦将王翦灭掉赵国,引军进抵易水的时候,姬丹心里越发着急,就请求荆轲尽快行动。荆轲提出赴秦的条件,希望得到樊於期的头颅,加上燕国督亢一带的地图,奉献给秦王嬴政,这样就能受到嬴政的接见。但是,姬丹以为樊於期在穷困时来归附,不忍心加害,要荆轲另想办法。

荆轲亲自去见樊於期,晓以利害,动以情感,樊於期慷慨自杀。姬丹听到消息,只好让人包好樊於期的头颅,用匣子封藏起来。随后,姬丹拿出预先买到的

---

① 《史记》卷八六《刺客列传》,第2531页。

一把匕首,让工匠浸染上毒药,再交给荆轲,并准备好带往秦国的物品,又指派燕国勇士秦舞阳作为荆轲的副手,让他们一起去秦国。

荆轲即将启程,姬丹和知道这件事的宾客们都穿戴着白衣白帽赶来送行,在易水岸边聚会。高渐离敲打着筑,荆轲随和筑声唱着歌:"风萧萧兮易水寒,壮士一去兮不复还!"[1]那歌声悲壮慷慨,送行的人都很激动。几曲唱罢,荆轲带着秦舞阳踏车而去,始终没有回头。

秦王政二十年(前227),荆轲来到咸阳,先拿出价值千金的礼品,去贿赂嬴政的宠臣蒙嘉。蒙嘉向嬴政报告说:"燕王诚振怖大王之威,不敢举兵以逆军吏,愿举国为内臣,比诸侯之列,给贡职如郡县,而得奉守先王之宗庙。恐惧不敢自陈,谨斩樊於期之头,及献燕督亢之地图,函封,燕王拜送于庭,使使以闻大王,唯大王命之。"[2]嬴政听了很高兴,随即穿上朝服,设下九宾大礼,来接见荆轲。

在咸阳宫中,荆轲捧着盛人头的匣子,秦舞阳捧着装地图的匣子,两人一前一后走着。刚走到御阶之前,秦舞阳吓得脸色大变,站在两旁的群臣觉得奇怪。荆轲回过头朝着秦舞阳笑一笑,然后向嬴政解释说,秦舞阳是一个北方粗人,从来没有见过天子,所以非常害怕,请求嬴政宽容他一点。嬴政让荆轲把秦舞阳手上的地图呈上来,荆轲从匣里取出地图献给嬴政。等地图全部打开,露出里面藏的匕首,荆轲用左手抓住嬴政的衣袖,右手捡起匕首去刺他,可是没有刺到身上。嬴政奋力跳起来,挣断衣袖,想拔剑自卫,又因为剑身很长,在剑鞘里插得很牢,一时没能拔出来。荆轲急忙追赶嬴政,嬴政就绕着柱子猛跑。宫中顿时一片慌乱。

按照秦国法令规定,群臣在宫中侍驾,不准携带任何器械;担当侍卫的郎中手持兵器,都排列在殿下,没有国君的命令,一律不准上殿。当时因为事起仓促,出人意料,群臣没有东西可以对付荆轲,只得空手来搏斗,唯独侍医夏无且用他手中的药囊,猛地朝荆轲砸来。嬴政只顾绕着柱子躲闪,不晓得怎么办才好。经过左右侍臣的提醒,嬴政才把剑鞘背起来,拔出利剑,砍断了荆轲的左腿。荆轲一下子瘫倒在地,仍举起匕首朝嬴政掷来,不料没有刺中嬴政。嬴政回过头来,朝荆轲连刺数剑。荆轲知道自己已无力回天,就倚靠着铜柱笑起来,而后坐在地

---

[1] 《史记》卷八六《刺客列传》,第2534页。
[2] 《史记》卷八六《刺客列传》,第2534页。

上骂道:"事所以不成者,以欲生劫之,必得约契以报太子也。"①于是,荆轲遭到众人杀戮,又被肢解尸体示众。

荆轲行刺激怒了嬴政,嬴政命令王翦、辛胜进攻燕国。燕国、代国出兵迎击秦军,在易水以西被秦军打垮。秦王政二十一年(前226),嬴政增派军队给王翦,击破了姬丹的军队,攻克了燕都蓟城(今北京市)。姬喜、姬丹父子率领所有精锐部队,向东逃到辽东,图谋自保。王翦因病告老还乡,秦将李信继续追击燕军。代王赵嘉写信给姬喜说:"秦所以尤追燕急者,以太子丹故也。今王诚杀丹献之秦王,秦王必解,而社稷幸得血食。"②这时候,姬丹藏匿在衍水(在今辽宁东部)境内,姬喜听信了赵嘉的建议,派出密使斩杀了姬丹,想以儿子的头颅来讨好嬴政,与秦国媾和。然而,嬴政根本不予理会,仍令秦军继续进攻。

秦王政二十五年(前222),秦王嬴政大举出兵,任命王贲为主将,指挥秦军进攻辽东,俘虏了燕王姬喜。燕国从西周初年创建,延续了八百年,至此灭亡。司马光评论说:

  燕丹不胜一朝之忿,以犯虎狼之秦,轻虑浅谋,挑怨速祸,使召公之庙不祀忽诸,罪孰大焉!……荆轲怀其豢养之私,不顾七族,欲以尺八匕首强燕而弱秦,不亦愚乎!③

司马光认为,燕太子姬丹不能忍受一时的愤怒,没有经过深思熟虑、周密策划,就去冒犯狼虎般的秦国,挑起了秦王嬴政的怨恨,加速了燕国的灭亡,使燕召公祭祀忽然中断,没有比这个更大的罪过。至于荆轲,怀着报答太子姬丹豢养的私情,不顾整个家族会受牵连,想用一把匕首来壮大燕国、削弱秦国,能说不愚蠢吗!这显然是以结果论行动,以成败论英雄。实际上,面对强大到无力战胜的敌人,燕太子姬丹和荆轲刺杀秦王嬴政的做法,何尝不是一种擒贼先擒王的权谋,何尝不是一种不战而胜的战法?借用现代军事术语来说,这称得上一次失败的斩首行动。

---

  ① 《史记》卷八六《刺客列传》,第 2535 页。
  ② 《史记》卷八六《刺客列传》,第 2536 页。
  ③ 《资治通鉴》卷七《秦纪二》,第 232—233 页。

六　王翦伐楚

战国时期,楚国一直走着下坡路,尤其是楚怀王在位时,对多极竞争的形势缺乏应有的认识,多次掉进秦国君臣的圈套,致使楚国蒙受巨大的损失,整个国势由盛而衰。楚顷襄王和考烈王都缺乏胆识,没有能力治理国家,只是凭借春申君名扬诸侯列国,楚国尚能延续生存,甚至在秦昭襄王五十二年(前 255),出兵吞并了鲁国,形成短暂的强盛局面。

秦王政六年(前 241),楚、赵、魏、韩、卫国结成合纵联盟,出兵进攻秦国。楚考烈王担任合纵长,春申君掌管军务。诸侯联军攻克寿陵(今河南洛宁),直抵函谷关,但等到秦军开关迎战,竟然不战自溃,一哄而散。楚考烈王把这次作战失败归咎于春申君,益发疏远春申君。朱英作为一名门客,给春申君分析楚国的形势说:

> 人皆以楚为强而君用之弱,其于英不然。先君时善秦二十年而不攻楚,何也?秦逾黾隘之塞而攻楚,不便;假道于两周,背韩、魏而攻楚,不可。今则不然,魏旦暮亡,不能爱许、鄢陵,其许魏割以与秦。秦兵去陈百六十里,臣之所观者,见秦、楚之日斗也。①

依照朱英的分析,过去 20 年间,秦楚两国保持友好关系,秦国从不攻打楚国,是因为秦国进攻楚国,需要越过崤函要塞,很不方便;需要借道于西周和东周之间,背对韩国和魏国来攻打楚国,实不可行。现今魏国朝不保夕,无力顾及许和鄢陵,一旦把两地割让给秦国,秦国的军队距离陈只有 160 里,这样秦楚两国就会时常交战。春申君听了朱英的话,为了避开秦军的锋芒,建议楚考烈王把都城从陈迁移于寿春(今安徽寿县),仍旧命名为郢。而春申君回到封国吴地,继续行使相国的职权。秦王政九年(前 238),楚考烈王病故,春申君被楚太子之舅父李园杀害。楚太子熊捍被立为王,是为楚幽王。

秦王政十九年(前 228),楚幽王病故,他的同母弟熊犹继位,是为楚哀王。没过多久,楚顷襄王的庶子负刍发动政变上台,诛杀了李园。但到了这时候,楚

---

① 《史记》卷七八《春申君列传》,第 2395—2396 页。

国已经岌岌可危,随着韩、赵、燕、魏诸国破亡,显得格外势单力薄。

秦王政二十一年(前226),嬴政打算出兵楚国,就询问将军李信,需要动用多少军队。李信"年少壮勇,尝以兵数千逐燕太子丹至于衍水中,卒破得丹"①,受到嬴政的称赞。正是因为作战勇敢、年少得志而过于自负、藐视楚人,李信回答说:"不过用二十万人。"嬴政又询问王翦,王翦回答说:"非六十万人不可。"嬴政笑着说:"王将军老矣,何怯也!李将军果势壮勇,其言是也。"②于是派遣李信、蒙武率领20万军队③,前去进攻楚国。王翦因为不被任用,就以有病为借口,返回家乡频阳(今陕西富平)。

秦军进入楚国,最初作战很顺利。李信攻打平舆(今河南平舆),蒙武攻打寝邑(今河南沈丘),都击破了楚军。李信又转攻鄢郢④,击破楚军,然后引兵西

---

① 《史记》卷七三《白起王翦列传》,第2339页。

② 并见《史记》卷七三《白起王翦列传》,第2339页。

③ 蒙武,《白起王翦列传》作"蒙恬"。《史记志疑》曰:"此前后三称蒙恬,考《六国表》及《蒙恬传》,是时恬未为将,当是蒙武之误。《御览》百五十九引《史》云'蒙恬伐楚寝丘'。"(第1267页)《史记斠证》曰:"《通鉴》书此事于始皇二十二年,从此传作蒙恬。恬为武子,二十六年始为秦将,见《蒙恬传》,则此时自不得攻寝。《六国表》二十三年,书'王翦、蒙武击破楚军',亦见《蒙恬传》。据《始皇纪》及《楚世家》,则在二十四年,盖梁说'蒙恬当是蒙武之误'所本。"(第2308页)

④ 关于鄢郢的位置,历代学者解释不一。《资治通鉴》胡三省注云:"此鄢郢,非楚故都之鄢郢也。楚故都为白起所取,秦已置南郡。据楚都寿春,以寿春为郢,则其前自郢徙陈,亦必以陈为郢矣。然则此郢乃陈也。鄢即颍川之鄢陵,与平舆、城父地皆相近。"《史记志疑》曰:"'信又攻鄢郢破之'七字,衍。"《史记会注考证》引中井积德曰:"先是白起既拔鄢郢矣,不闻楚复之。此乃云攻鄢郢,何也?盖考烈王东徙,命寿春曰郢。惟鄢未审所谓。"《史记会注考证订补》曰:"胡说陈为郢,是也。《始皇纪》:'二十三年,秦王复召王翦,强起之,使将击荆,取陈以南至平舆,虏荆王。秦王游至郢陈。'是其证。"《史记斠证》曰:"《通鉴》胡注说陈为郢,盖即本《始皇纪》。然鄢、郢并称,本指楚故都;胡氏虽立新解,未敢必其是,故注又云:'或曰:鄢郢当作鄢陵。'亦可备一说。鄢陵之作鄢、郢,或由联想而误耳。"又引陈槃曰:"此'鄢郢'读当作'鄢郢',不当作'鄢、郢'。楚本都江陵故郢城,而江陵县北有纪南城,楚亦尝居之,故又称'纪郢'。后又居鄢(今湖北宜城县),因又有'鄢郢'之号。……盖已迁居矣,而不忘故地,是以两地并称,非二事也。由是而言,'鄢郢'即是居鄢之郢,而胡三省以为'鄢'即'颍川之鄢陵',恐是望文生义,未可据也。"《史记新注》曰:"鄢郢:春秋时楚都邑,即今湖北宜城县。据上下文,平舆、寝、城父均远在鄢郢之东,故此云鄢郢有误,当是城父之东的楚都寿春(今安徽寿县),仍号郢都,楚考烈王二十二年(前241)徙都于此。"

进,与蒙武会师于城父(今安徽亳州)。楚军尾随李信所部而来,经过三天三夜急行军,采取突然袭击的方式,攻入秦军两座壁垒,杀死了七名都尉,李信被迫引兵撤退。

嬴政得到军情报告,大为恼怒,亲自赶到频阳,向王翦道歉说:"寡人以不用将军计,李信果辱秦军。今闻荆兵日进而西,将军虽病,独忍弃寡人乎?"请王翦出战。王翦坚持原主张,说:"大王必不得已用臣,非六十万人不可。"①嬴政答应了这一要求,任命王翦为主将,蒙武为裨将军,统率60万大军,再度攻打楚国。

秦楚之战是秦国统一天下进程中一次规模较大的战役。嬴政在灭亡韩国、攻破赵国、重创燕国之后,急于吞并楚国,因而无视楚国地广兵多、难以速胜的实际情况,轻率地决定以20万人攻打楚国,结果遭到失败。经过这次失败,嬴政承认了决策上的失误,答应王翦的要求,为进攻楚国集中优势兵力。王翦作为一名卓越的将领,在战略决策上老成持重,没有必胜的把握,就不轻易率军出战。这种做法体现出"以重待轻"的谋略。"以重待轻"就是在没有详审敌情之时,一定要重视敌人,而不能疏忽对敌情的了解;在没有同敌人交锋之时,务必做到"不动如山",而不是轻举妄动;特别是在作战指挥上,要以是否有利为行动的准则,以免使自身陷入被动的境地。

王翦率军出征时,嬴政亲自来灞上(今陕西西安东)为王翦送行。王翦请求给予上等田宅,而且所要求的数量很多。嬴政反问王翦:既为将军,何必担忧贫穷?王翦解释说:"为大王将,有功终不得封侯,故及大王之向臣,臣亦及时以请园池为子孙业耳。"王翦率军来到函谷关②,又派人回去向嬴政求取上等田地,前后共有五趟。王翦的部将中有人说这样索取田宅太过分,王翦不以为然,又解释说:"夫秦王怚而不信人。今空秦国甲士而专委于我,我不多请田宅为子孙业以

---

① 并见《史记》卷七三《白起王翦列传》,第 2340 页。
② 关于王翦率军伐楚,究竟是出函谷关还是出武关,历代学者观点有分歧,《资治通鉴》胡三省注:"此当是出武关也。"(第 231 页)《史记全注全译》曰:"关:武关,在今陕西商南县西北,战国时秦之南关。秦用兵三晋,东出函谷关;伐荆,则南出武关。"与上述观点不同,《史记注译》曰:"关:指函谷关,旧址在今河南灵宝县东北。"《史记笺证》曰:"既至关:出行至函谷关,在今河南灵宝东北。"按:秦军无论出武关,还是出函谷关,都可以进攻楚国,故两说难以决断,暂取函谷关之说。

自坚,顾令秦王坐而疑我邪!"①

这样说来,王翦请田祛疑,深得为臣之道。在传统政治领域里,专制君主高高在上,有操纵臣下生杀予夺的权力。"君令臣死,臣不能不死",与"父叫子亡,子不敢不亡"合在一起,成为人们恪守的行为准则。因此,做臣下的说起话来、做起事来,也只能战战兢兢、小心翼翼,"如临深渊,如履薄冰"。在某些特定场合,为了求得君主的理解和信任,还非要动一番脑筋、耍几套把戏才行。只是在这时运用谋略,不能搞得太露太白,需要设一些圈子,或者绕几道弯,才好表达个人的用心。王翦请田祛疑,就是这样的做法。

秦王政二十三年(前224),王翦统率60万大军,进抵天中山(在今河南汝阳),安营扎寨。楚王负刍得到报告,马上派遣项燕、景骐各领20万军队,前来迎战。但在楚军到来之后,王翦只是下令全军将士加固壁垒,不理会楚军的挑战。王翦关心部队的日常生活,与士兵同饮食,重视军事训练活动,让士卒跳远、跳高、投掷石头,得到充分的休息和锻炼。过了很久,项燕觉得秦军可能只是来这里驻防,就对秦军放松了警惕。

秦王政二十四年(前223),趁着楚军向东撤退之机,王翦指挥秦军以排山倒海之势,向楚军发起总攻,一直追击到蕲(今安徽宿州),项燕、景骐被迫自杀②。楚军仓促抵抗,被秦军彻底击溃。秦军乘胜攻打楚地城邑,占领了楚都寿春(今安徽寿县),俘虏了楚王负刍,楚国灭亡。

秦王政二十五年(前222),王翦指挥秦军,继续向江南挺进,降服了越族的首领,设置了会稽郡。

---

① 并见《史记》卷七三《白起王翦列传》,第2340页。

② 关于项燕之死,司马迁叙述不一。《史记》卷六《秦始皇本纪》载:"二十四年,王翦、蒙武攻荆,破荆军,昌平君死,项燕遂自杀。"(第234页)卷七《项羽本纪》载:"(项)梁父即楚将项燕,为秦将王翦所戮者也。"(第295页)卷四〇《楚世家》载:楚王负刍四年,"秦将王翦破我军于蕲,而杀将军项燕"(第1737页)。卷七三《白起王翦列传》载:"至蕲南,杀其将军项燕。"(第2341页)按:《项羽本纪》司马贞注:"此云为王翦所杀,与《楚汉春秋》同,而《始皇纪》云项燕自杀。不同者,盖燕为王翦所围逼而自杀,故不同耳。"是谓项燕被迫自杀,暂从此说。

七　不战而屈齐

战国时期的齐国,在齐威王的统治下,政治清明,实力大振,成为当时最强盛的国家。这一局面维持了半个多世纪,涌现出孙膑、邹忌、孟尝君等风云人物。然而,齐湣王的残暴作为,招致燕、赵、魏、秦、韩五国的联合进攻,齐国濒临灭亡。经过田单反击作战,齐国收复了所有失地,但从此元气大伤,再没有恢复回来。

秦昭襄王四十三年(前264),齐襄王田法章去世,其子田建继位。田建年少无识,齐国的政事不论大小,都由王太后操持。齐王太后与秦国交往十分谨慎,与诸侯交往讲求诚信,加上齐国距离秦国较远,秦国全力攻打韩、赵、魏、燕、楚诸国,这些国家又忙于自救,因此,齐王田建在位44年间,齐国一直没有遭遇过战争。

秦昭襄王四十七年(前260),正当秦、赵两国大战长平之际,齐、楚两国应赵国的请求,准备出兵救援赵国。秦国君臣得知这一消息,秘密地商议决定"齐楚救赵,亲则退兵,不亲遂攻之"①。赵国由于粮饷供应不足,请求齐国调拨一部分粮食,支援前线的赵军作战,哪知田建拒绝给予赵国援助。有位人称周子的谋臣,进见田建说:

> 不如听之以退秦兵,不听则秦兵不却,是秦之计中而齐楚之计过也。且赵之于齐楚,扞蔽也,犹齿之有唇也,唇亡则齿寒。今日亡赵,明日患及齐楚。且救赵之务,宜若奉漏瓮沃焦釜也。夫救赵,高义也;却秦兵,显名也。义救亡国,威却强秦之兵,不务为此而务爱粟,为国计者过矣。②

齐王建的做法,是一种自我孤立、缺乏远见的决策。周子认为,赵国是齐、楚两国对抗秦国的蔽障,就像嘴唇和牙齿的关系。假若赵国今天灭亡,明天祸害就会延及齐、楚两国。况且救援赵国,又像捧着漏水的器具去扑救烧焦的饭锅那样,非常紧急。救援赵国,属于高义之举;迫使秦国撤兵,能带来显赫的名声。所

---

① 《史记》卷四六《田敬仲完世家》,第1902页。
② 《史记》卷四六《田敬仲完世家》,第1902页。

以，齐国应当援助赵国，而不能吝啬那点粮食。然而田建听不进去，还是不给赵国提供援助。

秦庄襄王元年（前249），齐王太后去世之后，后胜担任齐相国，接受了秦国间谍很多钱财。齐国宾客到秦国，秦国也送他们不少金钱。他们成为替秦国效命的人，劝说田建去朝见秦王。到了秦王政十年（前237），田建将要去秦国朝觐，马车刚到临淄城门，雍门司马上前劝阻，质问田建说："所为立王者，为社稷耶？为王立王耶？"田建说是为了社稷立王。这位司马又问道："为社稷立王，王何以去社稷而入秦？"田建觉得言之有理，就掉转车头返回王宫。即墨大夫听到这一消息，认为可以与雍门司马为谋，便来进见田建，说：

> 齐地方数千里，带甲数百万。夫三晋大夫，皆不便秦，而在阿、鄄之间者百数，王收而与之百万之众，使收三晋之故地，即临晋之关可以入矣；鄢、郢大夫，不欲为秦，而在城南下者百数，王收而与之百万之师，使收楚故地，即武关可以入矣。如此，则齐威可立，秦国可亡。夫舍南面之称制，乃西面而事秦，为大王不取也。①

这分明是一种情绪化的想法，没有认清当时的天下形势，夸大了齐国的军事力量。即墨大夫谈论经国大计，就跟赵括纸上谈兵一样，说起来容易，听起来简单，却不考虑怎样才能做成。他说这里交给韩、赵、魏三国大夫一百万人，那里交给楚国大夫一百万人，这两百万人从何而来？况且齐国几十年不打仗，没有经过严格训练的军队，把大批百姓随意送上战场，去对付强大的秦军，很难说长平之战的惨剧不会重演。齐王田建大概了解齐国的实际情况，没有采纳即墨大夫的建议，于是亲自前往咸阳，去朝见秦王嬴政，嬴政设宴款待，暂时缓和了齐秦关系。

秦王政二十六年（前221），嬴政命令王贲进攻齐国。齐王田建调派军队，驻防齐国西部边境，同时断绝与秦国的来往。王贲率军从燕地南下，因为齐国战备松弛，没有遇到多大抵抗，得以长驱直入，迅速占领了临淄。嬴政派使者来劝田建投降，表示愿意封给他500里地，田建受相国后胜的唆使，随之宣布投降。结果，田建被迁徙到共邑（在今河南卫辉），软禁在一片松柏林里，最终挨饿而死。齐国人埋怨田建不及早与各诸侯联合抗御秦国，而听信奸臣和宾客的邪说，招致

---

① 《战国策》卷十三《齐六》，第474页。

国破身亡的悲惨结局,还作了一首歌谣传唱:

  松邪,柏邪?住建共者,客耶!①

这首歌谣听起来,分明是在控诉后胜之流,是他们坑害了田建,毁了齐国。其实问题并非如此简单,齐国灭亡的原因,除天下大势尽在秦国之外,从齐国君臣一面看,主要是自毁藩篱。对此,司马迁特别追叙说:

  始,君王后贤,事秦谨,与诸侯信,齐亦东边海上,秦日夜攻三晋、燕、楚,五国各自救于秦,以故王建立四十余年不受兵。君王后死,后胜相齐,多受秦间金,多使宾客入秦,秦又多予金,客皆为反间,劝王去从朝秦,不修攻战之备,不助五国攻秦,秦以故得灭五国。五国已亡,秦兵卒入临淄,民莫敢格者。②

司马迁认为,齐王太后有贤能,侍奉秦国比较谨慎,与诸侯交往有诚信,加上齐国处于东海之滨,有赵、魏、韩、楚、燕五国的阻隔,较少正面与秦国较量,因此长期没有遭遇战争。但齐王太后去世后,后胜担任相国,接受秦国间谍的金钱贿赂,还派一些宾客去秦国,又收取秦国不少的钱财,因而为秦国进行反间活动,劝说齐王建放弃合纵,完全倒向秦国,不重视军队建设,不帮助赵、魏、韩、楚、燕五国攻打秦国,所以秦国灭亡五国之后,出兵攻入临淄,齐国民众没人敢抵抗。过了一千多年,接着司马迁的评论,司马光又分析说:

  从衡之说虽反覆百端,然大要合从者,六国之利也。昔先王建万国,亲诸侯,使之朝聘以相交,飨宴以相乐,会盟以相结者,无他,欲其同心戮力以保家国也。向使六国能以信义相亲,则秦虽强暴,安得而亡之哉!夫三晋者,齐、楚之藩蔽;齐、楚者,三晋之根柢;形势相资,表里相依。故以三晋而攻齐、楚,自绝其根柢也;以齐、楚而攻三晋,自撤其藩蔽也。安有撤其藩蔽以媚盗,曰"盗将爱我而不攻",岂不悖哉!③

这是说合纵连横的说法,虽然反反复复头绪很多,但大体上说,合纵代表着山东六国的利益。当初,先王分封千百个诸侯国,让他们和睦相处、友好往来,以飨宴增进感情,以会盟加强团结。这样做没有别的目的,只不过是要他们同心协

---

① 《战国策》卷十三《齐六》,第 475 页。
② 《史记》卷四六《田敬仲完世家》,第 1902—1903 页。
③ 《资治通鉴》卷七《秦纪二》,第 235 页。

力,保卫国家。倘若大国都能讲求信义,相互亲善,秦国即使再强暴,又怎能灭亡六国呢？韩、赵、魏三国是齐、楚两国的藩篱,齐、楚两国是韩、赵、魏三国的根底,势必应相互援助,表里互为依托。所以,韩、赵、魏三国去攻击齐、楚两国,是断绝自己的根底;齐、楚两国去攻韩、赵、魏三国,是撤除自己的藩篱。哪有撤除自己的藩篱,去向强盗献媚,还说"强盗爱护我,不会进攻我",这难道不荒谬吗？司马光的历史认识可以视为一种定论。

第八章　攻守兼顾

从秦王政十七年(前230)灭掉韩国开始,到二十六年(前221)齐王建投降,在不到10年的时间里,秦国相继兼并了山东六国,开创了一个疆域辽阔的国家。为了实现"六合之内,莫非王土"的宏大目标,秦始皇对内确立了君主专制中央集权的政治体制,对外没有停止战争步伐,在北方大举驱逐匈奴,修筑长城,向南则进军百越地区,持续拓展了秦帝国的疆域。

一　北逐匈奴

秦王政二十六年(前221),秦王嬴政兼并六国,建立起一个统一的国家,"地东至海暨朝鲜,西至临洮、羌中,南至北向户,北据河为塞,并阴山至辽东"①。面对这个庞大的政权,嬴政回顾以往的战争历程,告诉丞相、御史说:

> 异日韩王纳地效玺,请为藩臣,已而倍约,与赵、魏合从畔秦,故兴兵诛之,虏其王。寡人以为善,庶几息兵革。赵王使其相李牧来约盟,故归其质子。已而倍盟,反我太原,故兴兵诛之,得其王。赵公子嘉乃自立为代王,故举兵击灭之。魏王始约服入秦,已而与韩、赵谋袭秦,秦兵吏诛,遂破之。荆王献青阳以西,已而畔约,击我南郡,故发兵诛,得其王,遂定其荆地。燕王昏乱,其太子丹乃阴令荆轲为贼,兵吏诛,灭其国。齐王用后胜计,绝秦使,欲为乱,兵吏诛,虏其王,平齐地。寡人以眇眇之身,兴兵诛暴乱,赖宗庙之灵,六王咸伏其辜,天下大定。②

---

① 《史记》卷六《秦始皇本纪》,第239页。
② 《史记》卷六《秦始皇本纪》,第235—236页。

依照嬴政的历史总结,山东六国被吞灭的主要原因,是各国诸侯对秦国的背叛。嬴政指责韩王安作为藩臣,背弃誓约,与赵、魏两国联合反对秦国;赵王迁已经与秦国结盟,并且换回在秦国的质子,又很快违背盟约,在太原反叛秦国;赵公子嘉竟敢自立为代王;魏王假约定归服于秦国,却与韩、赵两国合谋袭击秦国;楚王负刍献出青阳以西的地盘,却很快背弃誓约,袭击秦国的南郡;燕王喜昏聩糊涂,燕太子丹竟然暗中指派荆轲来做刺客;齐王建采用后胜的计谋,断绝与秦国的来往,企图制造战乱。所以,秦朝廷派出军队前去讨伐,靠着祖宗神灵的保佑,使六国君主受到应有的惩罚。对于兼并六国的成就,嬴政感到非常自豪,"自以为功过五帝,地广三王,而羞与之侔"①,因而要求更改名号,经过群臣讨论,决定改称始皇帝。皇帝作为秦帝国的最高统治者,拥有行政、立法、司法、财政、军事、外交等一切权力;在皇帝之下,建立以丞相为首、御史大夫为辅的中央政府,其下奉常、郎中令、卫尉、宗正、太仆、廷尉、典客、治粟内史、少府等分管具体事务,共同治理国家;在地方上实行郡县制,设置郡、县两级政府,由皇帝直接委任郡守、县令,负责地方治理,由此构筑起一整套君主专制下的中央集权体制,以保证统一国家的稳定和发展。

然而,秦帝国周边地区并不安宁,北方有日渐强盛的匈奴政权,南方则是散居杂处的百越部落。为了筹划边疆治理方略,秦始皇从兼并六国开始,连续数年去视察边疆地区。如秦始皇二十七年(前220),秦始皇巡视陇西、北地,越过鸡头山,路经回中(今宁夏固原)。秦始皇三十二年(前215),秦始皇去北方巡视,到达碣石(在今辽宁绥中),而后经过上郡,返回咸阳。正是通过这次北方巡视,秦始皇了解了北部边疆的形势,决定对匈奴发动战争。

秦始皇决定进攻匈奴,有多方面的动机和原因,主要是为了稳定北部边疆,使关中地区不受匈奴的威胁,确保秦都咸阳的安全。而其中一个直接的原因,则出自一条诡秘的谶语。

秦始皇三十二年(前215),秦始皇到北方巡游,在碣石指派燕人卢生去寻访仙人。秦始皇返回咸阳之后,卢生也从海上求仙回来,上奏有关符命占验的图书,其中写道:"亡秦者胡也。"②从字面上看,这句话是说"胡"将灭掉秦帝国。但

---

① 《史记》卷六《秦始皇本纪》,第276页。
② 《史记》卷六《秦始皇本纪》,第252页。

这一"胡"字究竟是指胡人,还是指胡亥,或有其他含义,谁也说不准。淮南王刘安认为:

> 秦皇挟录图,见其传曰:"亡秦者,胡也。"因发卒五十万,使蒙公、杨翁子将,筑修城,西属流沙,北击辽水,东结朝鲜,中国内郡挽车而饷之。①

这里,刘安把秦始皇北击胡人,视为迷信谶语的结果。只是"北击辽水"一句,语意不太明晰。刘文典注引俞樾曰:"擊字无义,疑罄字之误。《尔雅释诂》:'罄,尽也。'言北尽辽水也。《史记》作'起临洮,至辽东',至即有尽义。"②这是说秦军并未攻至辽水,而是修筑长城到辽东。秦始皇认为,胡人包括匈奴在内的北方游牧部族是灭亡秦帝国的潜在力量,必须予以坚决的打击。然而,鉴于匈奴人及其游牧之地的特性,李斯不赞同发动战争,因而劝谏秦始皇说:

> 夫匈奴无城郭之居,委积之守,迁徙鸟举,难得而制。轻兵深入,粮食必绝;运粮以行,重不及事。得其地,不足以为利;得其民,不可调而守也。胜必弃之,非民父母,靡敝中国,甘心匈奴,非完计也。③

李斯认为,匈奴人不修筑城郭,不储备财货,像候鸟一样迁徙,很难加以控制。秦朝廷若是轻兵深入,粮食必定断绝;若是运粮供应,重兵无法到位。结果即使得到匈奴的土地,也不足以产生利益;即使得到匈奴的部众,也无法调动防守。即使打败匈奴人,也必须把他们丢掉,这不是为民父母的做法,势必导致国内凋敝。所以对秦朝廷来说,没必要出兵征伐匈奴。但是,秦始皇着眼于北部边疆,并未采纳李斯的谏言,还是决定对匈奴发动战争。

关于这场战争,司马迁记述的征伐对象,除匈奴之外,又有"胡""戎狄"两种,看起来不一致。如《史记·秦始皇本纪》曰:

> (秦始皇三十二年),始皇乃使将军蒙恬发兵三十万人北击胡,略取河南地。④

《史记·蒙恬列传》曰:

---

① 《淮南鸿烈集解》卷十八《人间训》,第617页。
② 《淮南鸿烈集解》卷十八《人间训》,第617页。
③ 《汉书》卷六四上《严朱吾丘主父徐严终王贾传》,第2800页。
④ 《史记》卷六《秦始皇本纪》,第252页。

> 秦已并天下,乃使蒙恬将三十万众北逐戎狄,收河南。①

《史记·匈奴列传》曰:

> 后秦灭六国,而始皇帝使蒙恬将十万之众北击胡,悉收河南地。②

据此而言,秦帝国征伐的对象被称为"胡""戎狄",实际上泛指北方游牧部族,包括匈奴、月氏和羌人。至于秦朝廷用兵的人数,《匈奴列传》作"十万之众",似不确切。因为《秦始皇本纪》《蒙恬列传》和《六国年表》,还有《汉书·主父偃传》③,均作"三十万众"。

秦始皇三十二年(前215),秦始皇任命蒙恬为主将,调集军队30万人,向北部边境进发,迅速收复了河南地(今内蒙古河套地区)。"当是之时,东胡强而月氏盛。匈奴单于曰头曼,头曼不胜秦,北徙。"④这说明秦军在河南地打击的对象是匈奴,匈奴头曼单于无力对抗秦军,被迫率部往北迁徙。

秦始皇三十三年(前214),蒙恬乘胜进军,往西北方驱逐匈奴,从榆中(今内蒙古伊金霍洛旗)沿黄河往东至阴山,设置了44个县,并且沿河修筑城墙,设置障塞,构成了一道边防线。秦始皇又命令蒙恬率军渡过黄河,夺取了高阙(在今内蒙古乌拉特前旗)、阳山、北假(今内蒙古乌加河以北),并且设置了九原郡(今内蒙古包头),就地修筑亭障,纳入长城防御体系。与此同时,秦朝廷从内地迁移大批罪犯,来新设诸县屯垦戍守。

秦始皇三十六年(前211),秦朝廷下令招募内地民众3万户,迁移到北河、榆中一带定居,开荒种地,每户授予爵位一级,还把这一地区称为"新秦"。秦朝廷大规模移民实边,不仅有力遏制了匈奴的南下,也促进了北部边疆的开发。

总体上说,蒙恬北逐匈奴进行得比较顺利,但如李斯所言,匈奴作为游牧部族难以被征服,秦朝廷夺取塞外之地也难以守御,加上这样大规模的军事行动,耗费大量人力、物力和财力,给秦朝廷造成极大的困难,因此秦始皇没有继续攻击匈奴,转而采取积极防御的军事战略,在整个北部边疆修筑长城。

---

① 《史记》卷八八《蒙恬列传》,第2565页。
② 《史记》卷一一〇《匈奴列传》,第2886页。
③ 汉武帝时,朝中讨论朔方城之事,公孙弘持反对意见,举例辩解说:"秦时尝发三十万众筑北河,终不可就,已而弃之。"见《汉书》卷六四上《严朱吾丘主父徐严终王贾传》,第2803页。
④ 《史记》卷一一〇《匈奴列传》,第2887页。

二　修筑长城

春秋战国时期,因为长期处于战争状态,各国诸侯为了维护国家安全,纷纷动用大批人力、物力和财力,修筑长城作为防御工事。其中,秦国和燕、赵两国为了抵御北方和西北少数部族的侵扰,都非常重视修筑长城。等到兼并六国以后,为了加强对匈奴的防御,秦始皇下令把以往秦、赵、燕的长城连接起来,修筑成一条西起临洮(今甘肃岷县)、东至碣石(今朝鲜平壤)的万里长城。

秦帝国修筑的长城,是连接了以往秦、赵、燕三国的长城。早在秦昭襄王时期,"秦有陇西、北地、上郡,筑长城以拒胡"①。这条长城西起临洮,往北经过狄道(今甘肃临洮),再往东经今甘肃渭源、陇西,进入今宁夏固原,再往东北经由甘肃环县,进入陕西榆林、神木,终端至今内蒙古准格尔旗。战国中期,赵国拥有今陕西北部和内蒙古河套地区,赵武灵王"变俗胡服,习骑射,北破林胡、楼烦,筑长城,自代并阴山下,至高阙为塞"②。据今人考察证实,赵长城有南、北两条,靠南的一条西起今内蒙古乌拉特前旗,往东经过今包头、呼和浩特,到达今河北张北;靠北的一条修筑在黄河后套以北地区,沿着阴山南侧,西起乌兰布和沙漠,往东北经过内蒙古杭锦后旗、五原、固阳,抵达呼和浩特。在赵国修筑长城之后,"燕亦筑长城,自造阳至襄平,置上谷、渔阳、右北平、辽西、辽东郡以拒胡"③。大体上说,燕长城西起今河北张家口,往东北经过今河北围场、内蒙古赤峰,进入辽宁阜新、开原,再往南经过抚顺、本溪至丹东,进入朝鲜境内。

从秦始皇三十三年(前214)到秦始皇三十七年(前210),秦帝国持续修筑长城,前后经历了四年时间,有可能尚未全部完工。参与修筑长城的人员,主要是军人和谪人。其中,军人占绝大多数,如秦始皇三十二年(前215)蒙恬率领的30万人,在占领河套地区之后,都被分配去修筑长城。参与修筑长城的谪人,成分比较复杂,包括监狱管理人员,如秦始皇三十四年(前213),"適治狱吏不直

---

① 《史记》卷一一〇《匈奴列传》,第2885页。
② 《史记》卷一一〇《匈奴列传》,第2885页。
③ 《史记》卷一一〇《匈奴列传》,第2886页。

者,筑长城及南越地"①。即指秦朝廷贬谪那些执法不正的监狱管理人员,前往北方修筑长城,或去戍守南越地区。

蒙恬监修的长城,处于秦代长城的中段,司马迁既说"自榆中并河以东,属之阴山,以为(三)〔四〕十四县,城河上为塞",又说"取高阙、阳山、北假中,筑亭障以逐戎人"②,说明这段长城也有南、北两线,其中北线的走向与赵长城基本一致,南线则是连接由乌兰布和沙漠北来的西段长城,经由今内蒙古磴口、临河,沿黄河东到乌拉特前旗,与赵长城相衔接。对于这段北线长城的遗存,孙文和做过较详细的介绍:"此段长城的建筑基本依托大青山和阴山,多用毛石块垒砌……长城东端在今呼和浩特市北郊的坡根底村与赵长城相衔接,向北偏西方向,翻越阴山到武川的什尔登古城,沿大青山北麓至固阳县空村山,阿塔山北麓,再循色尔腾山的中支查尔泰山北麓西行,在乌拉特中旗沿狼山南支的北麓逶迤而西,直到临河市北的石兰计山口,保存好的地段长城一般高5至6米,顶宽3米;隔1至2公里有一小烽火台,隔5公里有一座大烽火台和驻军营盘。在乌拉特中旗南部还发现用石块垒砌的墙面有多次修缮的痕迹,基宽4米,高达4至5米。沿长城内外,在连绵的山巅上,还用石块垒成供传递军情用的史称'烽燧''亭燧'的烽火台,山谷间的通道则构筑了一系列史称'障塞'的城堡。在固阳县银号乡见到的秦始皇长城,用大型方整的石块砌里外两壁,中间填以小块石头,墙面平整坚固。"③正是利用了城墙、堡垒、烽燧设施的巧妙组合,构成了一道牢固的军事防御线。

至于秦代长城"并阴山至辽东",并不是说秦长城东段的终点在今辽宁辽阳,而是在今辽阳东南清川江北岸的满番汗。有关秦长城的东端,中国考古工作者在鸭绿江右岸辽宁宽甸境内发现了一段间断的燕长城遗址,其东端直抵鸭绿江畔④;朝鲜考古工作者也发现了燕长城越过鸭绿江,沿着大宁江及其支流昌城江向南逶迤延伸,最后抵达入海处,这段长城的构筑方法与中国境内的燕北长城

---

① 《史记》卷六《秦始皇本纪》,第253页。
② 《史记》卷六《秦始皇本纪》,第253页。
③ 参见韩兆琦、赵国华:《秦汉史十五讲》,凤凰出版社2010年版,第243页。
④ 参见王德柱:《鸭绿江畔发现燕秦汉长城东段遗迹》,《中国文物报》1991年5月19日。

相同①。朝鲜学者称其为"大宁江长城",当地居民习惯称之为"万里长城"。这表明燕国与朝鲜侯国的边界满番汗,在今朝鲜清川江入海口之北。燕国不仅把长城修到今清川江北岸的满番汗,而且往南越过清川江"略属真番、朝鲜,为置吏,筑鄣塞"②。秦国灭掉燕国以后,以燕长城为东北方的边界,而对今清川江以南的"真番""朝鲜"诸国,则一律称为"属辽东外徼",即与秦帝国保持一定联系的地方政权。

秦始皇三十七年(前210)七月,秦始皇在巡游途中,病逝于沙丘(在今河北广宗)。中车府令赵高与丞相李斯合谋,谎称接受了秦始皇的遗诏,立公子胡亥为太子,又伪造诏书给扶苏,其中写道:"今扶苏与将军蒙恬将师数十万以屯边,十有余年矣,不能进而前,士卒多耗,无尺寸之功,乃反数上书直言诽谤我所为,以不得罢归为太子,日夜怨望。扶苏为人子不孝,其赐剑以自裁!将军恬与扶苏居外,不匡正,宜知其谋。为人臣不忠,其赐死,以兵属裨将王离。"③结果,扶苏被迫自杀,蒙恬遭到逮捕,而后被逼自杀。在与朝廷使者对话时,蒙恬辩解说:"自吾先人,及至子孙,积功信于秦三世矣。今臣将兵三十余万,身虽囚系,其势足以倍畔,然自知必死而守义者,不敢辱先人之教,以不忘先主也。"④这是说蒙氏三代人领兵,恪守信义,不可能背叛朝廷。自杀之前,蒙恬还感慨地说:

恬罪固当死矣。起临洮属之辽东,城堑万余里,此其中不能无绝地脉哉?此乃恬之罪也。⑤

这是蒙恬最后的反思,认为自己的罪过本来就该处死,因为从临洮到辽东,修筑长城、挖掘壕沟一万余里,其中肯定会截断地脉,这是他最大的罪过。

作为秦帝国长城修筑的主持者,蒙恬最终蒙冤而死。后世学者评价蒙恬,着眼于修筑长城之事,并未给予应有的同情。司马迁为蒙恬立传,最后评论说:

吾适北边,自直道归,行观蒙恬所为秦筑长城亭障,堑山堙谷,通直道,固轻百姓力矣。夫秦之初灭诸侯,天下之心未定,痍伤者未瘳,而恬

---

① 参见〔朝鲜〕孙永钟著,南宇明译:《关于大宁江长城的调查报告》,《博物馆研究》1990年第4期。
② 《史记》卷一一五《朝鲜列传》,第2985页。
③ 《史记》卷八七《李斯列传》,第2551页。
④ 《史记》卷八八《蒙恬列传》,第2569页。
⑤ 《史记》卷八七《蒙恬列传》,第2570页。

为名将,不以此时强谏,振百姓之急,养老存孤,务修众庶之和,而阿意兴功,此其兄弟遇诛,不亦宜乎?何乃罪地脉哉?①

司马迁实地考察了蒙恬为秦帝国修筑的长城亭障,认为秦国兼并六国之初,天下人心尚未安定,战争创伤尚未痊愈,蒙恬作为一位名将,没有及时劝谏秦始皇致力于赈济民众、照顾老人、抚育孤儿,建构社会和谐,而是迎合秦始皇的心思,大规模地修筑长城。蒙氏兄弟遭到诛杀,应该是咎由自取,怎能说是挖断地脉的罪过呢!

在司马迁之后,扬雄评论蒙恬说:"或问:蒙恬忠而被诛,忠奚可为也?曰:堑山堙谷,起临洮,击辽水,力不足而死有余,忠不足相也。"②这是指斥蒙恬开山填谷,修筑长城,西起临洮,东接辽水,付出了太大的代价,这样的忠诚不足以辅助秦帝国。

司马光接着批评说:"秦始皇方毒天下而蒙恬为之使,恬不仁可知矣。然恬明于为人臣之义,虽无罪见诛,能守死不贰,斯亦足称也。"③这是说蒙恬在秦始皇荼毒天下之际,甘愿受其指使去修筑长城,可见他缺少仁爱的德行。不过,从另一方面看,蒙恬懂得做臣子的道义,虽然无罪而被处死,却能够忠贞不渝、不生二心,仍是值得称道的。

三 南平百越

春秋战国时期,在东南沿海和五岭以南地区,散居着历史悠久的越族,其中包括于越、东瓯、闽越、南越、西瓯等各个分支族群,互不统属,合称"百越"。楚威王时期,发兵进攻越国,杀死了越王无疆,夺取了越国大片土地。越国由此分崩离析,各个部族互相争夺权位,有的称王,有的称君,生活在长江以南沿海地区的越族还要向楚国朝贡。

秦王政二十五年(前222),王翦率军灭掉楚国、平定江南地区以后,"因南征

---

① 《史记》卷八七《蒙恬列传》,第 2570 页。
② 汪荣宝撰,陈仲夫点校:《法言义疏》卷十一《渊骞》,中华书局 1987 年版,第 429 页。
③ 《资治通鉴》卷七《秦纪二》,第 252 页。

百越之君"①,相继平定了于越、东瓯和闽越,设置了会稽郡,把今浙闽地区纳入秦帝国的版图。其后,秦朝廷致力于政治秩序建构,在军事上进行了短期的休整。但是,基于"王者无外"的政治理念,秦始皇并未停止统一天下的步伐。从历史的角度来看,楚国在鼎盛时期拥有岭南地区,而秦国兼并楚国以后,继续向南拓展领土,就会指向岭南地区。

(一)岭南之战的过程

秦帝国进军岭南的时间,学术界素有不同的认识,张荣芳、黄淼章归纳出四种观点:一是秦王政二十五年说,见清人仇池石编撰的《羊城古钞》;二是秦始皇二十六年说,见明人郭棐编纂的《广东通志》;三是秦始皇二十八年说,见今人余天炽的《秦统一百越战争始年诸说考订》一文;四是秦始皇二十九年说,见越南史学家陶维英的《越南古代史》。经过他们的考辨,确认第四种观点即秦始皇二十九年说比较符合史实。②

依据上述研究,结合相关历史资料,大体上可以认为:岭南之战从秦始皇二十九年(前218)到秦始皇三十三年(前214),前后历经四年。这场战争包括两个阶段:前一阶段秦朝廷出兵岭南,与越人展开持久战;后一阶段秦朝廷向岭南移民,逐步转入地方治理。

关于前一阶段作战的情形,淮南王刘安因为重视汉朝廷征伐百越的决策和行动,而在《淮南子》中对此做了较详细的记述:

> (秦始皇)利越之犀角、象齿、翡翠、珠玑,乃使尉屠睢发卒五十万,为五军:一军塞镡城之岭,一军守九疑之塞,一军处番禺之都,一军守南野之界,一军结余干之水。三年不解甲驰弩,使监禄无以转饷,又以卒凿渠而通粮道,以与越人战,杀西呕君译吁宋。而越人皆入丛薄中,与禽兽处,莫肯为秦虏。相置桀骏以为将,而夜攻秦人,大破之,杀尉屠睢,伏尸流血数十万。③

淮南王刘安认为,秦始皇之所以出兵岭南,是因为贪图南越的犀角、象牙、翡

---

① 《史记》卷七三《白起王翦列传》,第2341页。
② 参见张荣芳、黄淼章:《南越国史》,广东人民出版社1995年版,第18—24页。
③ 《淮南鸿烈集解》卷十八《人间训》,第617页。

翠、珠玑等珍宝异物,这显然属于一面之词。但依上述引文可知,岭南之战的主将是屠睢,屠睢以尉的职务,负责指挥作战;参加岭南之战的军队有50万人,被分作五支部队,从五个方向进攻岭南。这里的"镡城",又作镡成,在今湖南靖州;"九疑",即九嶷山,又名苍梧山,在今湖南宁远;"番禺",后为南海郡府所在,即今广州;"南野",即今江西赣州南康区;"余干",又称余汗,即今江西余干。从这些地名来看,秦军的作战路线是依托湘江、赣江水道,得到后勤补给,从五个方向进入岭南地区。

这里的"西呕",即西瓯,是越族的一个部落;"译吁宋",应为音译名字,是西瓯部落的首领。所谓"伏尸流血数十万",是接着"发卒五十万"而言,若仅指与西瓯作战的秦军,显然属于夸张之语。不过,从这段文献可以看出,在这一阶段的作战中,秦军杀死了译吁宋,许多越人逃入深山老林中,宁愿与各种禽兽相处,也不肯做秦军的俘虏。西瓯部落推举出一些强悍勇敢的人为将领,在夜晚袭击秦军,杀死了屠睢和大批秦军士卒,一时间尸横遍野、血流成河,十分惨烈。

在岭南之战的第一阶段,秦军取得了一定的战果,但也付出了惨重的代价。汉武帝时征伐闽越,刘安上书进谏,其中谈到岭南之战:"秦之时尝使尉屠睢击越,又使监禄凿渠通道。越人逃入深山林丛,不可得攻。留军屯守空地,旷日引久,士卒劳倦,越出击之。秦兵大破,乃发適戍以备之。"①这说明秦军之所以遭到挫败,是因为长期持续作战,士卒疲惫不堪,而越人能够以逸待劳,灵活主动地突然出击,打得秦军措手不及。

如上所言,秦军进攻岭南有五条路线,而主攻方向是湘江至珠江一线。秦军沿湘江逆流而上,进抵零陵(在今广西兴安)时,已经无法行船。这里湘江与漓江为一山之隔,南北分流,可以利用地势开凿渠道,连接湘江与漓江通航。在发动岭南之战时,秦朝廷已经注意到五岭山脉高耸险峻,南北交通只有依靠山岭中峡谷隘口间的小道,士兵行进和粮草辎重的运输都非常困难。为了解决交通运输的困难,秦始皇派监御史禄负责开凿灵渠。

灵渠工程,主要包括铧嘴、大小天平石堤、南渠、北渠、陡门和秦堤。大小天平石堤起自兴安城东南龙王庙山下,呈"人"字形,左为大天平石堤,伸向东岸与北渠口相接;右为小天平石堤,伸向西岸与南渠口相接。铧嘴位于"人"字形石

---

① 《汉书》卷六四上《严朱吾丘主父徐严终王贾传》,第2783—2784页。

堤前端,用石砌成,锐削如铧犁。铧嘴将湘江上游海洋河的水分开,三分入漓,七分归湘。天平石堤顶部低于两侧河岸,枯水季节可以拦截全部江水入渠,泛期洪水又可越过堤顶,泄入湘江故道。南渠即人工开凿的运河,在湘江故道南,引湘水穿兴安城中,经始安水、灵河注入大榕江入漓。因海洋河已筑坝断流,又在湘江故道北开凿北渠,使湘漓通航。南渠、北渠是灵渠主体工程,总长34公里(包括始安水—灵河段)。陡门为提高水位、束水通舟的设施,相当于现代的船闸,主要建于河道较浅、水流较急的地方。

秦始皇三十三年(前214),经过数年的艰苦施工,灵渠正式开通,从而沟通了长江和珠江两大水系。秦朝廷利用这条交通线路,源源不断地为秦军提供后勤补给,保证了后一阶段经营岭南的成功。有关后一阶段作战的情形,司马迁《史记》中有记述,如《秦始皇本纪》曰:

> (秦始皇)三十三年,发诸尝逋亡人、赘婿、贾人略取陆梁地,为桂林、象郡、南海,以谪遣戍。①

《南越列传》曰:

> 秦时已并天下,略定杨越,置桂林、南海、象郡,以谪徙民,与越杂处十三岁。②

这里所谓"陆梁地",唐代司马贞《索隐》云:"谓南方之人,其性陆梁,故曰陆梁。"张守节《正义》云:"岭南之人多处山陆,其性强梁,故曰陆梁。"③所谓"杨越",汉末张晏注:"杨州之南越也。"司马贞按:"《战国策》云吴起为楚收杨越。"张守节注:"夏禹九州本属杨州,故云杨越。"④至北宋时期刘攽编撰《资治通鉴》,叙述岭南之战,又作"南越陆梁地"。大体上说,经过前一阶段作战,秦朝廷征发大批曾经逃亡的犯人、入赘女家的男子和商人,再次进攻南越,平定了岭南地区,在这里设置了桂林、南海和象郡,而后让这些人驻守岭南地区,与越人杂居在一起,以便于对越人的控制和治理。

总括而言,岭南之战经历了两个阶段,前一阶段侧重于进攻,遭受了严重的

---

① 《史记》卷六《秦始皇本纪》,第253页。
② 《史记》卷一一三《南越列传》,第2967页。
③ 并见《史记》卷六《秦始皇本纪》,第253页。
④ 并见《史记》卷一一三《南越列传》,第2968页。

损失;后一阶段侧重于戍守,取得了明显的成效。这场战争的特点,在于秦朝廷依靠正规军队,同时动用各种非武装力量,将军事进攻和移民实边相结合。这是一种新的作战形式,改变了秦战争史的面貌。

(二) 岭南之战的意义

秦始皇发动的岭南之战,是秦帝国统一天下的必然步骤,无论是对秦帝国的向外拓展,还是对岭南地区的开发,都具有较大的积极意义。

首先,拓展了秦帝国的疆域。据司马迁记述,秦始皇兼并六国之后,在全国实行郡县制,设置了36个郡,秦帝国版图的南端止于黔中、长沙郡。经过岭南之战,秦朝廷拥有岭南地区,设置了桂林、象郡、南海三个郡。其中,桂林郡郡府在布山(今广西贵港)。象郡北达今贵州南部,南至越南中部,郡府在临尘(今广西崇左)。南海郡东南濒临南海,北接南岭,西至今广西贺州,下设番禺、龙川、博罗、四会四个县,郡府在番禺(今广州)。这三个郡的辖地相当于今广东、广西、贵州南部和越南北部地区。

其次,加强了岭南地区与内地的联系。在岭南之战过程中,秦帝国军民不仅修建了灵渠,沟通了长江和珠江两大水系,而且开通了翻越五岭的道路,修筑了横浦、阳山、湟溪等关城,以保障中原与岭南地区的水陆交通,从而拉近了秦朝廷与岭南地区的距离。

再者,促进了岭南经济和文化的发展。秦帝国兼并百越地区以后,一方面实行郡县制,选用一批将士担任地方长吏,如任命任嚣为南海尉、赵佗为龙川令等,积极开展地方治理;一方面通过大规模移民戍边,把中原地区的生产方式和技术、文化以及生活习俗带到岭南地区,这些对岭南经济和文化的发展,都具有显著的推动作用。

然而,对于维护和巩固秦帝国的统治而言,岭南之战也有一定的负面影响。秦朝廷运用战争手段兼并六国之后,几乎在北征匈奴、修筑长城的同时,就发动了岭南之战,调动大批人力、物力和财力,投入到远距离的战争中去,无疑加剧了秦朝廷的人力、物力和财力消耗,增加了广大民众的负担和苦难。所以,汉初的政论家在探讨秦帝国速亡的问题时,认为关键原因在于"仁义不施,攻守之势异也"①。这是说秦帝国建立之前,必须采取进攻战略,战略进攻有赖于暴力;秦帝国建立之后,应当采取防御战略,战略防御则倚重仁义。从实际情况来看,时势与战略不相符,是秦帝国速亡的根本原因。

淮南王刘安编撰《淮南子》,叙述秦帝国北击胡人和南征百越之事,是要证明一个普遍的道理:"事或为之,适足以败之;或备之,适足以致之。"②刘安经过深刻的思考,形象地评论这一战略说:"秦之设备也,乌鹊之智也。"③这分明是否认了秦帝国的军事战略。

---

① [汉]贾谊撰,阎振益、钟夏校注:《新书校注》,中华书局2000年版,第3页。
② 《淮南鸿烈集解》卷十八《人间训》,第617页。
③ 《淮南鸿烈集解》卷十八《人间训》,第618页。

第九章　帝国崩溃

秦朝末年的政治斗争,就反对秦帝国统治而言,始终存在着三种势力:六国贵族、帝国官吏和贫苦农民。这三种势力出于各自的现实需求,选择了两条政治路线:贵族、官吏为政权而战,贫苦农民为生存而战。陈胜和吴广,项梁和项羽,以及刘邦作为领袖人物,先后领导了反秦斗争。其中,陈胜、吴广领导的起义和张楚政权的建立,具有"首义"的性质;项羽指挥巨鹿之战,消灭了秦军的主力部队,成为推翻秦朝廷的关键;而刘邦引兵进逼咸阳,迫使秦王子婴投降,标志着秦帝国的覆灭。

一　秦帝国何以崩溃

从秦始皇兼并六国到子婴投降于刘邦,秦帝国仅仅存在了 15 年时间。秦帝国"二世而亡"是一个重大的历史问题,西汉初年以降一直为人们所热议。大体上来说,秦帝国之所以迅速崩溃,既与秦始皇的贪婪和秦二世的昏聩有关系,又与秦朝廷内部的权力斗争相纠结;既有山东六国贵族反抗秦帝国统治的因素在,更是各种社会矛盾不断激化的结果。

首先,秦始皇的贪婪和秦二世的昏聩,不仅损毁了他们个人的政治形象,也使秦帝国丧失了应有的政治基础。

秦始皇作为一位政治家,运用战争手段兼并六国,建立起一个统一的国家,称得上一项伟大的历史功绩。为了维护和巩固这个国家,秦始皇在他最后的十年间付出了极大的努力,确有一些可圈可点之处。[①] 然而,看他的个人品质及相

[①] 参见熊铁基:《秦始皇的最后十年》,《光明日报》2004 年 7 月 6 日。

应的举措,也存在明显的问题,主要表现在两个方面:一是骄纵的生活做派,二是奢靡的丧葬排场①。

在现实生活中,秦始皇是一个极为骄纵的人。秦国兼并六国期间,秦始皇不断大兴土木,每灭掉一个国家,都要按照该国宫殿的样式,在咸阳北面的山坡上进行仿造,南边濒临渭水,雍门以东至泾水一带都是宫殿,宫殿之间有天桥、长廊相互连接。据记载,"关中计宫三百,关外四百余"②,在咸阳周围200里范围内,还有270座宫观。特别是阿房宫,根据当时的设计,可以容纳10万人,其中前殿东西长693米,南北宽116米,台基高达11.65米,可以容纳上万人。为了修建阿房宫,秦朝廷征调民工数十万人。这些人据说都是罪犯,约占全国总人口的4%,这个比例令人惊诧。不过,据考古工作者证实,直到秦帝国灭亡,阿房宫还没有建成。

这些庞大的宫殿群建成之后,又要搜寻大批美女来填充。秦始皇兼并六国期间,每灭掉一个国家,都把该国的宫女掳掠到咸阳,安置在各个宫殿里。当时,"始皇表河以为秦东门,表汧以为秦西门,表中外殿观百四十五,后宫列女万余人,气上冲于天"③。后来,刘邦领兵攻取咸阳,宫中的美女仍有数千人。这些都说明秦始皇是一位骄奢淫逸的皇帝。

在死后安排上,秦始皇也是极尽奢靡,从继任秦王起,就开始为自己修建陵墓。经过考古勘探,秦始皇陵园分内城、外城两部分,内城为方形,周长3000米左右,外城为矩形,周长6200米。两城之间有葬马坑、珍禽异兽坑、陶俑坑;陵外有马厩坑、人殉坑、刑徒坑及修陵人员墓葬400多处,所占面积56.25平方千米。陵墓地宫作为安放秦始皇棺椁的地方,装修极其豪华,有关史料记述:

> 始皇初即位,穿治郦山,及并天下,天下徒送诣七十余万人,穿三泉,下铜而致椁,宫观百官奇器珍怪徙臧满之。令匠作机弩矢,有所穿近者辄射之。以水银为百川江河大海,机相灌输,上具天文,下具地理。以人鱼膏为烛,度不灭者久之。④

---

① 参见《秦汉史十五讲》,第12—13页。
② 《史记》卷六《秦始皇本纪》,第256页。
③ 《史记》卷六《秦始皇本纪》张守节《正义》引《三辅旧事》,第241页。
④ 《史记》卷六《秦始皇本纪》,第265页。

据此可知,秦始皇陵园的修建,是凿地三重泉水深,灌注铜汁填充缝隙,而后放入棺椁,在四周修建宫观,设置百官位次,摆满各种珍奇器物、珍宝怪石。墓中安装弩机,用于射杀盗墓者。用水银做成江河大海,墓顶绘制天文图像,地面布置地理形状。用娃娃鱼油制成火炬,据说可长久不熄。这些记述目前无法证实,但看一眼已经发掘的兵马俑坑,不难想象这座陵园的奢靡程度。

秦始皇去世以后,秦二世操办丧事,竟然下了一道指令:"先帝后宫非有子者,出焉不宜。"①把秦始皇后宫没有生育的妃嫔全都陪葬,等到下葬完毕,为了防止工匠泄露陵墓中的秘密,又把所有工匠关在里面陪葬。这些惨无人道的做法,除了体现出君主专制的邪恶本性之外,也反映出秦始皇和秦二世卑劣的人格特质。

秦始皇追求个人享乐,大规模地修筑咸阳宫、阿房宫和骊山陵园,秦二世也肆意挥霍,耗费了大量的人力、物力和财力,这种奢靡无度、祸及生命的做法,引起了一部分朝廷大臣的警觉。秦二世二年(前208),右丞相冯去疾、左丞相李斯、将军冯劫进谏说:

> 关东群盗并起,秦发兵诛击,所杀亡甚众,然犹不止。盗多,皆以戍漕转作事苦,赋税大也。请且止阿房宫作者,减省四边戍转。②

依照冯去疾、李斯、冯劫三人所言,山东各地反秦斗争风起云涌,秦朝廷派兵前去镇压,虽然杀死了很多人,但仍旧不能平息叛乱,其主要原因是戍边、漕运等役作过于劳苦,赋税过于繁重,因此他们请求暂时停止阿房宫的修建,减少戍边和转运物资等徭役。从当时的情形看,这本是一条合理的建议。然而,秦二世回答他们说:"先帝起诸侯,兼天下,天下已定,外攘四夷以安边竟,作宫室以章得意,而君观先帝功业有绪。今朕即位二年之间,群盗并起,君不能禁,又欲罢先帝之所为,是上毋以报先帝,次不为朕尽忠力,何以在位?"③秦二世凭借这种荒唐的指责,竟然把冯去疾、李斯、冯劫逮捕下狱,交给狱吏审讯治罪。冯去疾、冯劫不堪忍受侮辱,被迫自杀,李斯也没有好结果。

其次,为了维护和巩固国家的统一,秦始皇和李斯等人着意建构一整套君主

---

① 《史记》卷六《秦始皇本纪》,第265页。
② 《史记》卷六《秦始皇本纪》,第271页。
③ 《史记》卷六《秦始皇本纪》,第271页。

专制和中央集权的政治体制,但自秦始皇病逝之后,秦帝国统治集团内部的权力斗争从未消停,屡次达到白热化的程度,致使秦朝廷丧失了治理国家的基本能力。

秦始皇三十七年(前210)七月,秦始皇病死于沙丘,临终前赐书于长子扶苏,"以兵属蒙恬,与丧会咸阳而葬"①,有意让扶苏继承皇位。然而,为了拥立胡亥为皇帝,中车府令赵高串通丞相李斯,伪造秦始皇的遗诏,责令扶苏和将军蒙恬自杀,结果扶苏自杀,蒙恬被逮捕。胡亥称帝之后,任命赵高为郎中令,赵高常在宫中用事,开始参与朝政。为了压服百官和宗室,赵高征得秦二世同意,任意修改法律,杀害了蒙恬、蒙毅等大臣及10位公子和12位公主,以致"法令诛罚日益刻深,群臣人人自危,欲畔者众"②。赵高倚仗秦二世的恩宠,在朝廷中专横跋扈,公报私仇,杀害了不少人,因为担心群臣揭发他的恶行,就劝说秦二世不必听取群臣奏报。秦二世接受赵高的建议,不再上朝接见大臣,而是常居宫中,赵高得以侍奉左右,操控朝廷事务。

对于赵高的专权,李斯作为丞相,自然有所不满。为了保住自己的权位,赵高在秦二世面前诬陷李斯说:"夫沙丘之谋,丞相与焉。今陛下已立为帝,而丞相贵不益,此其意亦望裂地而王矣。且陛下不问臣,臣不敢言。丞相长男李由为三川守,楚盗陈胜等皆丞相傍县之子,以故楚盗公行,过三川,城守不肯击。高闻其文书相往来,未得其审,故未敢以闻。且丞相居外,权重于陛下。"③秦二世信以为真,就先派人去三川郡,审查李由与盗贼勾结之事。李斯听说这件事,也上书给秦二世,揭发赵高的短处。但秦二世信任赵高,唯恐李斯会杀掉他,就暗中把李斯的话转告赵高。赵高回复说:"丞相所患者独高,高已死,丞相即欲为田常所为。"秦二世曰:"其以李斯属郎中令!"④就这样,李斯被投入监狱,李斯的族人、宾客也都被逮捕。赵高惩治李斯,拷打他一千余板,李斯忍受不了折磨,不得已含冤认罪。

秦二世三年(前207)冬天,在巨鹿之战到来之际,李斯被以谋反的罪名,在

---

① 《史记》卷八七《李斯列传》,第2548页。
② 《史记》卷八七《李斯列传》,第2553页。
③ 《史记》卷八七《李斯列传》,第2558—2559页。
④ 《史记》卷八七《李斯列传》,第2560页。

咸阳街市上腰斩①。随后,秦二世任命赵高为丞相,朝廷事无大小,都由赵高决断。八月,巨鹿之战结束之后,秦二世责怪赵高。赵高担心受惩罚,就派其女婿咸阳令阎乐带领一千余人,闯入望夷宫,逼迫秦二世自杀,另立子婴为秦王。子婴即位之后,顾忌赵高继续作乱,便称病不理朝政,暗中召见宦官韩谈及其儿子,谋划除掉赵高。赵高前来探询病情,子婴召其进皇宫,指令韩谈刺杀了他,并诛灭了赵高的三族。

从秦二世、赵高和李斯谋害扶苏、蒙恬开始,到子婴诛杀赵高为止,只有短短三年时间,秦朝廷始终处于权力斗争的漩涡,整个国家机器无法正常运转,丧失了治理国家的基本功能。所以,班固论述秦帝国的崩溃时,明确地指出:"秦之积衰,天下土崩瓦解,虽有周旦之材,无所复陈其巧,而以责一日之孤,误哉!俗传秦始皇起罪恶,胡亥极,得其理矣。复则小子,云秦地可全,所谓不通时变者也。"②这是说秦帝国的崩溃并非偶然,而是秦始皇兼并六国的必然趋势。

再者,秦始皇兼并六国以后,虽然建立起一个统一的国家,确立了君主专制下的中央集权体制,但在较短的时期内,并没有把统一的国家巩固下来。山东六国贵族反对秦帝国统治的势力依然十分强大,对秦帝国构成严重的威胁。等到反秦斗争爆发以后,除了秦人长期经营的关中地区,在原来的山东六国区域内,迅速地掀起反秦斗争的浪潮。

通过一些具体事例可以看出,秦帝国的地方治理能力十分有限,在原来的山东六国区域内,许多地方政府无法应对突发性暴力事件。如秦始皇二十九年(前218),秦始皇到东方巡游,张良与一位大力士在博浪沙投掷铁锤,狙击秦始皇,误中副车。秦始皇大为恼怒,"大索天下,求贼甚急"③,但没能抓捕到张良。张良改名换姓,逃匿于下邳,依旧行侠仗义。又如项梁,作为楚国名将项燕之子,曾经杀人犯罪,为了躲避仇人,与项羽一起逃到吴中。因为有一定的组织才能,每逢本地有较大的徭役或丧事,项梁都会出面主办,并暗中组织一些宾客和年轻人,为反秦斗争做准备。再如秦二世元年(前209),陈胜、吴广在大泽乡发动起

---

① 关于李斯被处死的时间,《史记》卷八七《李斯列传》载:"二世二年七月,具斯五刑,论腰斩咸阳市。"(第2562页)《秦始皇本纪》则云在秦二世三年冬。按《秦楚之际月表》,秦二世二年八月,"沛公与项羽西略地,斩三川守李由于雍丘"(第768页),故当依《秦始皇本纪》。

② 《史记》卷六《秦始皇本纪》,第292—293页。

③ 《史记》卷五五《留侯世家》,第2034页。

义,即使所有戍卒参与反秦斗争,也不过九百人,且缺少必要的武器装备,但当地政府面对这一暴力事件,竟拿不出什么应对举措,因而起义军迅速地壮大起来。还有刘邦,作为沛县的一名亭长,放走往骊山押送的民夫,带领一帮人游走在芒砀山中,并编造出一些离奇的故事,吸引沛县一批年轻人,让他们都愿意跟随其起事。所有这些表明,秦帝国的迅速崩溃,与地方政府缺乏社会管控能力有直接的对应关系。

在原来的山东六国境域内,许多地方政府不仅缺乏社会管控能力,而且面对反秦起义军进攻的时候,也无意为秦朝廷坚守城池。如秦二世元年(前209)七月,武臣引兵进攻范阳(今河北定兴),蒯通进劝范阳县令,然后出城与武臣沟通,武臣依照蒯通的计谋,封赏范阳县令为侯,范阳县令便举城归附,"赵地闻之,不战以城下者三十余城"①。秦二世二年(前208)二月,刘邦率军路过高阳,采纳郦食其的建议,让郦食其前去说服陈留县令,陈留县令遂举城投降。这都说明秦帝国在地方治理上存在着严重的缺失,在各地反秦斗争迅猛展开之际,许多地方官员不是积极抵御反秦起义军,而是做出背弃秦朝廷的抉择。

值得注意的是,秦始皇兼并六国之后,并没有停止对外扩张的步伐,派遣蒙恬率军驱逐胡人,继而修筑长城;派遣尉屠睢等人领兵越过南岭,平定百越地区。秦帝国的军队被部署到边疆,而在广大的内郡,除个别郡治之外,绝大多数并未部署强大的军事力量。针对这一军事部署情形,贾谊在总结反秦斗争速成燎原之势时明确谈到:"秦兼诸侯山东三十余郡,循津关,据险塞,缮甲兵而守之。然陈涉率散乱之众数百,奋臂大呼,不用弓戟之兵,锄耰白梃,望屋而食,横行天下。秦人阻险不守,关梁不闭,长戟不刺,强弩不射。楚师深入,战于鸿门,曾无藩篱之难。于是山东诸侯并起,豪俊相立。"②据此而论,在军事部署上重边疆而轻内郡,是造成秦帝国崩溃的一个重要原因。

最后,秦朝廷为了建立和巩固统一的国家,采取了一系列政治、经济、军事、法律措施,其中像秦始皇南征北伐,修建长城和驰道,修筑宫殿和陵墓,五次巡游,持续性地大兴土木,以及宫廷里的骄奢淫逸,无疑加重了广大民众的赋役负担,引发了社会各个阶层的不满情绪,甚至加剧了旧有的各种社会矛盾。淮南王

---

① 《史记》卷八九《张耳陈馀列传》,第2575页。
② 《新书校注》卷一《过秦下》,第15页。

刘安评论秦始皇北逐胡人、南征百越时说：

> 当此之时，男子不得修农亩，妇人不得剡麻考缕；羸弱服格于道，大夫箕会于衢；病者不得养，死者不得葬。于是陈胜起于大泽，奋臂大呼，天下席卷，而至于戏。刘、项兴义兵随，而定若折槁振落。遂失天下，祸在备胡而利越也。欲知筑修城以备亡，不知筑修城之所以亡也；发谪戍以备越，而不知难之从中发也。①

这分明是说，因为秦始皇北逐胡人、南征百越，全国男子不能耕田种地，妇女不能纺线织布；老弱的人忙于运送粮饷，当差的人急于摊派赋役；生病的人得不到休养，死去的人无法安葬。正是这种尖锐的社会矛盾，酿成了陈胜、吴广起义，引发了刘邦、项羽的反秦斗争。在刘安看来，秦始皇以为修筑长城能够防止灭亡，却不懂得修筑长城恰恰导致灭亡；秦始皇以为征调罪犯可以防备越人，却不知征调罪犯恰恰引发灾难。所以说，秦帝国崩溃的祸根，就在于防备胡人和攻打越人。

如果说刘安抨击秦朝廷的着眼点，主要在于秦始皇向外拓展的战争，那么，董仲舒则从历史的角度，针对土地制度和赋役制度问题，对秦帝国进行了猛烈的抨击：

> 至秦则不然，用商鞅之法，改帝王之制，除井田，民得卖买，富者田连仟伯，贫者亡立锥之地。又颛川泽之利，管山林之饶，荒淫越制，逾侈以相高；邑有人君之尊，里有公侯之富，小民安得不困？又加月为更卒，已复为正，一岁屯戍，一岁力役，三十倍于古；田租口赋，盐铁之利，二十倍于古。或耕豪民之田，见税什五。故贫民常衣牛马之衣，而食犬彘之食。重以贪暴之吏，刑戮妄加，民愁亡聊，亡逃山林，转为盗贼，赭衣半道，断狱岁以千万数。②

董仲舒认为，秦朝廷任用商鞅变法，废除井田制度，允许土地买卖，造成富人田连阡陌，贫民无立锥之地的现象，官府又垄断了山川林泽之利，致使普通民众陷入困境。再加上各种徭役和赋税，贫民生活更为艰难，吃的是糟糠之食，穿的是破烂之衣。此外，由于贪官污吏的盘剥，严刑峻法的惩处，许多贫民转为盗贼，

---

① 《淮南鸿烈集解》卷十八《人间训》，第617—618页。
② 《汉书》卷二四上《食货志上》，第1137页。

以致罪犯充塞道路,官府每年决狱以千万计。这种悲惨的社会状况,怎能不引发政治危机?

特别需要指出的是,秦帝国实行刑法至上的治国方略,致使其法律制度极为严酷。首先,刑名繁多,仅死刑就有十二种之多,如弃市、腰斩、戮死、车裂、坑、磔、凿颠、抽胁、釜烹、戮尸、枭首以及夷三族与具五刑,惨烈恐怖。其次,滥用刑罚,什伍连坐,株连三族。班固叙述历代刑法时说:"至于秦始皇,兼吞战国,遂毁先王之法,灭礼谊之官,专任刑罚,躬操文墨,昼断狱,夜理书,自程决事,日县石之一。而奸邪并生,赭衣塞路,囹圄成市,天下愁怨,溃而叛之。"①这是对秦始皇专任刑罚的谴责,认为秦帝国的严刑峻法已经把广大民众逼迫到难以为生的境地,整个国家陷入崩溃的边缘。

正是着眼于社会底层的生存状态,汉武帝时徐乐分析天下形势,提出了秦帝国的覆灭"在于土崩"之说,认为陈胜"起穷巷,奋棘矜,偏袒大呼,天下从风,此其故何也?由民困而主不恤,下怨而上不知,俗已乱而政不修,此三者陈涉之所以为资也。此之谓土崩,故曰天下之患在乎土崩"②。这一说法强调秦帝国的垮台像土堆崩塌一样,根本无法收拾,大抵合乎秦末历史之实际。

二 陈胜吴广起义

秦二世元年(前209)七月,秦朝廷下令征发贫民去渔阳(今北京市密云区),戍守边塞。阳城人陈胜、阳夏人吴广与其他九百名农民一起,在两名将尉的押送下,前往渔阳,陈胜、吴广被指派为屯长。这支队伍行进到大泽乡(在今安徽宿州),遇上连天大雨,道路不通,无法继续前进。依照秦朝法律的规定,戍卒不能按时报到,要被处斩。在这生死关头,陈胜与吴广私下商量说:"天下苦秦久矣。吾闻二世少子也,不当立,当立者乃公子扶苏。扶苏以数谏故,上使外将兵。今或闻无罪,二世杀之。百姓多闻其贤,未知其死也。项燕为楚将,数有功,爱士卒,楚人怜之。或以为死,或以为亡。今诚以吾众诈自称公子扶苏、项燕,为天下

---

① 《汉书》卷二三《刑法志》,第1096页。
② 《汉书》卷六四上《严朱吾丘主父徐严终王贾传》,第2804—2805页。

唱,宜多应者。"①吴广表示赞同。于是,他们先以"鱼腹丹书""篝火狐鸣"为发动起义做准备,随后故意设局,杀死了两名将尉,然后号召戍卒们说:"公等遇雨,皆已失期,失期当斩。藉弟令毋斩,而戍死者固十六七。且壮士不死即已,死即举大名耳,王侯将相宁有种乎!"②所有戍卒情绪激昂,服从陈胜、吴广的指挥,"斩木为兵,揭竿为旗"③,陈胜自立为将军,吴广为都尉,掀起了反抗秦朝的武装起义。

陈胜、吴广宣布起义之后,率领起义队伍,迅速地占领了大泽乡,继而夺取了大泽乡所在的蕲县(今安徽宿州)。在蕲县,陈胜决定兵分两路,派符离人葛婴领兵向蕲县以东攻略,而他亲自率军向蕲县以西拓展。陈胜所部受到百姓的拥护,一路势如破竹,相继攻下了铚(今安徽濉溪)、酂(今河南永城)、苦(今河南鹿邑)、柘(今河南柘城)、谯(今安徽亳州)等五座城。等进抵陈县(今河南淮阳)时,起义队伍已经壮大,拥有六七百辆战车、一千余名骑兵和一万余名步卒。

先秦时期,陈曾经是陈国的首都,后陈国为楚国所灭,陈地归属于楚国。在郢都沦陷之后,楚国迁都至陈县。秦帝国建立之后,陈县成为陈郡首府④。陈胜率领起义军进抵陈县时,郡守和县令已经逃走,只留下郡丞组织抵抗。起义军很快杀死郡丞,攻克了陈县。起义军在陈县进行短暂的休整。陈胜召集当地的三老和豪杰来开会议事,那些三老和豪杰都说:"将军身被坚执锐,伐无道,诛暴秦,复立楚国之社稷,功宜为王。"⑤于是陈胜称王,建立政权,号为张楚。

陈胜吴广起义和张楚政权的建立,激发了各地反对秦朝统治的斗争。"当此时,诸郡县苦秦吏者,皆刑其长吏,杀之以应陈涉。"⑥为了夺取全国政权,陈胜以陈县为根据地,同时向西、北、南方进军。关中地区作为秦帝国统治的中心地

---

① 《史记》卷四八《陈涉世家》,第 1950 页。
② 《史记》卷四八《陈涉世家》,第 1952 页。
③ 《史记》卷四八《陈涉世家》,第 1964 页。
④ 《史记》卷四八《陈涉世家》司马贞《索隐》按:"《地理志》云秦三十六郡并无陈郡,则陈止是县。"(第 1953 页)陈直《史记新证》曰:"秦郡名不在三十六郡之内者极多,有在始皇初年初置之郡,如《穰侯传》之陶郡是也。有在二世末年所置之郡,如《悼惠王世家》之城阳郡是也。陈郡亦是一例,《索隐》注失之。"此据陈说,陈郡和陈县应为同城郡县。
⑤ 《史记》卷四八《陈涉世家》,第 1952 页。
⑥ 《史记》卷四八《陈涉世家》,第 1953 页。

区,也就成为起义军的主攻方向,陈胜派出三支部队:一支部队由假王吴广率领,进攻荥阳;一支部队由陈人周文率领,从函谷关直捣咸阳;一支部队由铚人宋留率领,经南阳夺取武关。同时,陈胜派遣陈人武臣、张耳、陈馀率领一支部队,北上进攻赵国故地;派遣汝阴人邓宗率领一支部队,向南进攻九江郡。

西进的三支部队以攻灭秦国为战略目标。吴广率领的部队快速推进,一直攻到荥阳城下。荥阳作为三川郡的首府,也是中原地区的军事重镇,李斯的长子李由担任三川郡守,在这里部署重兵防守。起义军到达荥阳之后,遭到李由的顽强抵抗,吴广急攻荥阳不下,双方形成对峙状态。

周文是陈县的贤人,曾经在项燕军中负责占候,又在春申君黄歇属下做过事,自称熟悉用兵,被陈胜任命为将军。他率部西征途中,受到民众的广泛支持,所以进展顺利。秦二世二年(前208)冬,这支已拥有上千辆战车、数十万士卒的队伍,突破了函谷关,驻扎在戏(在今西安市临潼区),距离咸阳不足百里。秦二世闻讯大惊,急忙召集群臣商讨对策。少府章邯建议赦免在骊山服役的刑徒及奴婢所生的儿子,全部调集起来抵挡楚军。秦二世接受这一建议,下令大赦天下,派遣章邯率领骊山刑徒,前去迎战周文的部队。

在这个关键的时刻,起义军内部发生了分裂。武臣率军攻略赵地,在占领邯郸之后,自立为王,脱离了张楚政权。陈胜得知这一消息,非常恼怒,下令逮捕并囚禁了武臣等人的家属,打算处死。上柱国蔡赐说:"秦未亡而诛赵王将相家属,此生一秦也。不如因而立之。"①陈胜觉得有理,就派遣使者前往邯郸,祝贺武臣为赵王,而把武臣等人的家属转入宫中软禁起来,催促武臣出兵,尽快进入函谷关,以增援西征大军。

从当时的作战形势看,吴广的部队被阻滞在荥阳,周文的部队孤军深入,倘若武臣率军从河北直插关中,必可给秦军以致命一击。但是,张耳、陈馀与武臣商议时说:"王王赵,非楚意也。楚已诛秦,必加兵于赵。计莫如毋西兵,使使北徇燕地以自广也。赵南据大河,北有燕、代,楚虽胜秦,不敢制赵。若楚不胜秦,必重赵。赵乘秦之弊,可以得志于天下。"②武臣信以为然,忙于抢占河北地盘,扩大赵国的势力范围,决定不出兵西进,而是派遣部将韩广领兵北上,攻打燕地。

---

① 《史记》卷四八《陈涉世家》,第 1955 页。
② 《史记》卷四八《陈涉世家》,第 1955 页。

武臣、张耳、陈馀的这一决定,严重背离了陈胜的军事战略,因而削弱了起义军的实力。

周文虽然自称熟悉兵法,但缺乏丰富的战争经验,当章邯率军扑过来时,引兵接战失败,被迫逃出函谷关,暂驻于曹阳(在今河南灵宝)。过了两三个月,章邯领兵追击,再次打败张楚军。周文继续往东逃跑,到达渑池,停留了十几天。章邯又领兵赶来,大破张楚军,周文被迫自杀,这支部队的西征彻底失败。

这时候,吴广的部队久攻荥阳不克,导致士气低落。吴广的部将田臧听说周文全军覆没之后,找到其他将领商议,认为周文的部队已经溃散,秦军迟早会攻至荥阳,把张楚军打败,所以应该保留少量的兵力以守住荥阳,而把所有精锐的部队都调去迎击秦军。他们担心吴广为人骄横,又不懂得兵家权谋,根本无法共商大计,只会阻碍军事行动,因而杀掉了吴广,并把吴广的头颅送给陈胜。陈胜派使者赶赴荥阳,任命田臧为楚令尹,担任上将。田臧就派部将李归等人继续围困荥阳,亲率主力部队西进,迎战章邯的秦军。双方激战于敖仓(在今郑州荥阳)。张楚军被击破,田臧临阵战死。章邯引兵进抵荥阳,大破围城的张楚军,李归等人战死。

章邯率军东进,在击破了张楚政权的两路西征军之后,乘胜继续东进,直指张楚政权所在的陈县。这时候,进军北上的军队割据称王,对于西进大军的失败坐视不理。南下进攻广陵的召平、进攻九江的邓宗等南路大军,都无法回援陈县。因此,陈县形势非常危急。阳城人邓说率部在郏(今河南郏县),铚人伍徐领兵驻扎在许(今河南许昌),都被章邯击破,残存的将士逃回陈县,陈胜处死了邓说。秦军进抵陈县城下,楚上柱国房君蔡赐、将军张贺相继战死,陈胜亲自督战,仍无法挽回败局。

十二月,陈县被秦军攻陷,陈胜逃到汝阴(今安徽阜阳),返回至下城父(在今安徽亳州),被车夫庄贾杀害。没过多久,陈胜原先的侍臣吕臣创建了一支青巾裹头的苍头军,起兵于新阳(在今安徽界首),攻克了陈县,杀死了庄贾,以陈县为楚都。

还需说明的是,宋留率领的部队本已攻占了南阳,但听到陈胜遇害的消息,将士斗志受挫,南阳又被秦军收复。宋留无法向武关进兵,只得掉头往东,撤退到新蔡(今河南新蔡),遭到秦军的截击,被迫投降。宋留被押解到咸阳,处以车裂之刑。

陈胜吴广起义，从秦二世元年（前209）七月到二世二年（前208）十二月①，前后历时6个月，是一场轰轰烈烈的反对暴政的农民大起义。这次农民大起义虽然遭到失败，但由此掀起的反秦战争犹如决堤之水，势不可当，最终推翻了秦帝国的统治。"陈胜虽死，其所置遣侯王将相竟亡秦，由涉首事也。"②陈胜以一名戍卒屯长的身份，振臂一呼，天下响应，使秦帝国陡然成土崩瓦解之势，这种首义之功不可抹杀。

综观陈胜吴广起义的失败，应该说有多方面的原因，如陈胜称王以后，对"沈沈"的宫室帷幕感兴趣，追求享乐；担心人们了解他贫贱时的生活会降低"威信"，便滥杀以往的朋友，失掉人心，导致"诸陈王故人皆自引去"；陈胜不善于用人，如任命朱房为中正，胡武为司过，专门督察部属的过失，"诸将徇地，至，令之不是者，系而罪之，以苛察为忠。其所不善者，弗下吏，辄自治之"，造成"诸将以其故不亲附"③；再者，陈胜出身卑微，又未拥立楚王后裔，而独自称王，使得起义领袖缺乏足够的权威，起义军缺乏必要的凝聚力，也不利于张楚政权的稳定。

从军事战略上看，陈胜的决策也有失误。如他派遣吴广、周文、武臣、宋留和邓宗等人，各自领兵向西、北、南诸方向进攻，而对这些将领缺乏统一指挥，导致各支部队独自为战，其中有人甚至自立为王，各支部队之间不能相互支援，等于分散了起义军的兵力，结果被章邯逐个击破。

三　六国贵族反秦

陈胜吴广起义，不仅创建了张楚政权，更是点燃了反秦斗争的烈火。"山东郡县少年苦秦吏，皆杀其守尉令丞反，以应陈涉，相立为侯王，合从西向，名为伐秦，不可胜数也。"④这些反秦组织的首领有地方上的官吏和豪杰，更主要的是一些六国贵族成员，他们领导反秦斗争的主要目的，是重建六国并立的政治秩序。

---

① 按：秦朝以十月为岁首。
② 《史记》卷四八《陈涉世家》，第1961页。
③ 并见《史记》卷四八《陈涉世家》，第1960—1961页。
④ 《史记》卷六《秦始皇本纪》，第269页。

(一) 吴县起兵

项梁,临淮郡下相(今江苏宿迁)人,出身于楚国贵族,是项燕的儿子、项羽的叔父。楚国灭亡以后,项梁因在老家杀过人,为躲避仇家,就与侄子项羽一起到吴(今江苏苏州)。吴中有声望的士大夫,论本事都比不上项梁。每逢较大规模的徭役或丧葬事宜,项梁都出面做主持人,暗中用兵法组织宾客和子弟,尽心培植个人势力。秦始皇巡游会稽郡,渡浙江时,项梁和项羽一起观看,项羽随口说:"彼可取而代也!"项梁急忙捂住项羽的嘴,告诫他说:"毋妄言,族矣!"①然而经此一说,项梁觉得项羽不一般,加上项羽身高力大,才气过人,深受吴中青年的敬畏。

秦二世元年(前209)九月,陈胜起义的消息传到吴县,会稽郡守殷通计划起兵响应,召见项梁,指派他和桓楚统领本郡士卒。然而此时桓楚正亡命于江湖,项梁向殷通介绍项羽,说他知道桓楚的行踪。殷通当即召见项羽,项羽遵照项梁的指示,进入郡府,拔剑斩杀了殷通。项梁手提郡守的头颅,佩带郡守的官印。府中之人惊慌失措,又被项羽斩杀数十人,剩余的人都趴在地上,吓得不敢起身。项梁召集他熟悉的一些豪吏,说明反秦起事的道理,随即征发吴中士卒,派人到会稽郡属各县,集合精兵八千人。项梁自称会稽郡守,任用项羽为裨将,吴中豪杰为校尉、候和司马,分别镇抚郡属诸县。

秦二世二年(前208)三月,广陵人召平响应陈胜起义,率部进攻广陵,但没能攻克。他听说陈胜兵败逃亡,秦军将要到来,就渡过长江,假传陈胜的命令,任命项梁为上柱国,并且指令说:"江东已定,急引兵西击秦。"②于是,项梁率领部众八千人,渡过长江,向西北挺进,很快抵达东阳(今江苏天长)。东阳人已经杀掉了县令,有数千人聚在一起,拥立原来的县令史陈婴为王。陈婴听从母亲的训诫,不敢称王,转而对他的部下说:"项氏世世将家,有名于楚。今欲举大事,将非其人,不可。我倚名族,亡秦必矣。"③由此说服他的部众,都归属于项梁。项梁率部渡过淮河,又收编了黥布、蒲将军的部队,这样就有六七万人,进驻下邳

---

① 并见《史记》卷七《项羽本纪》,第296页。
② 《史记》卷七《项羽本纪》,第298页。
③ 《史记》卷七《项羽本纪》,第298页。

(今江苏睢宁)。

广陵人秦嘉反秦起事,拥立景驹为楚王,驻兵于彭城东边,准备抗拒项梁。项梁召集部下说:"陈王先首事,战不利,未闻所在。今秦嘉倍陈王而立景驹,逆无道!"①于是出兵进攻秦嘉,秦嘉战败逃走。项梁引兵追到胡陵(在今江苏沛县),秦嘉回师反击,临阵战死,所部投降了项梁。项梁驻扎于胡陵,准备继续向西进军。这时候,章邯率军进抵栗县,项梁派遣部将朱鸡石、馀樊君与章邯交战。结果楚军战败,馀樊君阵亡,朱鸡石逃回胡陵。项梁率部进入薛邑(今山东滕州),为了整顿军纪,诛杀了朱鸡石。

在薛邑驻扎期间,项梁派遣项羽领兵进攻襄城,襄城人坚守不降。等到攻克襄城之后,项羽坑杀了所有守城军民,然后回报项梁。项梁得知陈胜的死讯,召集所有部将,举行军事会议。刘邦从沛县赶过来参加这次会议。居鄛人范增有奇谋,前来劝告项梁说:

> 陈胜败固当。夫秦灭六国,楚最无罪。自怀王入秦不反,楚人怜之至今,故楚南公曰:"楚虽三户,亡秦必楚也。"今陈胜首事,不立楚后而自立,其势不长。今君起江东,楚蜂午之将皆争附君者,以君世世楚将,为能复立楚之后也。②

范增认为,陈胜的失败有一定的必然性。秦国吞灭六国,楚国没有任何罪过,况且楚怀王一去不返,让楚国人怀念至今,所以楚南公说:"楚虽三户,亡秦必楚。"而今陈胜首先起事,不立楚王的后裔而自称为王,他的势力不能长久。项梁在江东起兵,楚地的反秦将领争相归附,是因为项氏世代担任楚国的将领,能够重新立楚王的后代。正是因为范增的建议,项梁开始重建楚国。

实际上,六国贵族起兵反秦的主要目的,就是推翻现行的政治体制,恢复原有的政治格局,重建以往的国家政权。六国贵族纷纷起事反秦,形成了一些较大的军事集团,参与推翻秦朝统治的战争。

(二)项梁恢复楚国

项梁出身于楚国贵族,项氏家族世代效忠于楚国,所以,范增建议拥立楚王

---

① 《史记》卷七《项羽本纪》,第 299 页。
② 《史记》卷七《项羽本纪》,第 300 页。

后裔,当即得到项梁的赞同。项梁派人从民间寻找到楚怀王的孙子熊心,熊心正在给别人放羊。秦二世二年(前208)六月,项梁拥立熊心为楚怀王,以顺应楚地民众的期望。新的楚国建立之后,定都于盱台(今江苏盱眙),陈婴担任上柱国,随从辅佐楚怀王。项梁自号为武信君,继续指挥军事行动。

七月,项梁率军北上,攻打亢父(今山东济宁),继而驰援田荣,进至东阿(今山东阳谷),击败了章邯的部队。章邯引兵向西撤退,田荣往东返回齐国。项梁独自追击章邯,另派项羽、刘邦攻破了城阳,而后进逼濮阳(今河南濮阳),再次打败了章邯。章邯收缩兵力,进入濮阳城,开挖壕沟,据城固守。项羽、刘邦随之撤兵,转去攻打定陶(今山东定陶)。

八月,项羽、刘邦攻打定陶,没有攻克,就丢下定陶,继续西进,到达雍丘(今河南杞县),大破秦军,斩杀了三川郡守李由,而后掉头攻打外黄(今河南民权)。这时候,项梁率军到达定陶,再度击破了秦军。加上项羽、刘邦所取得的胜利,项梁更加轻视秦军,显露出骄傲的神态。宋义看到这一情形,就规劝项梁说:"战胜而将骄卒惰者败。今卒少惰矣,秦兵日益,臣为君畏之。"①项梁听不进劝告,指派宋义出使齐国。宋义在去齐国途中,遇到齐国使者高陵君田显,对田显说他料定项梁必会失败。而在秦军方面,秦二世调动所有兵力,增援章邯。章邯领兵进至定陶,大破楚军,项梁战死。

从七月到九月,阴雨连绵不绝,项羽、刘邦进攻外黄,一直没能攻下,就转而攻打陈留。当项梁的死讯传来,楚军将士一片惊恐,项羽、刘邦就约合吕臣,引兵往东撤退,并把楚怀王熊心迁出盱眙,建都于彭城。吕臣驻扎在彭城东边,项羽驻扎在彭城西边,刘邦驻扎在砀地,构成掎角之势,以保卫彭城。

闰九月,楚怀王熊心合并吕臣、项羽的部队,归属自己统一指挥,任命刘邦为砀郡长,封为武安侯,统领砀郡兵马;封项羽为长安侯,号称鲁公;任命吕臣为司徒,其父吕青为令尹,由此形成了新的权力中枢。

章邯击破项梁之后,不再担忧楚地的战事,就领兵渡过黄河,往北进攻赵国。赵王歇从邯郸逃入巨鹿(今河北平乡),随即被秦军围困,不得已向楚国求救。这时候,齐国使者高陵君田显在彭城,因为赏识宋义的军事才能,就向楚怀王推荐宋义。楚怀王任命宋义为上将军,项羽为次将,范增为末将,率军援救赵国。

---

① 《史记》卷七《项羽本纪》,第303页。

各路将领都归宋义指挥,宋义号称"卿子冠军"。

为了推翻秦朝统治,楚怀王与各路将领约定"先入定关中者王之"①。因为秦军力量强大,时常乘胜追击败兵,各路将领都以为进攻关中不利,唯独项羽怨恨秦军杀害项梁,愿意与刘邦一起西征。在商定西征主将时,楚怀王亲信的一些老将都说:

> 项羽为人僄悍猾贼。项羽尝攻襄城,襄城无遗类,皆坑之,诸所过无不残灭。且楚数进取,前陈王、项梁皆败。不如更遣长者扶义而西,告谕秦父兄。秦父兄苦其主久矣,今诚得长者往,毋侵暴,宜可下。今项羽僄悍,今不可遣。独沛公素宽大长者,可遣。②

这是说项羽为人剽悍凶残,曾经领兵攻破襄城,把城中军民全部活埋。凡是他经过的地方,无不遭到毁灭。何况在楚地,陈胜、项梁接连失败,不如改派一位长者,"扶义而西",向秦人讲明道理。秦朝统治者的暴政,让秦人饱受苦难,而今派一位长者前往,不得侵扰暴虐,就可以夺取关中。只是项羽为人剽悍,不可以派遣,而刘邦宽宏大度,是一位长者,可以派遣。③ 楚怀王接受这一建议,没有答应项羽的请求,而是派遣刘邦指挥西征。这一战略决策的形成和实施,标志着反秦战争进入了一个新阶段。

(三)田儋称王于齐地

田儋,临淄郡狄县(今山东高青)人,出身于齐国王族,有堂弟田荣、田横等人,宗族势力雄厚,深受民众拥戴。秦二世元年(前209)九月,魏人周市奉陈胜的命令,领兵攻略齐地,进逼狄县,狄县闭城固守。在这一特殊情况下,田儋假装把一名奴仆捆绑起来,让一伙年轻人押到县衙,报请县令准许处死奴仆。等到狄县县令出面,田儋趁势杀死了县令,而后召集豪吏子弟说:

> 诸侯皆反秦自立,齐,古之建国,儋,田氏,当王。④

依照田儋所言,各地诸侯都反叛秦朝,自立为王,齐国是古代的封国,他是田

---

① 《史记》卷八《高祖本纪》,第 356 页。
② 《史记》卷八《高祖本纪》,第 356—357 页。
③ 有关刘邦的为人,可参赵国华:《论刘邦的精神世界》,《南都学坛》2018 年第 6 期。
④ 《史记》卷九四《田儋列传》,第 2643 页。

氏族人,理所应当称王。于是,他自立为齐王,发兵迎击周市。周市的部队被击退。其后,田儋领兵向东进攻,迅速地平定了齐地。

秦二世二年(前208)六月,秦将章邯领兵东进,包围魏王咎于临济(今河南封丘)。因为形势危急,魏咎请救于齐王田儋,田儋引兵救援。章邯连夜发动袭击,大破齐、魏联军,斩杀了田儋。田荣收集田儋的残部,往东逃入东阿(今山东阳谷)。齐人听说田儋战死,拥立齐王建之弟田假为齐王,田角为相国,田闲为将军,抗拒诸侯进入齐地。

章邯斩杀田儋之后,领兵追击田荣,包围了东阿。项梁听说田荣的处境,紧急驰援东阿,击破了章邯。章邯向西撤退,项梁继续追击。田荣不满齐人拥立田假,引兵回到齐国,驱逐齐王田假。田假被迫逃往楚国,田角逃往赵国,田闲赶到邯郸,向赵王武臣求救,却滞留在那里,不敢返回齐国。于是,田荣拥立田儋之子田市为齐王,自任相国,以田横为将军,很快平定了齐地。

八月,为了打败章邯,项梁派使者邀约齐、赵两国出兵,配合楚军行动。田荣接见使者,要求楚国杀掉田假,赵国杀掉田角、田闲,然后齐国才会出兵。项梁回复说:"田假为与国之王,穷来从我,不忍杀之。"①赵王武臣接到报告,也不同意杀害田角、田闲以讨好齐国。田荣责怪使者说:"蝮蟄手则斩手,蟄足则斩足。何者?为害于身也。今田假、田角、田闲于楚、赵,非直手足戚也,何故不杀?且秦复得志于天下,则龁龊用事者坟墓矣。"②于是拒绝项梁的请求,始终不肯出兵。结果,项梁在定陶战死,楚军向东溃逃,项羽由此怨恨田荣。

等到项羽分封时,齐将田都因为跟随项羽救援赵国,进入关中,被封为齐王,以临淄为都。前齐王田市被改封为胶东王,以即墨为都。齐王建之孙田安在项羽渡河救赵之际,攻取济北多座城,而后投降项羽,被封为济北王,以博阳为都。田荣因为不肯出兵援助楚、赵两国,与秦军作战,未被项羽封王,因而心怀不满,发起了新一轮的争战。

(四)张耳、陈馀经略赵地

秦二世元年(前209)七月,陈胜在陈县称王之后,任命陈人武臣为将军,邵

---

① 《史记》卷七《项羽本纪》,第302页。然《史记》卷九四《田儋列传》作"楚怀王曰"(第2644页),盖为项梁代表楚怀王回复,兹从本纪。

② 《史记》卷九四《田儋列传》,第2644页。

骚为护军,张耳、陈馀为左、右校尉,拨给他们士卒三千人,向北攻略赵地①。武臣率部渡过黄河,进入赵地,前往诸县鼓动豪杰,"因天下之力而攻无道之君,报父兄之怨而成割地有土之业"②,得到各地豪杰响应,沿途收编士卒,扩充军队至数万人。这是陈胜起义之后反秦斗争在赵地迅猛发展的结果。

借着胜利进军的势头,武臣自号为武信君,接连攻取赵地十余城,但赵地剩余诸县坚守不降。武臣引兵进攻范阳(今河北定兴),范阳人蒯通进见范阳令说:"窃闻公之将死,故吊。虽然,贺公得通而生。"③这一"吊"一"贺"二字,弄得范阳令莫名其妙,不得不问起缘由。蒯通分析当前形势说:

> 秦法重,足下为范阳令十年矣,杀人之父,孤人之子,断人之足,黥人之首,不可胜数。然而慈父孝子莫敢倳刃公之腹中者,畏秦法耳。今天下大乱,秦法不施,然则慈父孝子且倳刃公之腹中以成其名,此臣之所以吊公也。今诸侯畔秦矣,武信君兵且至,而君坚守范阳,少年皆争杀君,下武信君。君急遣臣见武信君,可转祸为福,在今矣。④

依照蒯通的说法,因为秦朝法律严酷,范阳令在任十年之间,杀死和祸害的人不计其数,但在范阳没有人敢用刀子捅范阳令,是因为人们畏惧秦朝法律。而今天下大乱,秦朝法律不能施行,范阳人就会用刀子捅范阳令。恰好各路诸侯反叛朝廷,武臣领兵即将来到范阳,范阳令如果据城死守,范阳人就会争着杀死范阳令,投奔武臣。显然,范阳令知晓眼前的形势,便指使蒯通与武臣联系。蒯通随即去见武臣,说:

> 今范阳令宜整顿其士卒以守战者也,怯而畏死,贪而重富贵,故欲先天下降,畏君以为秦所置吏,诛杀如前十城也。然今范阳少年亦方杀其令,自以城距君。君何不赍臣侯印,拜范阳令,范阳令则以城下君,少年亦不敢杀其令。令范阳令乘朱轮华毂,使驱驰燕、赵郊。燕、赵郊见

---

① 陈胜"北略赵地"之计,出自陈馀。据《史记·张耳陈馀列传》,陈胜自立为王,派兵西征之后,陈馀进劝陈胜说:"大王举梁、楚而西,务在入关,未及收河北也。臣尝游赵,知其豪桀及地形,愿请奇兵北略赵地。"(第2573页)依此计的本意,"北略赵地"属于"用奇",主要目的在于配合西征。
② 《史记》卷八九《张耳陈馀列传》,第2574页。
③ 《史记》卷八九《张耳陈馀列传》,第2574页。
④ 《史记》卷八九《张耳陈馀列传》,第2574页。

之,皆曰此范阳令,先下者也,即喜矣,燕、赵城可毋战而降也。此臣之所谓传檄而千里定者也。①

这分明是《孙子兵法》所谓"不战而屈人之兵"的谋略。告诉武臣,范阳令胆小怕死又贪图富贵,想投降又担心投降之后会被杀死,想据城自守又担心会被范阳人杀掉。在这样的情形下,最好的办法是封范阳令为侯,接受范阳令归附,然后让范阳令四方游走,以诱使燕、赵各地归附。武臣赞同这一建议,当即拨给蒯通一百辆车、二百名骑兵,让他携带侯印返回范阳。蒯通说服范阳令,从"吊"开头,到"贺"收尾。假如不是进吊,就不会引起范阳令的关注;假如不是称贺,就不会让范阳令想到未来的转机。范阳令听说自己面临性命难保的血光之灾,不会不感到恐惧吧?这是蒯通进吊的本意。范阳令顺应形势,举城归附武臣,又乐得封侯之赏,这是蒯通称贺的原因。这里,蒯通牵着范阳令的鼻子走,让武臣不战而取范阳。燕赵地区听闻这一消息,相继归附者有三十余城。

武臣率部进入邯郸,张耳、陈馀听说西征军战败撤退,"又闻诸将为陈王徇地,多以谗毁得罪诛,怨陈王不用其策,不以为将而以为校尉"②,因而进劝武臣称王。八月,武臣自立为赵王,任命陈馀为大将军,张耳为右丞相,邵骚为左丞相,并派人报告陈胜。陈胜得到报告,非常恼怒,要先诛灭武臣、张耳、陈馀诸家,然后发兵夺取赵地。但经过柱国蔡赐的劝说,陈胜改变主意,把武臣、张耳、陈馀诸家属移居宫中,封张耳之子张敖为成都君,并派使者来到邯郸,祝贺武臣为赵王,催促武臣尽快发兵,向西进入函谷关,以期攻取咸阳。

然而,陈胜、蔡赐的做法,只是一厢情愿。张耳、陈馀看透了他们的用心,不愿听命于陈胜,就进劝武臣说:

王王赵,非楚意,特以计贺王。楚已灭秦,必加兵于赵。愿王毋西兵,北徇燕代,南收河内以自广。赵南据大河,北有燕代,楚虽胜秦,必不敢制赵。③

张耳、陈馀对时势的判断,颇具纵横家的眼光。赵国只有"南据大河,北有燕代",才能成为一方诸侯。所以,武臣听从张耳、陈馀的计谋,不理睬陈胜的要

---

① 《史记》卷八九《张耳陈馀列传》,第2575页。
② 《史记》卷八九《张耳陈馀列传》,第2575页。
③ 《史记》卷八九《张耳陈馀列传》,第2576页。

求,没有向西进军,而是分派部将韩广攻略燕地,李良攻略常山,张黡攻略上党,全力向外拓展。

对于武氏赵国而言,这样全力地向外拓展,是巩固政权的必然选择。然而,处于乱世的君臣关系,因为缺乏互信而往往靠不住。正如武臣称王那样,韩广领兵进入燕地之后,也被燕地豪杰拥立为燕王。面对这样的变故,与先前陈胜一样,武臣无法加以挽回,尽管韩广的家属在邯郸,也只能把他们送到燕国。

秦二世二年(前208)十一月,在秦将章邯的反攻下,吴广西征遭到彻底失败。秦朝廷调派先前驻守西北长城沿线的军队东进,准备荡平赵地。赵将李良平定常山,又被武臣派去攻略太原。李良引兵进抵石邑,因秦军在井陉设防,无法继续前进。秦将谎称二世派人送来信,劝李良投诚。李良得到此信,不信其所言,遂撤兵回邯郸,请求增派兵力。但就在回师途中,因为遇上武臣的姐姐醉酒失礼,李良竟然改变主意,派人追杀了这位女子,继而领兵袭击邯郸,邯郸守兵没有察觉,李良顺利地达到目的,杀掉了武臣和邵骚。

随着武臣的遇害,武氏赵国风吹云散。这仅三个月的历史证明,当秦帝国崩溃之际,在群雄竞逐的氛围里,谁拥有一定的军事武装,谁就能割据一方而称王称霸。但是,仅凭军事武装的力量,缺乏必要的社会基础和政治智慧,谁也无法维系统治。① 所以,武氏赵国与其他诸侯王一样,都堕入勃兴倏亡的泥淖中。

当李良袭击邯郸时,张耳、陈馀得到消息,幸运地躲过一劫。他们召集逃散的士卒,得到数万人,又很快站稳了脚跟。这时的赵国面临着一个新问题:谁来继任赵王呢?这个问题的解决办法,出自张耳的一位宾客:

客有说张耳曰:"两君羁旅,而欲附赵,难;独立赵后,扶以义,可就功。"乃求得赵歇,立为王,居信都。②

这位宾客一方面说张耳、陈馀是外地人,难以得到赵人的归附,一方面说拥立赵王的后裔,再以道义相辅佐,就能够成就功业。从当时的情形看,这个建议

---

① 参见赵国华:《秦汉之际的赵国》,《邯郸学院学报》2014年第3期。
② 《资治通鉴》卷八《秦纪三》记述此事曰:"客有说耳、馀曰:'两君羁旅,而欲附赵,难;可独立,立赵后,辅以谊,可就功。'"(第271页)这位宾客非只劝说张耳,而是劝说张耳、陈馀两人。按:这段记述显系改编,或因宾客称"两君",即臆补陈馀,未必确切,故仍从《史记·张耳陈馀列传》。

符合客观要求,所以被张耳、陈馀采纳。至于赵歇,应当出自赵国王室①,然与历代赵王的关系如何,因为缺乏相关史料,已经无从考证。

秦二世二年正月,张耳、陈馀立赵歇为赵王,重建赵国,暂居信都(今河北邢台)②。此后数月之间,陈馀引兵击败李良,李良投奔了章邯。章邯率军攻入楚地,全力与项梁交战,赵地相对平静。八月,章邯在定陶击破楚军,斩杀了项梁,随后挥师北上,迅速进至邯郸。闰九月,秦长城军抵达赵国,与章邯的部队会合,进而展开了巨鹿之战。

> 章邯引兵至邯郸,皆徙其民河内,夷其城郭。张耳与赵王歇走入钜鹿城,王离围之。陈馀北收常山兵,得数万人,军钜鹿北。章邯军钜鹿南棘原,筑甬道属河,饷王离。王离兵食多,急攻钜鹿。钜鹿城中食尽兵少,张耳数使人召前陈馀,陈馀自度兵少,不敌秦,不敢前。③

这段史料说明了巨鹿之战前赵国的处境。章邯率军攻下邯郸之后,不但把邯郸居民全部迁移到河内,还把邯郸城郭悉数堕毁,使这座战国以降发展繁荣的大都会遭到空前严重的破坏。张耳、赵歇失去邯郸之后,被迫逃入巨鹿城,被秦长城军围困。陈馀虽然集合了数万人,但在强大的秦军面前,自知实力悬殊,不敢轻易出战。直到次年十二月,项羽击破秦军之后,赵歇、张耳才走出巨鹿城,向各路诸侯致谢,继而返回信都。

(五) 魏咎恢复魏国

战国末年,随着秦国兼并魏国,魏宁陵君魏咎被放逐到外地,从贵族变成庶民。陈胜称王之后,魏咎前往陈县,追随陈胜,投入了反秦斗争。

秦二世元年(前209)九月,魏人周市奉陈胜的命令,向北攻略土地,到达狄县(今山东高青)。狄人田儋杀死狄县令,自立为齐王,组织齐地的兵力,反击周市。周市所部被击溃,从狄县退回魏地,准备拥立魏咎为王。但这时候,魏咎在陈县辅佐陈胜,不能回到魏地。魏地已经平定下来,众人想立周市为魏王。周市

---

① 《史记》卷八九《张耳陈馀列传》裴骃按:张晏曰"赵之苗裔"。(第2578页)
② 邯郸城被章邯堕毁之后,信都代之成为赵国和常山国的都城。参见孙继民、郝良真:《先秦两汉赵文化研究》第三编《赵都考略》八《秦汉之际赵都考略》,方志出版社2003年版,第182—192页。
③ 《史记》卷八九《张耳陈馀列传》,第2578—2579页。

不肯接受,向大家解释说:

> 天下昏乱,忠臣乃见。今天下共畔秦,其义必立魏王后乃可。①

周市期望做一个忠臣,认为天下一旦动荡混乱,忠臣就会出现。在他看来,既然天下人共同反对秦朝,依照传统的道义规则,必须立魏国君主的后裔。所以,尽管齐国、赵国各自出车50辆,拥立周市为魏王,周市仍旧坚辞不受,而是派人去陈县迎接魏咎,前后往返五次,陈胜才让魏咎回到魏国。魏咎被立为魏王,以周市为相国。

秦二世二年(前208)六月,章邯击破陈胜,挥师进抵临济(今河南封丘),攻打魏咎。魏咎派周市出城,赶往齐、楚两国求援。齐王田儋②、楚将项它领兵跟随周市援救魏国。章邯利用夜间作战,命令士卒衔枚突袭,在临济城下大破齐、楚两国的军队,斩杀了田儋和周市。魏咎顾及民众的安全,不得已与章邯相约投降,随后自焚而亡。

临济之战后,魏咎之弟魏豹逃到楚国,楚怀王熊心拨给他数千人以夺回魏地。趁着章邯北进赵国、被项羽击败的机会,魏豹引兵返回魏地,接连收复了二十余座城。项羽立魏豹为魏王,魏豹率领部下的精兵,跟随项羽进入关中。

(六)燕国的重建

如上所述,秦二世元年(前209)八月,武臣在邯郸称王之后,为了扩大赵国的地盘,分派部将韩广攻略燕地,李良攻略常山,张黡攻略上党,全力地向周边拓展。然而正如武臣称王那样,韩广也在燕国被拥立为王。

韩广领兵进入燕地,燕国原来的贵族和豪杰聚在一起,劝告韩广说:"楚已立王,赵又已立王。燕虽小,亦万乘之国也,愿将军立为燕王。"韩广担心他的母亲留在赵国会有不测,起初不愿这么做,这些贵族和豪杰分析说:"赵方西忧秦,南忧楚,其力不能禁我。且以楚之强,不敢害赵王将相之家,赵独安敢害将军之家!"③韩广觉得说得有理,于是自立为燕王。面对这一重大变故,武臣亦如陈胜

---

① 《史记》卷九〇《魏豹彭越列传》,第2589页。
② 田儋,《魏豹彭越列传》作"田巴",司马贞注:"田巴,齐将也。"(第2590页)按:《田儋列传》曰:"秦将章邯围魏王咎于临济,急。魏王请救于齐,齐王田儋将兵救魏。章邯夜衔枚击,大破齐、魏军,杀田儋于临济下。"(第2643页)《资治通鉴》亦作"田儋",故从之。
③ 并见《史记》卷四八《陈涉世家》,第1956页。

那样，根本无可奈何，尽管韩广的家属在邯郸，也只能把他们送到燕国。

在赵燕关系缓和之后，又发生了一件戏剧性的事情。武臣和张耳、陈馀攻略土地至燕国边境，武臣独自外出时被燕军俘虏，燕将把武臣囚禁起来，想要挟赵国割让土地。张耳、陈馀派使者前去交涉，都被燕将杀死。在这紧急关头，张耳、陈馀又派一位伙夫赶到燕军营地①，见着燕将，问道："君知张耳、陈馀何如人也？"燕将回答："贤人也。"又问："知其志何欲？"燕将回答："欲得其王耳。"这位伙夫心中有数，随即加以否定，并笑着辩解说：

> 夫武臣、张耳、陈馀杖马棰下赵数十城，此亦各欲南面而王，岂欲为将相终已耶？夫臣与主岂可同日而道哉，顾其势初定，未敢参分而王，且以少长先立武臣为王，以持赵心。今赵地已服，此两人亦欲分赵而王，时未可耳。今君乃囚赵王，此两人名为求赵王，实欲燕杀之，此两人分赵自立。夫以一赵尚易燕，况以两贤王左提右挈，而责杀王之罪，灭燕易矣。②

这位伙夫的辩说，从赵国的现状说到张耳、陈馀的政治抱负，再从武臣的处境说到燕国的潜在危险，巧妙地说服了燕将。燕将同意释放武臣，由这位伙夫护送回国。经过这样一番斡旋，赵燕关系再度缓和，赵国局势转趋稳定。

（七）张良恢复韩国

在山东六国之中，韩国重建的时间较晚，又是张良谋划的结果。张良出身于韩国贵族，其祖父张开地曾任韩昭侯、宣惠王、襄哀王的丞相，父亲张平曾任韩釐王、悼惠王的丞相，张氏父子前后辅佐过五任韩王。秦国灭掉韩国以后，张良散尽全部家产，寻求勇士刺杀秦始皇，以为韩国报仇。

秦始皇二十九年（前218），秦始皇到东方巡游，来到阳武（今河南原阳）。张良邀约一位大力士，在该县博浪沙袭击秦始皇，却误中了副车。秦始皇非常恼

---

① 关于这件事，《史记·张耳陈馀列传》载："有厮养卒谢其舍中曰：'吾为公说燕，与赵王载归。'舍中皆笑曰：'使者往十余辈，辄死，若何以能得王？'乃走燕壁。"（第2576—2577页）这位伙夫前往燕军营地，似乎是个人行为。然据《新序·善谋》，这位伙夫在与同舍人谈话之后，"乃洗沐往见张耳、陈馀，遣行见燕王"。即这位伙夫是受张耳、陈馀派遣，去见燕王韩广，并且与韩广谈判，而不是去见燕将，抑或"燕将"即指燕王韩广。

② 《史记》卷八九《张耳陈馀列传》，第2577页。

怒,下令在全国大搜捕,务必抓获刺客。张良被迫改名换姓,躲藏在下邳(今江苏睢宁)。等到陈胜吴广起义后,张良也集结一百多人,投入了反秦斗争。秦二世二年(前208),项梁重建楚国之后,张良跟随刘邦来到薛邑,进见项梁说:

> 君已立楚后,而韩诸公子横阳君成贤,可立为王,益树党。①

依照张良的说法,在韩国诸公子中,横阳君韩成较为贤明,可以立为韩王,以便为楚国培植党羽、扩充力量。项梁接受张良的建议,就派他去寻找韩成。张良找到韩成,拥立他为韩王,而自任司徒。

随着韩国的重建,张良和韩成带领一千余人,向西攻略韩国故地,夺取了数座城。但没过多久,这些城又被秦军收复,张良就率部周旋于颍川(今河南许昌),开展游击活动,直到项梁在定陶战死,韩成投奔楚怀王。其后,刘邦奉命西征,进至阳城,指派张良以韩国司徒的身份,收复了韩国故地,并得到韩襄王之孙韩信,任命为韩国将军,率部随从刘邦进入关中。

四 项羽与巨鹿之战

秦二世二年闰九月,楚怀王定都彭城之后,重新进行战略部署,一路以宋义为上将军,北上救援赵国;一路由刘邦统领,向西进攻关中。楚军北上救援赵国,与秦军主力部队决战于巨鹿(今河北平乡),是为巨鹿之战。这场战役到秦二世三年七月结束,前后历经十一个月时间,大体上分为秦军围攻巨鹿、项羽解救巨鹿和迫降章邯三个阶段。

(一)秦军围攻巨鹿

巨鹿之战的第一阶段,从秦二世二年闰九月到三年十一月,为秦军围攻巨鹿阶段。作战的一方是章邯的秦军,另一方主要是赵歇的赵军,结果是赵歇退据巨鹿,遭到秦军的包围。

秦二世二年九月,章邯率军进入赵地,大破赵军于信都,"引兵至邯郸,皆徙

---

① 《史记》卷五五《留侯世家》,第2036页。

其民河内,夷其城郭"①。赵歇、张耳逃入巨鹿城,被王离、苏角和涉闲包围。陈馀赶赴常山,收集了士兵数万人,驻扎在巨鹿城北。章邯进驻巨鹿城南,修筑甬道,接通黄河漕运,给王离提供粮食。因为敌我力量悬殊,赵国君臣多次向楚国求救。楚王熊心接受齐国使者田显的建议,任命宋义为上将军,项羽为次将,范增为末将,英布、蒲将军等为将军,统领楚军援救赵国;另派刘邦率领本部西进,收编陈胜、项梁的残部,进攻秦朝关中地区,也是救赵的牵制行动。

十月,宋义率军到达安阳②,持续逗留四十六天。项羽身为次将,主张速战速决,向宋义建议说:"吾闻秦军围赵王钜鹿,疾引兵渡河,楚击其外,赵应其内,破秦军必矣。"宋义不以为然,回答项羽说:"夫搏牛之虻不可以破虮虱。今秦攻赵,战胜则兵罢,我承其敝;不胜,则我引兵鼓行而西,必举秦矣。故不如先斗秦赵。夫被坚执锐,义不如公;坐而运策,公不如义。"随之发布一道禁令:"猛如虎,很如羊,贪如狼,强不可使者,皆斩之。"③其间,经过与齐国秘密磋商,宋义派其子赴齐国为相,亲自送行到无盐(在今山东东平),大摆酒宴招待宾客。项羽对此很不满,因而指责宋义说:

> 将戮力而攻秦,久留不行。今岁饥民贫,士卒食芋菽,军无见粮,乃饮酒高会,不引兵渡河因赵食,与赵并力攻秦,乃曰"承其敝"。夫以秦之强,攻新造之赵,其势必举赵。赵举而秦强,何敝之承!且国兵新破,王坐不安席,扫境内而专属于将军,国家安危,在此一举。今不恤士卒而徇其私,非社稷之臣。④

项羽认为,楚军缺少存粮,不适合长时间停留,应当尽快渡过黄河,从赵地取得粮食供给,与赵军齐心协力,才能打败秦军。否则,秦军凭借强大的兵力,围攻刚刚建立的赵国,一定能攻克巨鹿。这样秦军就会更强大,不利于楚军援救赵国。从当时的军情看,宋义提出的坐观成败、待机而动的策略,并不高明。最后项羽斩杀了宋义,这虽然是一种争夺兵权的行为,但就作战指导而言,也是一种不得已的做法。

---

① 《史记》卷八九《张耳陈馀列传》,第2578页。

② 有关"安阳"的地望,颜师古注作相州安阳,即今河南安阳;司马贞注作宋州安阳,在今山东曹县。两说相较,后者为是。

③ 并见《史记》卷七《项羽本纪》,第305页。

④ 《史记》卷七《项羽本纪》,第305页。

十一月,项羽斩杀宋义之后,被诸将推为代理上将军。项羽一面派人追杀宋义之子,一面派桓楚返回报告楚怀王。楚怀王熊心得到报告,任命项羽为上将军,英布、蒲将军都归属于项羽。

这个时候,前来救赵的诸侯兵,除项羽统领的楚军之外,还有齐、燕两国的军队,分别由齐将田都、田安和燕将臧荼率领①。此外,张敖在代地招募了一万多人,也已经赶到巨鹿城外。但是因为秦军强大,这些军队赶来之后,都只是靠近陈馀的部队扎营,不敢进攻秦军。

因为得不到外援,赵歇、张耳据守巨鹿,面临着严峻的形势。王离所部粮饷充足,对巨鹿展开猛烈攻击,"钜鹿城中食尽兵少,张耳数使人召前陈馀,陈馀自度兵少,不敌秦,不敢前"②。这样相持数月,张耳派遣张黡、陈泽前去责备陈馀。张黡、陈泽要挟陈馀出兵,陈馀不得已派张黡、陈泽率领五千人,尝试着攻击秦军,结果全军覆没。这证明王离的部队有较强的战斗力,是一支很难对付的军队。

总括这一阶段的情形,作战双方的力量对比,秦军占据明显的优势,赵国濒临灭亡。这种不利的战局,既给项羽驰援赵国造成极大的困难,也为项羽施展才华提供了绝好的机遇。因为这一机遇的出现,项羽得以登上历史舞台。

(二)项羽解救巨鹿

巨鹿之战的第二阶段,从秦二世三年十一月到正月,是项羽解救巨鹿阶段。作战的一方是王离的秦军,另一方主要是项羽的楚军,结果是项羽击破王离,解除巨鹿之围。

秦二世三年十一月,项羽接任上将军之后,派遣英布、蒲将军领兵两万人,渡过黄河,驰援巨鹿。英布、蒲将军切断章邯的甬道,致使王离所部缺少粮食。十二月,陈馀再度使人求救,项羽"乃悉引兵渡河,皆沉船,破釜甑,烧庐舍,持三日粮,以示士卒必死,无一还心"③。楚军赶到巨鹿,立即包围王离的部队,双方展

---

① 《史记》卷七《项羽本纪》记述项羽分封诸侯称:"燕将臧荼从楚救赵,因从入关,故立荼为燕王,都蓟……齐将田都从共救赵,因从入关,故立都为齐王,都临淄……项羽方渡河救赵,田安下济北数城,引其兵降项羽,故立安为济北王,都博阳。"(第316—317页)

② 《史记》卷八九《张耳陈馀列传》,第2579页。

③ 《史记》卷七《项羽本纪》,第307页。

开了激战。关于这场激战的情形,司马迁有如下记述:

> 于是至则围王离,与秦军遇,九战,绝其甬道,大破之,杀苏角,虏王离。涉闲不降楚,自烧杀。当是时,楚兵冠诸侯。诸侯军救钜鹿下者十余壁,莫敢纵兵。及楚击秦,诸将皆从壁上观。楚战士无不一以当十,楚兵呼声动天,诸侯军无不人人惴恐。①

据此可知,项羽统领楚军直逼巨鹿,与秦军九战九胜,俘虏了王离,斩杀了苏角,迫使涉闲自杀。反观其他诸侯兵,扎下十多座营垒,却不敢出击秦军。陈馀、张敖等将领坐观楚军苦战,并未投入巨鹿之战。令人疑惑的是,司马迁有另一段记述:

> 项羽兵数绝章邯甬道,王离军乏食,项羽悉引兵渡河,遂破章邯。章邯引兵解,诸侯军乃敢击围钜鹿秦军,遂虏王离。涉闲自杀。②

这段文字所述,与《项羽本纪》有多处不一致:一则项羽渡过黄河,首先击破章邯,而不是击破王离;二则章邯撤退之后,诸侯兵出击秦军,方才俘虏王离,迫使涉闲自杀。也许是糅合以上记述,这场激战的情形,被司马光改写成:

> 于是至则围王离,与秦军遇,九战,大破之;章邯引兵却。诸侯兵乃敢进击秦军,遂杀苏角,虏王离;涉闲不降,自烧杀。当是时,楚兵冠诸侯军,救钜鹿者十余壁,莫敢纵兵。及楚击秦,诸侯将皆从壁上观。楚战士无不一当十,呼声动天地,诸侯军无不人人惴恐。③

这样改写有几个问题:(1)既说"诸侯兵乃敢进击秦军",又接着说"及楚击秦,诸侯将皆从壁上观",实属自相矛盾。(2)诸侯兵既然"救钜鹿者十余壁,莫敢纵兵",就不可能斩杀苏角,俘虏王离,迫使涉闲自杀。(3)诸侯兵若斩杀苏角,俘虏王离,迫使涉闲自杀,又怎会"无不人人惴恐"呢?所以应该说,解除巨鹿之围,主要应归功于项羽及其楚军,在楚军攻破秦军之后,陈馀、张敖、田都、臧荼等人的军队也投入作战,但没有发挥多大作用。因此,司马迁记述巨鹿之战,在"诸侯军乃敢击围钜鹿秦军"之后,特别强调说"卒存钜鹿者,楚力也"④。

---

① 《史记》卷七《项羽本纪》,第307页。
② 《史记》卷八九《张耳陈馀列传》,第2579页。
③ 《资治通鉴》卷八《秦纪三》,第287页。
④ 《史记》卷八九《张耳陈馀列传》,第2579页。

值得注意的是,因为楚军作战勇猛,一举歼灭围城的秦军,项羽赢得了极高的威望,为各国将领所折服。"项羽召见诸侯将,入辕门,无不膝行而前,莫敢仰视。"①在这种特殊情况下,项羽不仅是楚军的统帅,而且"始为诸侯上将军"。所有诸侯兵都归项羽指挥,这为下一阶段迫降章邯提供了有力的保障。

(三)章邯投降项羽

巨鹿之战的第三阶段,从秦二世三年正月到七月,是项羽迫降章邯阶段。作战的一方是章邯的秦军,另一方是项羽统领的诸侯兵,结果是章邯不断后退,内外交困,最终投降项羽。

秦二世三年正月,巨鹿之围解除以后,赵歇、张耳走出巨鹿城,向诸侯兵致谢,继而返回信都。章邯丧失王离的部队,被迫向南撤退,驻扎在棘原。项羽率军随后跟进,在漳水南岸扎营,与秦军相对峙。四月,因为秦军屡屡后退,秦二世派人问责章邯。章邯感到恐慌,让长史司马欣回朝请示。司马欣赶回咸阳,在司马门等候三天,也没能见到丞相赵高,惶恐地离开咸阳,抄小道逃回军营。赵高忌恨司马欣,急忙派人追杀,但没能追上。司马欣报告章邯,分析秦军的出路说:"赵高用事于中,下无可为者。今战能胜,高必疾妒吾功;战不能胜,不免于死。"②这话出自亲信之口,章邯能不相信吗?因此,章邯与项羽对峙,既不敢贸然出战,又不能继续撤退,实在是进退两难。

但是,秦楚相峙的作战态势,不可能一直延续下去,章邯作为秦军的统帅,必须采取应对措施。也许为了保全将士,章邯暗中派遣候官始成,前往楚营进行谈判,试图与项羽讲和,但双方尚未达成一致。项羽派遣蒲将军领兵昼夜兼行,渡过三户津,切断章邯的退路。随后,项羽统领全军进抵汙水,再度大破秦军。章邯为楚军所迫,急忙派人晋见项羽,请求签订和约。项羽鉴于军中缺粮,决定接受章邯投降。七月,在洹水南的殷墟上,章邯与项羽会晤,双方签订和约。项羽立章邯为雍王,把他留在楚军中,任命司马欣为上将军,率领秦军为前锋,继续向西行进。

总括这一阶段的情形,作战双方的力量对比,楚军占据绝对的优势,秦军处

---

① 《史记》卷七《项羽本纪》,第307页。
② 《史记》卷七《项羽本纪》,第308页。

于不利的境地。凭借有利的作战态势,项羽追击和堵截秦军,但因为诸侯兵力有限,无法一举消灭秦军,加上后勤供应吃紧,最终接受章邯议和。

(四)巨鹿之战的意义

在整个巨鹿之战中,项羽不仅表现出过人的英雄气概,而且展露出非凡的军事谋略。结合上节的论述,再拿宋义、章邯与项羽做比较,能更清晰地认识项羽的气度,揭示项羽成功的因素。

正当赵国危亡之际,宋义担任上将军,统领楚军援救赵国,却在安阳按兵不动,因为他认为"秦攻赵,战胜则兵罢,我承其敝;不胜,则我引兵鼓行而西,必举秦矣"①,所以要坐观虎斗,然后相机进兵。但项羽反对宋义的做法,认为"秦军围赵王钜鹿,疾引兵渡河,楚击其外,赵应其内,破秦军必矣"②,因而主张速战速决。这一军事谋略的分歧,加上宋义对项羽的压制,最终酿成了一场血案③。项羽杀死宋义之前,郑重申明他的理由:

> 今岁饥民贫,士卒食芋菽,军无见粮,乃饮酒高会,不引兵渡河因赵食,与赵并力攻秦,乃曰"承其敝"。夫以秦之强,攻新造之赵,其势必举赵。赵举而秦强,何敝之承!且国兵新破,王坐不安席,扫境内而专属于将军,国家安危,在此一举。今不恤士卒而徇其私,非社稷之臣。④

显然,依项羽之见,秦军占据绝对优势,定能击破赵国,赵国若被击破,秦军就会更加强大,所以就楚军而言,坐观秦赵相争,根本没有可乘之机。反过来看,宋义按兵不动,不免造成粮食短缺,士兵斗志低落,何况他只顾和宾客聚会,不注意体恤将士,也有失为将之道。这两者相比较,项羽的军事谋略不逊于宋义⑤。

---

① 《史记》卷七《项羽本纪》,第 305 页。
② 《史记》卷七《项羽本纪》,第 305 页。
③ 王夫之就此发论:"宋义壁于安阳而项羽斩之,非愤其救赵之迟,愤其夺己之速也。义之壁安阳而不进也,非欲乘秦赵之敝,欲得当以收项羽之兵也。"(《读通鉴论》卷一《二世》)这不是评论项羽、宋义的军事谋略,而是分析宋义、项羽的行为动机,可以聊备一说。
④ 《史记》卷七《项羽本纪》,第 305 页。
⑤ 王鸣盛就此发论:"项王之失,不在粗疏无谋,乃在苛细、多猜疑,不任人。韩信、陈平皆弃以资汉,至于屡坑降卒,嗜杀,失人心更不待言。"(见《十七史商榷》卷二《史记二》,凤凰出版社 2008 年版,第 11 页)这一论断合乎史实,应该说是比较公允的。

因为当时的作战态势,对秦军较为有利,楚军只有速战速决,才有可能挽救赵国。项羽指挥楚军作战,正是凭借"猛如虎,很如羊,贪如狼"的气势,才连续击败秦军,迅速解除了巨鹿之围。

何况秦朝与章邯,对项羽本人来说,可谓旧恨添新仇。所谓"旧恨",即秦国之前灭掉了楚国,项羽祖父项燕被王翦所杀;所谓"新仇",即秦朝再度攻破楚国,项羽叔父项梁为章邯所害。项羽怀着这等仇恨,一旦受命援救巨鹿,就会抱定复仇决心。所以,当宋义按兵不动之时,项羽毅然采取行动,斩杀宋义,统领楚军;在驰援巨鹿之际,项羽下令楚军破釜沉舟,勇往直前;在与王离所部作战之时,楚军无不以一当十,呼声震天,都表现出大无畏的英雄气概。

巨鹿之战前,章邯指挥临时组编的秦军,向东横扫陈胜的部队,取得辉煌的战绩。但在巨鹿之战中,章邯一则失利而退,再则不战而降,较之先前判若两人。这既是项羽迫降的结果,也有秦朝廷倾轧的原因。如前所述,司马欣奉命回朝请示,从赵高的恶行察觉到凶险的前程,建议章邯不宜再战。章邯从此狐疑起来,不求与楚军决战,只愿与项羽议和。恰好当此之际,陈馀写信给章邯,揭露秦朝弊政,列举白起、蒙恬的结局,更加明确地指出:

> 白起为秦将,南征鄢郢,北坑马服,攻城略地,不可胜计,而竟赐死。蒙恬为秦将,北逐戎人,开榆中地数千里,竟斩阳周。何者?功多,秦不能尽封,因以法诛之。今将军为秦将三岁矣,所亡失以十万数,而诸侯并起滋益多。彼赵高素谀日久,今事急,亦恐二世诛之,故欲以法诛将军以塞责,使人更代将军以脱其祸。夫将军居外久,多内郤,有功亦诛,无功亦诛。且天之亡秦,无愚智皆知之。今将军内不能直谏,外为亡国将,孤特独立而欲常存,岂不哀哉!将军何不还兵与诸侯为从,约共攻秦,分王其地,南面称孤;此孰与身伏鈇质,妻子为僇乎?①

这封信言之凿凿,论白起、蒙恬的结局,是人所共知的历史;论赵高的卑劣手法,也是章邯所知的实情。既然"有功亦诛,无功亦诛",那何必拼命建功呢?在陈馀看来,秦朝很快就要覆灭,章邯"内不能直谏,外为亡国将",令人感到悲哀。所以,陈馀给章邯指点前程:"还兵与诸侯为从,约共攻秦,分王其地,南面称孤。"这显然是一条活路。人事练达如章邯者,怎会不懂这个道理,而一味效忠

---

① 《史记》卷七《项羽本纪》,第 308 页。

秦朝呢?

值得一提的是,项羽战胜章邯之后,竟能接受秦军投降,面对杀父仇人章邯,没有肆行复仇之志,而是基于全局考虑,当即立章邯为雍王,以稳定关中局势。尽管章邯坐镇关中,引起关中人的反感,后来又因为刘邦的攻击,终究没能守住封地,有损于项羽的霸业,但就分封章邯而言,作为接受投降的必要条件,被项羽加以有效利用,适时与章邯达成和议,使秦楚之争戛然中止,给巨鹿之战画上了一个圆满的句号。

巨鹿之战的胜利,作为秦汉之际的一个重大事件,颇为后人所瞩目。此役胜利的原因,既得力于项羽的军事谋略,引领楚军奋勇鏖战,又因为秦朝廷的残酷倾轧,致使章邯不战而降。此役胜利的意义,一方面消灭了秦军的主要力量,瓦解了秦朝的统治基础,一方面确立了项羽的霸主地位,有利于刘邦入关灭秦,对秦汉历史的进程有重大影响。

五　刘邦攻入咸阳

(一) 沛县起兵

刘邦字季,泗水郡沛县人。刘氏本居于大梁,魏国灭亡之际,迁移到沛县丰邑。刘邦出身于农家,"仁而爱人,喜施,意豁如也。常有大度,不事家人生产作业"①。到了壮年,开始担任泗水亭长,与萧何、曹参相交往。刘邦曾去咸阳服役,看到秦始皇出巡,颇有感慨地说:"嗟乎,大丈夫当如此也!"②

秦朝末年,刘邦以亭长的身份,为沛县押送民夫去骊山服役,路上逃走了一些民夫。刘邦估计等到骊山,这批民夫都会逃掉,所以走到丰西大泽中时,就趁着夜晚,把这批民夫全都放走了。其中十余人不愿逃走,就跟随刘邦一起闯荡。秦始皇二十八年(前219),因为迷信"东南有天子气",秦始皇巡游东方,想把这股气镇压下去。刘邦怀疑与自己有关,就逃往外地,躲藏在芒砀山间。沛县子弟

---

① 《史记》卷八《高祖本纪》,第342页。
② 《史记》卷八《高祖本纪》,第344页。

听说这件事后，大都想去归附刘邦。

秦二世元年（前209）九月，陈胜建立政权以后，许多郡县都有人杀死本地长吏，响应陈胜。沛县县令十分惊恐，也想举城起事。主吏萧何、狱掾曹参建议召集那些逃亡在外的人，用以胁迫沛县民众，使民众不得不服从。这位县令表示同意，当即派樊哙去通知刘邦。这时候，刘邦已有部众百十来人。这位县令临事又反悔，担心刘邦带来变故，就下令关闭城门，打算诛杀萧何、曹参。萧何、曹参大为惊恐，翻越城墙，投奔刘邦以求自保。刘邦带领队伍来到城外，把一封帛书射到城上，告诉沛县父老说：

> 天下苦秦久矣。今父老虽为沛令守，诸侯并起，今屠沛。沛今共诛令，择子弟可立者立之，以应诸侯，则家室完。不然，父子俱屠，无为也。①

这分明是一份赤裸裸的威胁书。沛县父老如果杀掉沛令，另立一位新的县令，以响应各地诸侯，就能够保全家室，否则，如果为沛令守城，等到各地诸侯到来，全县老少都会被屠杀。沛县父老经不起威胁，就率领子弟一起杀死了县令，打开城门迎接刘邦，推举刘邦为县令。刘邦见着沛县父老，一再表示谦让，但萧何、曹参都是文吏，比较自爱，担心起事不成，会有满门抄斩之祸，极力地推让刘邦。刘邦于是被立为沛公②，在沛县府中隆重地举行仪式，祭祀黄帝和蚩尤。萧何、曹参、樊哙等人召集沛县子弟，共有二三千人，开始走上反秦的道路。

秦二世二年（前208）十月，刘邦率领部众攻打胡陵、方与，而后退守丰邑。秦朝泗川郡监平引兵包围了丰邑，刘邦开门迎战，击破了秦军。十一月，刘邦命令雍齿据守丰邑，亲率部众进攻薛县。泗川郡守壮在薛地被打败，逃往戚县（今山东微山），被刘邦的左司马曹无伤捕杀。刘邦随之撤兵，驻扎在亢父。十二月，魏相周市率军攻略丰、沛，派人招降雍齿。雍齿本来不愿意归属刘邦，就以丰邑投降了周市。刘邦引兵反攻丰邑，却没能克复，不得不返回沛县。

在陈胜遇害之后，东阳人宁君、秦嘉拥立景驹为楚王，驻扎在留县（今江苏沛县）。刘邦得知这一消息，决定投奔景驹。恰在这时候，张良集结一百余人，

---

① 《史记》卷八《高祖本纪》，第350页。
② 《史记》卷八《高祖本纪》裴骃《集解》引《汉书音义》曰："旧楚僭称王，其县宰为公。陈涉为楚王，沛公起应涉，故从楚制称曰公。"（第351页）

也打算投奔景驹,途中与刘邦相遇,就归附于刘邦,被任命为厩将。张良多次依照《太公兵法》劝说刘邦,刘邦赏识他的才能,经常采用他的计谋。张良不禁感慨地说:"沛公殆天授。"①从此追随刘邦,不再另谋出路。

刘邦、张良一起去留县,见到景驹,请求增拨兵力,以反攻丰邑。但因为秦将章邯正在追击陈胜的部队,往北占领楚地,屠戮相县,进至砀县,刘邦与宁君随即领兵西进,抗击秦军,在萧县交战失利,而后收拢兵力,聚集在留县。二月,刘邦领兵进攻砀县,历时三日,攻克了砀城,收编了砀县兵力六千人,与原有的兵力会合一处,达到九千人。三月,刘邦率军攻克下邑,继而转攻丰邑,却仍未能克复。

这时候,项梁率军驻扎于薛,刘邦带领一百余名随从骑士,前去拜见项梁。项梁拨给刘邦士卒五千人、五大夫将十人②。刘邦领兵返回,再次攻打雍齿,占领了丰邑,雍齿逃到魏国。

六月,项梁拥立楚怀王,建都于盱台。七月,项梁派遣项羽、刘邦领兵攻打城阳,屠灭了全城,而后转攻定陶。八月,项梁击败章邯之后,率军到达定陶,再度打败秦军。项羽、刘邦大破秦军于雍丘,斩杀了三川郡守李由。九月,项梁战死之后,刘邦撤退到砀(今河南永城),与项羽、吕臣构成掎角之势,拱卫彭城。

闰九月,楚怀王调整中枢权力,任命刘邦为砀郡长,封为武安侯,统领砀郡兵马;封项羽为长安侯,号为鲁公;任命吕臣为司徒,其父吕青为令尹。其后,因应赵王歇的请求,楚怀王与近臣商议,做出了一项战略决定,"以宋义为上将军,项羽为次将,范增为末将,北救赵。令沛公西略地入关。与诸将约,先入定关中者王之"③。这样一来,刘邦就单独统领一支部队,踏上了推翻秦朝的征程。

(二) 从陈留到南阳

秦二世二年(前208)闰九月,刘邦率军经过砀县,进抵成阳(今山东菏泽)、杠里,向秦军发起攻击,击破了两座营垒。三年(前207)十月,刘邦率军进至成武(今山东成武),打败了东郡郡尉。十二月,刘邦率军到达栗县(今河南夏邑),

---

① 《史记》卷五五《留侯世家》,第2036页。

② 五大夫将,指有五大夫爵位的将领。《史记》卷八《高祖本纪》裴骃《集解》引苏林曰:"五大夫,第九爵也。以五大夫为将,凡十人也。"(第354页)

③ 《史记》卷八《高祖本纪》,第356页。

遇上刚武侯,夺取并收编了他的部队,大约有四千多人,然后与魏将皇欣、武满的部队协同进攻,击败了秦军。

二月,刘邦继续向北挺进,进至昌邑(今山东巨野),在这里遇到彭越。彭越带领所部一千余人,听命于刘邦,协助攻打昌邑。还没有攻下昌邑,刘邦又引兵西进,路过高阳乡(在今河南杞县),在所住的传舍中,接见了郦食其。郦食其是一个有远见的人。当时,刘邦正叉开两腿坐在床边,让两名女子洗脚,郦其食见此情景,只是拱手行礼而不跪拜,质问刘邦说:"足下欲助秦攻诸侯乎,且欲率诸侯破秦也?"刘邦当即骂道:"竖儒!夫天下同共苦秦久矣,故诸侯相率而攻秦,何谓助秦攻诸侯乎!"郦食其接着说:"必聚徒合义兵诛无道秦,不宜倨见长者。"①刘邦随即不再洗脚,起身整理衣服,而后请郦食其坐上席,向他询问西征的计谋。郦食其建议说:

> 足下起纠合之众,收散乱之兵,不满万人,欲以径入强秦,此所谓探虎口者也。夫陈留,天下之冲,四通五达之郊也,今其城又多积粟。臣善其令,请得使之,令下足下。即不听,足下举兵攻之,臣为内应。②

显然,在郦食其看来,陈留处于天下的要冲,道路四通八达,是重要的战略枢纽。陈留城内贮存有许多粮食,在战乱不息的情况下,是一批重要的战略物资。所以,对于刘邦西征来说,必须首先占领陈留。刘邦采纳郦食其的建议,让他去说服陈留县令,亲率军队随后跟进,陈留县令举城投降。郦食其被刘邦封为广野君,还将此事告诉其弟郦商。郦商率领部众四千人,前来归附刘邦,被刘邦任命为将军,率领陈留的部队。

三月,刘邦、郦商进攻开封,击破秦军,但未攻下开封,就继续西进,与秦将杨熊交战于白马,再战于曲遇(在今河南中牟),大破秦军。杨熊逃到荥阳,秦二世派使者把他斩首示众。

四月,刘邦往南进攻颍阳,屠杀了城中军民。继而得到张良的协助,夺取了韩国故地轘辕。这时候,赵将司马卬正要渡过黄河,进入函谷关。刘邦为了抢占先机,往北进攻平阴,切断黄河上的渡口,而后往南进兵,与秦军交战于洛阳。但因为作战不利,刘邦引兵撤出轘关,返回阳城。经过短时间的休整,刘邦留下韩

---

① 并见《史记》卷九七《郦生陆贾列传》,第 2692 页。
② 《史记》卷九七《郦生陆贾列传》,第 2693 页。

王韩成驻守阳翟(今河南禹州),而用张良为侍从,南下进攻南阳。

六月,刘邦率军进抵犨县(今河南鲁山),与南阳郡守吕䶮交战,击破了秦军,随之攻略南阳郡①。吕䶮带领余部,逃回宛城(今河南南阳),据城固守。刘邦领兵绕过宛城,继续西进。张良劝谏刘邦说:

> 沛公虽欲急入关,秦兵尚众,距险。今不下宛,宛从后击,强秦在前,此危道也。②

这里,张良敏锐地发现问题,刘邦急于进入关中,而他面临的秦军还很强大,并且依托险要的地形,占据有利的作战态势。现在绕过宛城西进,前有强大的秦军阻挡,后有宛城的守敌追击,这是很危险的抉择。刘邦认识到这一点,连夜领兵抄小道返回,改变军中的旗帜,趁着黎明时分,重重包围了宛城。吕䶮望见这一阵势,惊慌得想自杀。吕䶮的舍人陈恢上前制止,随后得到他的同意,翻越城墙,找到刘邦,分析形势说:

> 臣闻足下约,先入咸阳者王之。今足下留守宛。宛,大郡之都也,连城数十,人民众,积蓄多,吏人自以为降必死,故皆坚守乘城。今足下尽日止攻,士死伤者必多;引兵去宛,宛必随足下后:足下前则失咸阳之约,后又有强宛之患。为足下计,莫若约降,封其守,因使止守,引其甲卒与之西。诸城未下者,闻声争开门而待,足下通行无所累。③

依照陈恢所言,刘邦如果留下来围攻宛城,宛城城墙高大,连城数十座,城内军民自认为投降必死无疑,全都登城坚守,就会使攻城的士卒死伤惨重;而一旦撤离宛城,宛城守军就会尾随追击。这样一来,刘邦既耽误了先入咸阳者称王的机会,又有遭到强大的宛城守军夹击的忧患。所以,陈恢劝说刘邦,不如订约招降,加封南阳郡守,让他留守宛城。然后刘邦就可继续率军西进,那些没有投降的城邑,听说南阳郡的情况,就会争先恐后地打开城门迎接刘邦。刘邦听了,连声称赞。七月,吕䶮举城投降,刘邦占领宛城,随即封吕䶮为殷侯,封赏陈恢一千户。

---

① 按:《史记》卷五四《曹相国世家》载,曹参"从南攻犨,与南阳守䶮战阳城郭东,陷陈,取宛,房䶮,尽定南阳郡"(第2023页)。与此出入较大,或为传写之讹。

② 《史记》卷八《高祖本纪》,第359页。

③ 《史记》卷八《高祖本纪》,第359—360页。

经过九个多月的作战,从夺取陈留到占领宛城,刘邦西征取得了重大胜利。特别是在宛城,刘邦听取陈恢的建议,采取分封的措施,"不战而屈人之兵",夺取了南阳郡,这就为下一步进攻关中创建了一个战略基地。

(三) 攻取咸阳

秦二世三年(前207)七月,刘邦占领宛城以后,继续率军西进,所过城邑无不降服。到了丹水(今河南淅川),戚鰓、王陵率部归附刘邦。刘邦引兵返回,转攻胡阳,遇上番君的部将梅鋗,就约他一道进兵,先后迫降了析县(今河南西峡)、郦县(今河南内乡)。为了探听秦朝廷的虚实,刘邦派宁昌前去咸阳,试图与赵高联络。

八月,秦朝廷内部的矛盾再度白热化,赵高杀死秦二世,改立子婴为秦王,然后派人来见刘邦,邀约刘邦分割关中称王。刘邦以为其中有诈,就采用张良的计谋,指派郦生、陆贾去游说秦将,并加以利诱,乘机出兵袭击秦军,占领了武关(在今陕西丹凤)。赵高擅权滥杀的行径,彻底激怒了子婴。子婴在斋宫刺杀了赵高,诛灭了赵高三族。

子婴杀死赵高之后,调派军队增援峣关(在今陕西蓝田)。刘邦率领二万人,准备攻打驻守峣关的秦军。张良见秦军力量强大,强攻难以制胜,就建议刘邦说:

> 秦兵尚强,未可轻。臣闻其将屠者子,贾竖易动以利。愿沛公且留壁,使人先行,为五万人具食,益为张旗帜诸山上,为疑兵,令郦食其持重宝啖秦将。①

张良认为,驻守峣关的秦军还很强大,不可以轻视,而要战胜这样的敌人,必须拿出贵重的宝物,利诱秦军的将领,让他们放弃抵抗,同时假装增添军粮,在山上多竖旗帜,虚张声势,以迷惑敌方的士卒。刘邦采纳这一计谋,那些秦将果然背叛朝廷,打算与刘邦联合,往西进攻咸阳。刘邦也打算这样做,但张良担心这是秦将的主意,他们的士卒不一定服从,建议刘邦应趁秦军松懈之机,发起攻击。于是,刘邦领兵绕过峣关,越过蒉山,一举击破秦军。然后进抵蓝田,再与秦军交战,将秦军彻底击溃。

---

① 《史记》卷五五《留侯世家》,第2037页。

汉高帝元年（前206）十月，刘邦率军抵达霸上。秦王子婴乘坐素车、驾着白马，颈上系着绳子以示自己该服罪自杀，手捧封好的皇帝玉玺和符节，伏在轵道亭旁，向刘邦投降。有一些将领主张杀掉子婴，刘邦告诫他们说："始怀王遣我，固以能宽容，且人已服降，又杀之，不祥。"①于是把子婴交给属下处置，继续向西行军，进入咸阳。十二月，在鸿门宴事件之后数日，项羽率军屠戮咸阳，杀死了子婴，放火焚烧各处宫殿，据说大火燃烧了三个月。

秦帝国的统治大厦，经历500年征战而建成，却仅仅矗立了15个春秋，就在战火中轰然坍塌了。

---

① 《史记》卷八《高祖本纪》，第362页。

参考文献

[汉]毛亨传,[汉]郑玄笺,[唐]孔颖达疏:《毛诗正义》,中华书局影印阮元校刻《十三经注疏》本,1980年版。

杨伯峻译注:《论语译注》,中华书局1980年版。

吴九龙主编:《孙子校释》,军事科学出版社1991年版。

杨伯峻编著:《春秋左传注》,中华书局1981年版。

蒋礼鸿:《商君书锥指》,中华书局1986年版。

《中国兵书集成》编委会:《中国兵书集成》第1册,解放军出版社、辽沈书社1987年版。

杨伯峻译注:《孟子译注》,中华书局1960年版。

[清]王先谦撰,沈啸寰、王星贤点校:《荀子集解》,中华书局1988年版。

[清]王先慎撰,钟哲点校:《韩非子集解》,中华书局1998年版。

陈奇猷校释:《吕氏春秋校释》,学林出版社1984年版。

马王堆汉墓帛书整理小组编:《战国纵横家书》,文物出版社1976年版。

[汉]刘向集录:《战国策》,上海古籍出版社1985年版。

[汉]刘向撰,向宗鲁校证:《说苑校证》,中华书局1987年版。

方诗铭、王修龄辑证:《古本竹书纪年辑证》,上海古籍出版社1981年版。

睡虎地秦墓竹简整理小组编:《睡虎地秦墓竹简》,文物出版社1978年版。

[汉]贾谊撰,阎振益、钟夏校注:《新书校注》,中华书局2000年版。

[汉]司马迁撰,[南朝宋]裴骃集解,[唐]司马贞索隐,[唐]张守节正义:《史记》,中华书局1959年版。

[汉]司马迁撰,〔日〕泷川资言考证,水泽利忠校补:《史记会注考证附校补》,上海古籍出版社1986年版。

刘文典撰:《淮南鸿烈集解》,中华书局1989年版。

[汉]班固撰,[唐]颜师古注:《汉书》,中华书局 1962 年版。

[晋]常璩撰,刘琳校注:《华阳国志新校注》,四川大学出版社 2015 年版。

[北魏]郦道元著,[清]王先谦校:《合校水经注》,中华书局 2009 年版。

[宋]司马光编著,[元]胡三省音注:《资治通鉴》,中华书局 2012 年版。

[明]凌稚隆辑校,李光缙增补:《史记评林》,天津古籍出版社 1998 年版。

[清]王夫之:《读通鉴论》,中华书局 2013 年版。

[清]王鸣盛撰,陈文和等校点:《十七史商榷》,凤凰出版社 2008 年版。

[清]梁玉绳:《史记志疑》,中华书局 1981 年版。

崔适著,张烈点校:《史记探源》,中华书局 1986 年版。

汪荣宝撰,陈仲夫点校:《法言义疏》,中华书局 1987 年版。

[清]顾祖禹撰,贺次君、施和金点校:《读史方舆纪要》,中华书局 2005 年版。

[清]顾栋高辑,吴树平、李解民点校:《春秋大事表》,中华书局 1993 年版。

李学勤主编:《清华大学藏战国竹简(贰)》,中西书局 2011 年版。

马非百:《秦集史》,中华书局 1982 年版。

林剑鸣:《秦史稿》,上海人民出版社 1981 年版。

台湾三军大学编:《中国历代战争史》,军事译文出版社 1983 年版。

钱穆:《先秦诸子系年》,中华书局 1985 年版。

罗运环:《楚国八百年》,武汉大学出版社 1992 年版。

张荣芳、黄淼章:《南越国史》,广东人民出版社 1995 年版。

张正明:《楚史》,湖北教育出版社 1995 年版。

张正明:《秦与楚》,华中师范大学出版社 2007 年版。

郑良树:《商鞅评传》,南京大学出版社 1998 年版。

黄朴民:《中国军事通史》第二卷《春秋军事史》,军事科学出版社 1998 年版。

吴如嵩、黄朴民等:《中国军事通史》第三卷《战国军事史》,军事科学出版社 1998 年版。

霍印章:《中国军事通史》第四卷《秦代军事史》,军事科学出版社 1998 年版。

童恩正:《古代的巴蜀》,重庆出版社 1998 年版。

沈长云等:《赵国史稿》,中华书局2000年版。
徐卫民:《秦都城研究》,陕西人民教育出版社2000年版。
郭淑珍、王关成:《秦军事史》,陕西人民教育出版社2000年版。
张卫星:《秦战争述略》,三秦出版社2001年版。
杨宽:《战国史料编年辑证》,台湾商务印书馆2002年版。
杨宽:《战国史》,上海人民出版社2003年版。
赵国华:《中国兵学史》,福建人民出版社2004年版。
李开元:《复活的历史——秦帝国的崩溃》,中华书局2007年版。
童书业:《春秋史》,上海古籍出版社2010年版。
〔德〕卡尔·冯·克劳塞维茨著,中国人民解放军军事科学院译:《战争论》,解放军出版社2010年版。
后晓荣:《战国政区地理》,文物出版社2013年版。
雍际春:《秦早期历史研究》,中国社会科学出版社2017年版。
徐卫民、喻鹏涛:《直道与长城——秦的两大军事工程》,陕西师范大学出版社2018年版。
张大可、王明信编著:《千古一帝秦始皇》,商务印书馆2018年版。
韩兆琦:《史记研读随笔》,中国青年出版社2020年版。

后　记

《秦战争史》系"十三五"国家重点图书出版规划项目"秦史与秦文化研究丛书"之一种,赵国华撰写前言、第四章至第九章,叶秋菊撰写第一章至第三章,最后由赵国华统稿。在近五年的编撰和出版工作中,我们得到了本项目主持人王子今教授和项目组诸同仁的真挚关怀,得到了西北大学出版社马来社长、张萍总编辑和马若楠、张红丽编辑的全力支持,得到了华中师范大学历史文化学院张亚伟、杨志昆、张盼盼、李澄等同学的尽心协助,谨此表示感谢!

作者

2020 年 10 月